哲学思维与领导能力

贾高建——著

中共中央党校出版社

图书在版编目（CIP）数据

哲学思维与领导能力 / 贾高建著 .-- 北京：中共中央党校出版社，2021.10

ISBN 978-7-5035-7194-7

Ⅰ. ①哲…　Ⅱ. ①贾…　Ⅲ. ①领导能力－干部培训－教材　Ⅳ. ① C933

中国版本图书馆 CIP 数据核字（2021）第 211751 号

哲学思维与领导能力

策划统筹　冯　研
责任编辑　王玉兰
责任印制　陈梦楠
责任校对　魏学静
出版发行　中共中央党校出版社
地　　址　北京市海淀区长春桥路 6 号
电　　话　（010）68922815（总编室）　（010）68922233（发行部）
传　　真　（010）68922814
经　　销　全国新华书店
印　　刷　北京盛通印刷股份有限公司
开　　本　710 毫米 ×1000 毫米　1/16
字　　数　239 千字
印　　张　15.5
版　　次　2021 年 10 月第 1 版　　2021 年 10 月第 1 次印刷
定　　价　58.00 元

微　信 ID：中共中央党校出版社　　　**邮　　箱**：zydxcbs2018@163.com

目　　录

序言 ………………………………………………………… 1

引论　提升领导能力应重视学习哲学 ……………………… 3

上　篇　哲学究竟是一种什么性质的学问

一、哲学的性质问题存在历史差异 ………………………… 9

1.“智慧之学”辨析：不同的定位及“问题域” ……… 9

2. 多种思潮和流派：学说体系的差异与对立 ………… 19

二、马克思主义哲学的性质和功能 ………………………… 26

1. 变革与重构：一种真正科学的世界观和方法论 …… 26

2. 科学性质与价值取向：马克思主义哲学的双重精神 …… 34

3. 质疑及回应：马克思主义哲学与当代实践 ………… 40

三、马克思主义哲学与其他哲学 …………………………… 43

1. 马克思主义哲学与西方哲学 …………………………… 43

2. 马克思主义哲学与中国哲学 …………………………… 48

中　篇　领导能力如何有赖于哲学思维

一、考察与分析：尊重客观、把握实际的能力 …… 57

1. 能力要求与哲学方法论。抽象问题的现实底蕴 …… 57

2. 不同哲学的方法论指向。“彻底的唯物主义”及其意义 …… 60

3. 真理与价值。唯物主义与实用主义 …… 66

二、考察与分析：全面协调、统筹兼顾的能力 …… 71

1. 能力要求与哲学方法论。唯物辩证法的联系观点 …… 71

2. 系统观点和矛盾观点。事物联系的一般规律 …… 76

3. 社会历史领域的多重联系及其规律 …… 83

三、考察与分析：继承发展、开拓创新的能力 …… 87

1. 能力要求与哲学方法论。唯物辩证法的发展观点 …… 87

2. 事物发展的内部根据和外部条件。辩证否定与“扬弃” …… 92

3. 被误读的黑格尔：“存在”即“合理”？ …… 99

四、考察与分析：灵活机动、促进转化的能力 …… 105

1. 能力要求与哲学方法论。矛盾的转化及其限定 …… 105

2. 转化过程中的相关问题。唯物辩证法与诡辩论 …… 111

3. 老子的观点和主张：“反者道之动” …… 116

五、考察与分析：循序渐进、适时突破的能力 …… 122

1. 能力要求与哲学方法论。发展进程中的量变和质变 …… 122

2. 量变和质变的复杂性。多种情况及表现形式 …… 130

3. 其他相关问题。方法论的双向应用 …… 135

六、考察与分析：远见卓识、审时度势的能力 …… 139

1. 能力要求与哲学方法论。发展进程中的必然与偶然 …… 139

2. 发展途径和道路：关于否定之否定 …… 145
3. 分歧和争议：历史决定论与非决定论 …… 151
七、考察与分析：掌握主动、自觉实践的能力 …… 158
1. 能力要求与哲学方法论。主客体关系与实践问题 …… 158
2. 主体作用与客观规律。根本前提和可能性空间 …… 164
3. 分歧和争议：历史决定论与选择论 …… 169
八、考察与分析：依靠群众、引领群众的能力 …… 174
1. 能力要求与哲学方法论。群众和个人的不同历史作用 …… 174
2. 群众观点与群众路线：基本内涵及逻辑分析 …… 178
3. 群众与群体。防止偏差和错位 …… 182

下 篇 哲学思维如何转化为领导能力

一、从理论到能力：转化过程及主要环节 …… 191
1. 深入研究和反复熟悉。思维方式的内化要求 …… 191
2. 应用能力的强化训练。不同角度和方式 …… 196
二、抽象能力与现实能力：实际应用中的条件问题 …… 200
1. 哲学思维与各门具体科学。材料准备及调查研究 …… 200
2. 哲学思维与价值取向。创造性过程的动态延伸 …… 205

附 录

附录 1 关于马克思主义哲学研究的几个重要问题 …… 211
附录 2 关于历史唯物主义的几个争议问题 …… 225

序　　言

这本书的写作，从开始到结束，中间曾经历了一个较长的延续过程。

写作的最初缘起，是多年前我在中共中央党校工作时所承担的一项研究课题。这项课题旨在结合干部教育的实际，探讨哲学思维与领导能力的关系，引导学员进一步重视哲学学习，通过这方面学习提高自身的素质和能力。当时我已为校内外的多个班次讲授过相关课程，有了一些初步的积累；设立这一课题，也是打算在已有基础之上，将这方面研究进一步拓展开来，使教学与科研相得益彰。

课题确立之后，我便抓紧整理材料，并着手进行书稿的写作。孰料刚刚有所进展，情况就发生了变化，我被调至中共中央编译局工作。这是一项特殊背景下的人事变动，新的任命使我不得不将主要精力投入到相关事件的处理，以及全局工作的调整和部署中去。而在之后的几年中，大环境又有了重大改变，管理工作中遇到了许多新的情况和问题，各类事务头绪繁多，原有的写作计划只能暂时搁置。紧接着又迎来新一轮党和国家机构改革，中央编译局与中央党史研究室、中央文献研究室三家单位合并，组建新的中共中央党史和文献研究院。实施这项改革有许多紧迫的事情要做，自是无暇他顾。一直等到新机构的运行开始进入轨道，本人也达到规定年龄而退居“二线”，这才有时间真正坐下来，重新回到这一课题，使本书的写作最终得以完成。

写作计划的延迟虽然有一些遗憾，但同时也使我有可能对这方面问题做出更为充分的思考。工作岗位的变动和不同的履职经历，给了我更多实际体验的机会，同时也使我更加确信，继续完成这一课题是有益的和必要的。对于领导能力的提升来说，哲学思维的确具有特殊重要的意义，值得我们下气力进行探索。而由于目前这方面的研究还未能充分展开，有价值的成果还不够多；但愿这本书的出版能够起到一些积极的促进作用。

本书的研究和写作得到了多方面的帮助。原中央党校的不少教师和学员曾以不同方式参与了相关问题的讨论，使作者受益良多。方闻昊同志协助核对了书中部分注释和引文。中共中央党校出版社对本书的出版给予了大力支持，责任编辑冯研、王玉兰同志认真负责地完成了书稿编辑的各项工作。对于所有为本书的写作和出版做出过贡献的人们，谨在此表示真诚的感谢。

贾高建

2021 年 4 月

引论　提升领导能力应重视学习哲学

对于一个领导者来说，其领导能力如何，无疑取决于多方面的因素。其中既包括各个专业领域的知识储备及理论素养，也包括领导者的个人品格和技术层面的诸种因素。而我们这里所要强调的是，在所有这些相关因素当中，哲学思维具有特殊重要的意义。领导者应重视学习哲学，通过哲学素养的增强促进领导能力的提升。

从现阶段的实际情况来看，领导能力的提升是一个广为关注的重要课题，许多干部都对此十分重视，并积极参与多种形式的学习和培训。但是，具体了解一下就会发现，不少人的学习内容更多地集中在一些被认为具有“实用性”的学科和专业上面，或者更多地关注具体操作层面的某些知识和技能。而对于哲学学习，则往往没有给予足够的重视，甚或根本没有纳入视野之内。

毋庸置疑，既然领导者的领导能力取决于多方面的因素，那么要提升自己的领导能力，就必须进行多方面的学习。无论是各个相关领域的学科和专业，还是那些更为具体的知识和技能，对于领导能力的提升来说，都是必要的、应该学习的。但是，如果仅仅局限于这个范围，将领导能力的提升仅仅归结于这一层次的学习，以为只要具备了这样一些专门知识和素养，就可以达到目的，那就未免太过狭隘了。

应该看到，领导工作是一种特殊性质的社会实践活动，相比其他工作有着更高的标准和要求。要胜任这项工作，成为一名高水平的领导者，仅有以上那些知识和技能还是不够的。这里还需要有一种更高层次的学问做支持，这便是被称作“智慧之学”的哲学。作为一名领导干部，不妨将自己的眼界放得更开一些，特别关注一下这个重要学科。如果要使自己的素质和能力更好地得到提高，他就必须以认真和诚恳的态度对待这门学问，充分重视哲学的学习。

提到哲学，一些人的头脑中或许会产生诸多的困惑和疑问。由于在长期历史发展中形成的复杂状态，也由于现实生活中的某些特殊原因，哲学这门学科常常被一些成见和误解所缠绕，并衍生出某种疏离和拒斥的心理。但只要抛开这些附加的表象，真正对哲学有所了解，就会发现它的确是一门能够给人以智慧的学问，而且是一种大智慧，不是什么小聪明。对于一名领导干部来说，只有站在哲学的山巅之上，才能超越各种经验的以及具体专业的局限，使自己的能力得到进一步的提升。而且越是向前走，越会感到它的重要；要能够以充足的信心承担起更大的责任，在更为广阔的舞台上一展身手，良好的哲学素养必不可少。没有哲学思维，我们很可能会在狭隘的认知领域内踟蹰和徘徊，甚至偏离方向而不自知。古诗有云：“不识庐山真面目，只缘身在此山中”；而解决的办法便是往高处走，“会当凌绝顶，一览众山小”。

在我们党的历史上，重视哲学学习和研究是有着优良传统的。如习近平同志所指出的：“我们党自成立起就高度重视在思想上建党，其中十分重要的一条就是坚持用马克思主义哲学教育和武装全党。学哲学、用哲学，是我们党的一个好传统。”[①] 以毛泽东为代表的老一代领导人，始终坚持学习和研究马克思主义哲学，并自觉运用其立场、观点和方法指导中国革命和建设的实践。针对一些领导干部对哲学重视不够、知之不多的现象，毛泽东谆谆告诫大家：“我劝同志们要学哲学”，“马克思主义有几门学问……但基础的东西是马克思主义哲学。这个东西没有学通，我们就没有共同的语言，没有共同的方法，扯了许多皮，还扯不清楚，有了辩证唯物论的思想，就省得许多事，也少犯许多错误”[②]。陈云曾多次谈到延安时期毛泽东带领大家学哲学的情形，并深有体会地指出：“学习哲学，可以使人开窍。学好哲学，终身受用。”[③] 他强调：“要把我们

① 习近平：《论党的宣传思想工作》，中央文献出版社 2020 年版，第 30 页。

② 《毛泽东文集》第 6 卷，人民出版社 1999 年版，第 396 页。

③ 《陈云文选》第 3 卷，人民出版社 1995 年版，第 362 页。

的党和国家领导好，最要紧的，是要使领导干部的思想方法搞对头，这就要学习马克思主义哲学。”[①]邓小平也十分重视学习哲学，他曾明确提出：“建议中央提倡学习，主要是学习马克思主义哲学。”他认为，“现在我们的干部中很多人不懂哲学，很需要从思想方法、工作方法上提高一步。”[②]

老一代领导人的大力倡导和身体力行，推动全党形成了一个良好的学习风气，对党的思想理论建设产生了深刻影响，并由此形成了一种好的传统。在以后的发展中，几代领导人薪火相传，将这一传统一直继承下来并不断发扬光大。党的十八大以来，中央政治局先后两次以马克思主义哲学为主题进行集体学习，习近平同志在主持学习时明确指出：“现在，我们依然要推动全党学习马克思主义哲学”，[③]要“不断接受马克思主义哲学智慧的滋养”。[④]他强调，“党的各级领导干部特别是高级干部，要原原本本学习和研读经典著作，努力把马克思主义哲学作为自己的看家本领”。[⑤]作为一名领导干部，理应努力按照这一要求去做，继续发扬以往好的传统，认真学习和研究马克思主义哲学，以此提升自己的素质和能力，指导和推动新的阶段上的新的实践。

客观地说，经过这么多年的努力，我们的干部队伍在知识水平和理论素养方面与过去相比有了很大的提高。越来越多的人获得了国民教育的高等学历，并有机会参与多种形式的在职学习。在这个过程中，哲学方面的一些基础知识和基本原理都曾不同程度地接触过，说起来并不陌生。但问题在于，许多人对这些知识和原理的了解还只是初步的，认识还不够到位；对于哲学这门学科本身，也如前所述存在着一些模糊和不正确的认识。至于如何将这些知识和原理与领导工作结合起来，将其转化为实际的领导能力，更是存在明显的距离。因此，现在所需要的，应是在已有学习的基础上，进一步厘清问题，使大家对哲学有一个正确的认识和了解；进而着眼于哲学思维与领导能力的关系，深入探讨其方法论作用和功能，以及促使哲学思维向领导能力

① 《陈云文选》第3卷，人民出版社1995年版，第360页。

② 《邓小平文选》第2卷，人民出版社1994年版，第303页。

③ 习近平:《论党的宣传思想工作》，中央文献出版社2020年版，第32页。

④ 习近平:《论党的宣传思想工作》，中央文献出版社2020年版，第125页。

⑤ 习近平:《论党的宣传思想工作》，中央文献出版社2020年版，第40页。

转化的方法和路径。而本书就是试图在这方面做一些尝试和努力。

根据课题定位和所要解决的问题，全书内容按上、中、下三篇进行安排。上篇首先针对讨论中存在的种种疑问，就哲学这门学科的性质问题作一些考察和分析，弄清楚哲学究竟是一种什么样的学问。这是本书全部研究的前提，不弄清这个问题，就不能了解哲学思维与领导能力的关系。第二篇是全书的重点，力图从领导工作中所需要的一系列基本能力着眼，按照它们之间的逻辑联系循序展开，深入探讨哲学思维对于这些能力的提升所能够起到的方法论作用，了解领导能力如何有赖于哲学思维。第三篇则是进一步讨论转化问题，即如何实现哲学思维向领导能力的转化。各篇的研究力求紧贴领导工作的实际，并试图对一些普遍关注的疑点和难点问题做出回应。在书尾的附录中，还特地列入了两篇相关的研究论文，文中主要针对近年来马克思主义哲学研究中出现的重大争议和分歧，做了一些具体的研究和探讨。了解这样一些研究动态，对于我们正确认识和理解马克思主义哲学，也是十分必要的。

本书的写作主要面对担任各级领导工作的干部群体，同时也可供关注这一课题的专业研究者们参阅。在体例和表述方式上，尽量考虑到干部读者的特点，但由于这一课题本身的性质，不能不涉及较多的理论阐述和逻辑分析；特别是对于一些存在较多争议和模糊认识的重要问题，更是需要从理论与实践的结合上深入进行探讨，以求将问题真正弄清楚。同时，为了确保材料的可靠性，使读者完整准确地了解相关哲学理论，书中还较多地引用了各种原著，力图依据第一手材料原原本本地进行讨论。这样做也许会使得这本书读起来不那么轻松，但却有助于认识上的正本清源。而对于读者而言，也只有沉下心来，针对书中所涉及的各种问题进行认真的研究和思考，最终才有可能真正有所收获。

最后还应说明的是，本书侧重讨论哲学思维与领导能力这一主题，但领导干部学习哲学的意义并不仅限于此。哲学体现着精神领域中的终极关怀，可以从世界观的高度指导我们解决一系列更深层次的问题，为我们的精神家园筑牢根基。对于这样一些问题的研究，需要从不同的角度分别展开，而这就不在本书的主题范围之内了。

上　篇

哲学究竟是一种什么性质的学问

如前所述，一些干部之所以在学习中没有对哲学引起足够的重视，往往是由于对这门学科本身存在某些模糊和不正确的认识，包括一些成见和误解。在一些人看来，哲学似乎是一种比较空泛的学问，或者说某种“玄学”，所研究的是一些“形而上”的问题，远离现实实践，与自己的工作关系不大。有人则认为，哲学更多的是一种意识形态说教，是一种内容空泛和死板的教条，没有多少实际意义，学不学关系不大。甚至还有人认为，哲学本来就是“无用之学”，并不具备实际功能。而看一下哲学理论界的情况，似乎也并不乐观，哲学家们对于哲学的性质问题同样众说纷纭、莫衷一是，这就更令人无所适从。

那么，这个问题究竟应该如何认识呢？哲学作为一个专门的学科，究竟是一种什么性质的学问呢？既然弄清这个问题是对本书主题进行讨论的前提，那么我们便先来就此做一些简要的考察和梳理。

一、哲学的性质问题存在历史差异

在哲学学科的性质问题上之所以存在诸多不同看法和争议，原因是多方面的。而从这门学科本身的情况来看，也的确是因为它在长期演变的过程中形成了比较复杂的状态，使人难以清楚地认识和把握。

众所周知，哲学是人类思想史上最古老的学科之一。从古代、近代到现代，人类在这一学科领域中进行了几千年的探索，积累了大量的思想成果。但是，从这些探索和成果看，其中存在着许多重大的差别；虽然都是在哲学的名义下进行活动，但哲学和哲学之间往往相去甚远。要想把它们统一起来，概括出某种能够体现它们共同性质的一般规定，的确不太容易。正如罗素在研究哲学史时所感慨的："哲学家的工作是做些什么呢？这确实是个怪问题。……对哲学的任何定义都是有争议的。"[①]针对这种状况，我们不妨换一种思路，即在着手对这一学科进行研究和考察时，不是将各种不同的哲学堆积在一起笼统地加以谈论，也不必勉为其难地硬要寻找某种共同的定义，而是实事求是地承认它们之间存在的性质差异，并将其区别开来加以对待。

1."智慧之学"辨析：不同的定位及"问题域"

从哲学发展史的考察可以看出，各种哲学之间的差异首先还不在于观点和主张的不同，而是从研究定位开始便体现出来。即对于哲学应研究什么问题、以什么为对象，本身就有着不同的观点和主张；并不像有些论者所认为

① 〔英〕伯特兰·罗素：《西方的智慧》，马家驹、贺霖译，世界知识出版社 1992 年版，第 4 页。

的那样，各种哲学有着共同的“问题域”。

在西方思想史上，哲学这门学科产生于古希腊。哲学（philosophy）这一术语本身便源于希腊文，其本义是“爱智慧”。所以，从那时起一直到今天，哲学都被相应地称作“智慧之学”。从一般意义上说，这样提当然是不错的，哲学的确是让人聪明的学问，是追求智慧的学问。但是问题在于，这个提法太过笼统和含糊，缺乏进一步的限定，并没有说明究竟什么样的智慧属于哲学。因为人类的智慧是多种多样的，从广义上说，所有的知识领域，所有的科学门类，都是在追求某种智慧，因而也都可以说是某种意义上的智慧之学。哲学所追求的应该是一种不同于其他学科的特定的智慧，而这在上述提法中是体现不出来的。也正因为如此，哲学这门学科的研究定位，从一开始就为各种不同的理解留下了广大的空间。

亚里士多德曾说过:“古今人们开始哲理探索，都是起于对自然万物的惊异。”[①] 正是由于这种“惊异”，古希腊人在有限的知识和经验的基础上，开始了自己的理性思索。自然地，这时人们最想弄清楚的便是自己所在的这个世界到底是怎么一回事，它是怎样形成的，从什么东西演变而来。这也就是哲学上说的世界本原问题，属于本体论的范畴。当时的哲学家们对这一问题做出了各种各样的回答，把世界的本原归结为“水”(泰勒斯)，或者是“火”(赫拉克利特)，或者是“原子”(德谟克利特)，或者是“气”“数”“无限”“元素”“种子”(阿那克西米尼、毕达哥拉斯、阿那克西曼德、恩培多克勒、阿那克萨戈拉)，等等。由此出发，他们对万物的存在和变化做出了各自的解释。

在探索外部世界的同时，古希腊的哲学家们还把关注点放在了人自身，以及人与世界的关系。苏格拉底便是这一方面的代表，他集中研究了人的认识和理性，主张借助理性从人的内心去探求至高无上的“善”。柏拉图则将人的理性推向极端，提出了本体论意义的“理念论”，并据此描述了他的“理想国”。普罗泰戈拉重视研究人的感觉，提出了“人是万物的尺度”这样的命题；他所属的智者派还对语言和逻辑进行了广泛的研究。最后，这一时期“百科全书”式的思想家亚里士多德对当时的各种知识进行了分类梳理，显示

① 〔古希腊〕亚里士多德:《形而上学》，吴寿彭译，商务印书馆 1959 年版，第 5 页。

了他对哲学研究定位的相当宽泛的理解。但值得注意的是，亚里士多德同时又区分了“第一哲学”和“第二哲学”，其中“第一哲学”侧重研究“实是之所以为实是”和“实是由于本性所应有的秉赋”，“这与任何所谓专门学术不同”。[①] 而正是这个“第一哲学”，构成所谓“形而上学”——即专门研究那种看不见、摸不着的事物的“形而上”的学问。

在接下来的希腊化和古罗马时期，哲学研究继续在较广的范围内展开，对许多问题的探讨在前人的基础上有了进一步的深入。但值得注意的是，这一时期的研究重点更多地转向了社会伦理方面。伊壁鸠鲁认为哲学的任务就在于告诉人们达到幸福的手段，他把哲学分为三部分：一是物理学，研究自然及其规律；二是逻辑学，研究认识自然的方法；三是伦理学，研究人的幸福。他认为，前两部分是工具和手段，后一部分才是目的。斯多葛学派的芝诺等人也对哲学作了大致相同的理解，并用动物的机体结构来做比喻，把逻辑学比作骨骼与腱，自然哲学（物理学）比作有肉的部分，而伦理学则好比是灵魂，是最核心的部分。[②] 而在伦理问题的讨论中，各种社会历史观得到了进一步的阐发。

从总体上看，古希腊罗马时期的哲学发展尚处于混沌状态，实际上是各类知识的总汇，定位并不明确。其中无疑包含了对世界观领域各种问题的探索，只不过这些成果还没有也不可能从综合的知识体系中分离出来。但同时可以看到，也有一些研究的定位与这一领域相距较远，实际上属于某种具体的知识领域。此外，这一时期哲学的发展还出现了一个特殊动向，这便是早期基督教哲学亦即所谓“教父哲学”的形成。在奥古斯丁等人看来，哲学的任务就是为基督教教义做论证，认为只有基督教才是真正的哲学，真正的哲学家就是爱上帝。这种哲学虽然荒谬，但从研究定位来看，也算是涉及了世界本原问题，因而在一定程度上具有世界观的性质。

进入中世纪之后，基督教神学占据了思想文化领域的统治地位，而哲学则成为神学的“婢女”，所能做的只是给神学做注解。在早期那种粗鄙的教父

① 〔古希腊〕亚里士多德:《形而上学》，吴寿彭译，商务印书馆 1959 年版，第 64 页。

② 北京大学哲学系外国哲学史教研室编译:《西方哲学原著选读》上卷，商务印书馆 1981 年版，第 178—179 页。

哲学的基础上，进一步形成了更为精致的经院哲学；托马斯·阿奎那把亚里士多德的形而上学改头换面，变成了他的神学世界观的哲学基础。一直到13世纪以后，这种经院哲学的统治才开始被打破。而以文艺复兴为标志的文化启蒙运动、德国的宗教改革和从哥白尼开始的自然科学革命，最终冲破了基督教神学的樊篱，为近代哲学的兴起提供了前提。

近代哲学发展的一个显著特点，便是哲学研究大量吸收了各门具体科学的研究成果，从而形成一种新的融合；同时，认识论成为哲学的突出问题，这便是所谓西方哲学史上的"认识论转向"。需要指出的是，对当时的多数哲学家而言，这一转向并没有脱离世界观的领域，一是因为认识论问题本身就是世界观的一个重要方面；二是因为在他们那里，这种转向并不意味着对本体论问题的放弃，而是为本体论问题的解决寻找一个合理的路径。但是，也有一些哲学家将研究的范围仅限于认识论领域，这样便造成了研究定位上的新的差异。

这种差异进而在16—17世纪的经验论和唯理论这两个不同的哲学流派中表现出来。经验论哲学的开启者弗兰西斯·培根对苏格拉底之后道德哲学风靡一时、自然哲学遭到冷落的现象提出了批评，主张重新确立自然的本源性，将人的理解力转向自然。但他认为，要做到这一点，必须有正确的方法；所以他便着力研究了这方面问题，提出了一种以经验为基础的认识论。霍布斯和洛克继承了这一经验论的传统，继续推进了对认识的研究，但他们的研究定位却各有不同。霍布斯把"物体"作为哲学研究的核心，而把认识论的研究作为通向这一核心问题的路径。他所说的"物体"分为两类，"其中一类是自然的作品，称为自然的物体，另一类则称为国家，是由人们的意志和契约造成的。"① 与此相应，他认为哲学也应区分为自然哲学和公民哲学两个部分，后者又包括研究人的气质和行为的伦理学与研究人的公民责任的政治哲学。而洛克的主张却不是这样，他认为哲学的目的和宗旨就是要研究人类的"理解力"，"探讨人类知识底起源、确度（certainty）和范围，以及信仰的、意见

① 北京大学哲学系外国哲学史教研室编译:《十六—十八世纪西欧各国哲学》，商务印书馆1975年版，第64页。

和同意的各种根据和程度”。[1] 所以，他把自己的研究集中在认识论领域，使经验论哲学的研究定位从客体转向了主体。

唯理论哲学的开启者笛卡儿也把主要的注意力放在探索一种适用于人类一切研究领域的方法上，但与经验论者不同的是，他突出强调了理性的作用，认为演绎法是获得真理的唯一可靠的方法，并按照这种方法去建构哲学体系。他把自己的哲学体系比作一棵树，其中树根是形而上学，树干是物理学，树枝则是医学、机械学、伦理学等其他各门科学。在他之后，斯宾诺莎和莱布尼茨继续坚持了这种唯理论的传统，并据此建构了各自的综合性哲学体系。此外，在经验论和唯理论之间的争论不断展开的过程中，还出现了贝克莱和休谟，他们试图在坚持认识起源于经验的同时，对经验进行重新解释，最终成为近代哲学中不可知论的代表；但从研究定位来看，他们的问题域仍然没有脱离世界观领域的本体论和认识论。

到了 18 世纪，西方哲学的发展进入一个新的时期，法国唯物主义哲学成为这一时期的代表和旗帜。从研究定位来看，这一时期涉及范围更广，本体论、认识论和社会历史观等方面的问题全面展开。伏尔泰推崇经验论哲学，提出自然神论的主张，为无神论开辟道路；而“百科全书派”的狄德罗、霍尔巴赫、爱尔维修等人更是坚持从自然本身去说明自然，并对社会和人的问题进行了深入的探讨。他们高举唯物主义和无神论的旗帜，推动启蒙运动的开展，对当时的社会变革起到了积极的先导作用。

在继之而来的 19 世纪，德国古典哲学代表了西方近代哲学发展的最高阶段。它吸收了以往哲学发展的成果，特别是继承了唯理论的传统，进一步推进了本体论、认识论、逻辑学、社会历史观等方面问题的研究。康德着重研究了认识论，提出了他的“先验逻辑”，并对理性进行了批判性开掘；费希特认为哲学的任务就是研究关于知识的学说，建立一切知识的基本原理，特别是说明经验的根据；谢林则主张“同一哲学”，内容包括自然哲学和先验哲学。最后，黑格尔以他的绝对精神为基础，建立了一个从逻辑学到自然哲学再到精神哲学的庞大的哲学体系，成为“思辨形而上学”的集大成者。这

① 〔英〕洛克:《人类理解论》上册，关文运译，商务印书馆 1959 年版，第 1 页。

时又出现了费尔巴哈，他从根本上否定了黑格尔的思辨哲学体系，而把人以及作为人的存在基础的自然界作为哲学的最高对象，创立了自己的“人本学”唯物主义体系。

如果说近代西方哲学在研究定位上虽然有一些新的变化，但大体上沿袭了已有的传统，即试图建构一种包罗万象的学说体系，使哲学变成一种越来越庞杂的学问；那么从 19 世纪中叶开始的哲学革命，使这种情况发生了根本改变，西方哲学由此进入到新的发展阶段。这一革命性变革的首要成果，便是产生了一种全新的哲学——马克思主义哲学，与此相关的问题我们将在下一专题中进行专门讨论。而与此同时，还出现了其他许多新的哲学派别，即所谓“现代西方哲学”的各种派别，这些哲学派别具有与以往的哲学传统明显不同的特征。通常所说的“语言的转向”等，正是对这种变化的一种描述。而其中首先需要注意的，便是在哲学的研究定位上形成了完全不同的理解。

现代西方哲学的两种主要思潮，即科学主义思潮和人本主义思潮，其实都是以这个定位问题的不同主张为前提展开的。所谓科学主义思潮包括实证主义、马赫主义（经验批判主义）、各种分析哲学（逻辑实证主义、逻辑实用主义）、各种科学哲学（批判理性主义、历史主义、科学实在论）以及结构主义等流派，这些流派大都明确主张摈弃“形而上学”，不赞成将世界的本原以及本质问题作为哲学的对象，反对将哲学看作世界观的学说。实证主义哲学家们认为哲学研究只能定位于人的经验所及的现象世界，以可以观察和实验的实证知识为基础，研究经验领域中的各种现象。如果说孔德和斯宾塞还多少体现了近代哲学的传统，试图建立一种体现实证主义原则的“科学的统一体系”来代替过去那种思辨的形而上学体系，那么另一位实证主义者穆勒就更进了一步，他完全放弃了建构体系的做法，而将哲学归结为一种逻辑，并试图使这种逻辑成为适用于各门科学的普遍的方法论。马赫主义（经验批判主义）被看作是实证主义的“第二代”，它不仅将世界的本质问题排斥在哲学的研究领域之外，而且完全否定这些问题的存在，力图清除以往实证主义中的“形而上学残余”。马赫主义也不赞成建立一个综合的哲学体系，而是把哲学归结为自然科学的认识论，认为哲学的任务就是描绘现象领域中各种符号、记号以及它们之间的关系，确定调解这些关系的原则。之后，从弗雷格、罗素和摩尔等人开始并在维特根斯坦那里达到鼎盛的分析哲学，借助现代数学和数理逻辑的方法，最终促成了所谓的“语言的转向”，即把哲学问题归结为语言问题，把哲学研究归结为语言研究。它认为任何认识都是一种表达或一种陈述，最终都存在于语言当中；所以，哲学的任务就是要对语言进行逻辑分析，澄清语言表达式的意义。分析哲学坚决反对传统的形而上学，认为形而上学的命题是没有意义的“伪命题”。与这种“转向”密切相关的还有结构主义，它把语言学中的结构分析方法当作一种普遍的哲学方法，力图从既定的语言结构以及与之相应的思维结构出发来解释其所研究的各个领域中的现象。之后出现的各种科学主义派别如批判理性主义、历史主义等，则将哲学研究定位于建立一种“有关科学的哲学”(Philosophy of Science)，主要是对科学进行动态的描画，探索科学发展的规律性并建立某种科学演化模式。

所谓人本主义思潮包括唯意志主义（非理性主义）、生命哲学、存在主义、弗洛伊德主义、解释学（诠释学）等流派，它们虽然大多并不反对“形而上学”和世界观问题的研究，但却通过赋予这种研究以新的意义而改变了问题的实质，从而把哲学的研究定位集中于非理性的人的存在。唯意志主义的代表叔本华把人的本质归结为盲目的“生存意志”，进而从这种意志出发去解读康德的“自在之物”，以此为基础建立了一个关于世界存在的哲学体系。克尔凯郭尔更是将非理性的特别是充满消极悲观情绪的个人的存在当作全部哲学的出发点，认为人们所认识的只能是每个人所体验到的不同的世界。尼采认为哲学应以人的生活和行为为中心，使哲学成为伦理学意义上的实践哲学；他强调人的“权力意志”，即表现、释放、改善、增长生命力本身的“生命意志”，主张以此去认识世界。生命哲学关注人的“生命力”，把揭示人的生命的性质和意义作为全部哲学研究的出发点，并由此推及人与周围世界的关系以及整个世界。柏格森便是以作为生命本质的时间为对象，建构了他的“科学的形而上学”。存在主义同样主张从人的存在本身出发去研究本体论问题，但它把人的存在理解为一种纯粹的意识活动，或者说是一种指向对象的朦胧的意向活动，特别是把孤寂、烦恼、畏惧、绝望、迷惘以及对死亡的忧虑等非理性的心理体验当作人的本真存在的基本方式。雅斯贝尔斯承认哲学的任务是要探求存在；但他所谓存在并不是对象化的存在，而是一种神秘的

“大全”。萨特区分了“存在的现象”和“现象的存在”，认为前者属于“自在的存在”，而后者属于“自为的存在”，即“意识所呈现的存在”，它是“自在的纯粹虚无化”。[①] 弗洛伊德主义将其在心理学上的两个“基本发现”——即所谓“无意识”和“性本能”推广到社会历史领域，用来解释人的行为和活动，认为文明社会建立在压抑无意识的本能、欲望的基础上。解释学（诠释学）曾经历了从认识论向本体论的转变，伽达默尔把“理解文本”和“解释文本”看作是“属于人类的整个世界经验”，认为“理解的现象”“遍及人类世界的一切方面”。[②] 他主张“探究语言和世界的关联”，认为“语言就是世界观”，“世界在语言中得到表述”。[③] 值得注意的是，人本主义思潮中也有一些哲学家在研究定位方面走向极端，例如身兼存在主义创始人和本体论解释学奠基者的海德格尔，就主张将客观世界的研究排除在哲学之外，认为“到底有没有一个世界？这个世界的存在能不能被证明？若由在世界之中的此在来提这个问题——此外还有谁会提这个问题——这个问题就毫无意义”[④]。在他看来，“哲学（形而上学）——既不是科学也不是世界观宣言”。[⑤]

现代西方哲学中还有一些派别不能简单归入这两种思潮当中，但在某些方面又具有这两种思潮的特征，如实用主义、现象学、实在主义等等；在研究定位上也同样是如此。以皮尔士、詹姆士和杜威所代表的实用主义主张对传统的形而上学进行改造，把“先天的形而上学”变成“后天的形而上学”，把物质世界是否存在的问题排除在哲学之外，而把哲学的研究对象限定在人的现实生活和经验所及的范围，也就是由自在世界转向人化（经验）世界，认为哲学的任务就是制定这一范围内的科学的认识论和方法论。这种观点看

① 〔德〕让－保尔·萨特：《存在与虚无》，陈宣良等译，生活 · 读书 · 新知三联书店 1987 年版，第 786 页。

② 〔德〕汉斯－格奥尔格·伽达默尔：《诠释学 Ⅰ：真理与方法》，洪汉鼎译，商务印书馆 2010 年版，第 623—624 页。

③ 〔德〕汉斯－格奥尔格·伽达默尔：《诠释学 Ⅰ：真理与方法》，洪汉鼎译，商务印书馆 2010 年版，第 3 页。

④ 〔德〕马丁·海德格尔：《存在与时间》，陈嘉映、王庆节译，生活·读书·新知三联书店 2006 年版，第 233 页。

⑤ 〔德〕马丁·海德格尔：《海德格尔文集 · 形而上学的基本概念：世界—有限性—孤独性》，赵卫国译，商务印书馆 2017 年版，第 5 页。

上去与科学主义思潮比较接近，但是其所说的经验之中包括了各种非理性的内容，并认为理性归根结底服从于人的情感和意志，主张“有用即真理”，这又使它同时具有了人本主义思潮的特征。胡塞尔的现象学主张以严格的科学精神来对待哲学，力图把哲学变成一门科学；但他并不像科学主义诸流派那样反对形而上学问题的研究，而是把哲学研究的根本任务理解为以理性的方法研究整个世界。并且还特别强调，这个根本任务是哲学从古希腊哲学降生之日起就为自己提出的，只要哲学存在一天，这个根本任务就应该延续一天。但是，他的现象学却是把人的意向活动作为出发点，把世界仅仅理解为一种“意向的存在”，即所谓“意向在其经验中所置定的存在”；而外部世界是否真实存在的问题被排除在哲学研究范围之外，甚至完全被否定。胡塞尔强调“先验自我”和“先验意识”，而他的现象学只不过是一种“本质直觉方法”和“先验还原方法”。实在主义（狭义）哲学的特别之处在于，它承认外部世界的客观实在性，但同时又把感觉、观念也看作是客观实在的，并且承认“一般”或“共相”的独立存在，企图建立一个包含多种实在的综合的本体论体系。后来的新实在主义更是提出宇宙是由一种非心非物、亦心亦物的“中性实体”以不同的关系所构成；它利用数学和数理逻辑作为理论根据，企图建立一种“科学的哲学”。

除了以上两种思潮以及相关派别之外，现代西方哲学还存在新康德主义、新黑格尔主义等思辨形而上学流派，以及新托马斯主义、人格主义等宗教哲学流派；这些学派在研究定位上也各有不同的主张。新康德主义中的马堡学派否定“自在之物”的客观实在意义，把作为对象世界的存在以及人的认识统统都归结为纯粹思维的创造；他们重视数学和逻辑的研究，宣称哲学不是一种形而上学和本体论，而只是一种认识论和方法论。弗莱堡学派主张把哲学定位于研究宇宙人生的一般问题，但又主张将哲学从像自然科学那样回答对象是什么的问题改为研究事物应该是什么的问题，由判断问题改为评价问题，即定位于价值领域，从而把哲学作为价值的一般理论。新黑格尔主义虽然与大多数其他派别一样对传统形而上学采取了批判态度，但又不要求取消和超越关于世界的基础、本质和本原问题的本体论研究，他们把精神性的绝对看作世界的本原，但又把黑格尔的“绝对观念”改造成具有非理性特征的

“绝对经验”，把黑格尔的思辨辩证法改造成为具有非理性主义色彩的辩证法。新托马斯主义、人格主义等宗教哲学派别继续将上帝的存在作为其理论前提，但也通过对上帝做出新的解释而表现出不同于近代哲学的时代特征，更多地转向生活、实践和个人的内心体验。

从以上考察可以看出，在西方哲学的演变过程中，哲学的研究定位问题呈现出一种复杂多样的状态；尤其是在现代西方哲学的发展阶段，更是不同于以往。而这样一来，哲学这一学科实际上便发生了严重的内部分化：虽然都称作“哲学”，都是在这一名义下进行研究，但此“哲学”不同于彼“哲学”，哲学与哲学之间并不相通，而且还相互排斥；各种不同的哲学自说自话，自成体系，大家各搞各的，各有自己的定位，关注着各不相同的东西。这种现象，构成人类思想史上的一道奇特景观。

西方哲学的情况已如上述，而当我们从西方哲学转到中国哲学，对中国哲学的发展历史进行考察的时候，可以看出这里的情况又有很大的不同。在中国古代，并不存在一个专门的哲学学科，也没有这个专门的学科名称。汉语中的“哲学”这个词汇是19世纪末才由日本传入中国的“舶来品”，而哲学作为一个学科在中国得到正式确认，更是民国以后的事情了。中国古代的思想体系是以儒学为主干，治学主要是以“四部之学”即“经、史、子、集”为框架进行分科，或者是以“义理之学”“考据之学”“经世之学”“词章之学”等进行分类，而不是像西方那样划分哲学与各门具体科学。那么这是否就意味着中国古代没有哲学方面的学问？当然不是。从具体内容来看，西方哲学所涉及的各种问题，如本体论、认识论、社会历史观、伦理学等方面的研究，在中国古代的思想体系中也同样存在，并积累了丰富的认识成果。但另一方面，正是由于这些成果分散在“经、史、子、集”的综合体系中，而不是作为一个专门的学科存在，所以也就无法依据这些成果来讨论哲学的研究定位问题。通常所谓中国哲学的研究，实际上是参照西方哲学的标准，对中国古代思想史上的认识成果进行整理和筛选。如冯友兰所说的：“即就中国历史上各种学问中，将其可以西洋所谓哲学名之者，选出而叙述之。”[①]而西方哲学在研究定位

① 冯友兰:《中国哲学史》上卷，中华书局1961年版，第1页。

上的混乱和不确定的状况，自然也要在中国哲学的研究中反映和折射出来。

2. 多种思潮和流派：学说体系的差异与对立

哲学史上的各种思潮、各种流派在研究定位问题上已然表现出重大差异，而若进一步考察一下这些流派各自的学说体系，那就更是千差万别，甚至相互对立了。通常所谓唯物主义和唯心主义、辩证法和形而上学、可知论与不可知论等不同派别的区分，可以看作是了解和把握哲学史的一些基本线索，应该充分重视和认真对待。但正像讨论中不少学者所指出的那样，这些派别的区分不应被当作僵化的标签，简单地一贴了之；同时还应看到，这种区分方法主要是着眼于世界观的领域，而对于那些在研究定位上不属于这一领域的哲学流派，就不能机械地照搬和套用了。特别是对于发生“语言的转向”之后的现代西方哲学，这一点就更显得突出。当然，这里也要防止走向另一个极端，即以各种借口忽视和否定世界观领域中不同派别的区分，以及它们相互之间的对立和冲突。

众所周知，唯物主义和唯心主义作为哲学领域中的两个基本派别，其根本分歧主要体现在世界的本原即思维与存在的关系问题上。恩格斯曾对此作过精辟的说明，指出：“全部哲学，特别是近代哲学的重大的基本问题，是思维和存在的关系问题”；[①]“哲学家依照他们如何回答这个问题而分成了两大阵营。凡是断定精神对自然界说来是本原的，从而归根到底承认某种创世说的人（而创世说在哲学家那里，例如在黑格尔那里，往往比在基督教那里还要繁杂和荒唐得多），组成唯心主义阵营。凡是认为自然界是本原的，则属于唯物主义的各种学派。”[②]而从哲学史上看，无论是唯物主义还是唯心主义，都曾有过多种不同的表现形态。

就唯物主义而言，在古代还只是以一种朴素的形态存在。哲学家们在直观经验的基础上承认外部世界的先在性，并对世界的本原做出了种种具体的探索，将其归结为某种特殊的物质形态。古希腊时期的泰勒斯认为世界的本

① 《马克思恩格斯选集》第4卷，人民出版社2012年版，第229页。

② 《马克思恩格斯选集》第4卷，人民出版社2012年版，第231页。

原是“水”，赫拉克利特认为是“火”，阿那克西米尼认为是“气”，德谟克利特则认为是“原子”。中国古代也曾有“五行说”等，但影响最大的还是“元气说”，即把“元气”或“气”看作天地万物的本原；各个朝代的唯物主义思想家如王充、柳宗元、王安石、张载、罗钦顺、王廷相、王夫之、黄宗羲、颜元、戴震等，大都秉持这一观点。到了近代以后，唯物主义进入到一个新的发展阶段。哲学家们力图依据当时已有的自然科学成果去认识自然界，但自然科学在这时还只是处于“把非生物和生物当做既成事物来研究”的阶段，“主要是**搜集材料的**科学”，[①]其中发展较为完备的还只有固体力学等学科；因此，唯物主义哲学在取得相应进展的同时也受到了明显的局限，呈现出机械的和形而上学（思维方式意义上）的特征。此外，这种唯物主义也还主要停留在自然观的领域，从16、17世纪的英国经验论哲学到18世纪的法国唯物主义，总体上都是如此；甚至已经进入19世纪之后的费尔巴哈唯物主义，也未能超过这一水平。而唯物主义的发展达到一种全新的高度，成为一种辩证的、历史的、实践的唯物主义，那是马克思主义哲学产生以后的事了。

从唯心主义来看，它在哲学史上主要有两种表现形态，一种是主观唯心主义，一种是客观唯心主义。主观唯心主义认为世界是人的主观意识的产物，否认不依赖于人的意识的客观存在。西方哲学史上的贝克莱就是这种主观唯心主义的典型代表，他认为“存在即被感知”，“除了精神或能知的东西以外，再没有任何别的实体”。[②]中国哲学史上的陆九渊也曾提出类似的命题，认为“心即理”，“宇宙便是吾心，吾心便是宇宙”；[③]之后的王阳明则进一步演绎了这一思想，提出“心外无物”“心外无理”“心外无事”。与这种主观唯心主义不同的是，客观唯心主义通常会主张某种外在的精神性存在，并将其看作世界的本原。古希腊时期的柏拉图就曾提出了他的“理念论”，认为在现实世界的背后，还存在一个理念世界，这个理念世界先于并决定着现实世界，后者只不过是前者的复本和影像。近代的黑格尔哲学虚构出一个被称为“绝对观念”的精神性存在，这种绝对观念在逻辑推演中“外化”出整个自然界，然

① 《马克思恩格斯选集》第4卷，人民出版社2012年版，第251页。

② 〔英〕贝克莱:《人类知识原理》，关文运译，商务印书馆1973年版，第22页。

③ 《年谱》，《陆九渊集》卷三十六。

后又借助于人类思维向自身“复归”。中国哲学史上的程颢、程颐也主张以精神性的“理”作为万事万物的本源，认为“理者，实也、本也”，[①]“实有是理故实有是物”；[②]朱熹则强调“理在气先”，“理也者，形而上之道也，生物之本也”。[③]而不论主观唯心主义还是客观唯心主义，也不论其具体观点如何，其基本立场都是主张精神第一性，物质第二性，从意识、观念等出发去解释世界。

与唯物主义、唯心主义的区分相关联，辩证法和形而上学作为两种不同的思维方式，往往与这两大派别交织在一起，形成不同的哲学思想体系。辩证法的基本特征是强调事物的普遍联系和永恒发展，主张以联系和发展的观点看问题。所谓形而上学本身是一个多义词，在不同场合有着不同的含义。上面我们曾在本体论意义上使用这一概念，即所谓“形而上”的学问；而在此处，则是作为一种与辩证法相对立的思维方式来理解，其基本特征是割裂事物的联系，脱离事物的发展过程，孤立和静止地看问题。恩格斯曾对这两种思维方式做过概括的说明：“……辩证法在考察事物及其在观念上的反映时，本质上是从它们的联系、它们的联结、它们的运动、它们的产生和消逝方面去考察的”；[④]而“在形而上学者看来，事物及其在思想上的反映即概念，是孤立的、应当逐个地和分别地加以考察的、固定的、僵硬的、一成不变的研究对象。他们在绝对不相容的对立中思维”。[⑤]

从哲学史上看，辩证法思想在古代曾有过广泛的发展。如恩格斯所说：“古希腊的哲学家都是天生的自发的辩证论者，他们中最博学的人物亚里士多德就已经研究了辩证思维的最主要的形式。”[⑥]中国古代典籍《周易》同样包含着丰富的辩证法思想，而老子的《道德经》更是集中阐述了辩证法的许多重要观点。到了近代之后，由于科学的发展尚处于“搜集材料”、研究“即成事物”的阶段，促使形而上学的思维方式在哲学领域生长起来。“近代哲学虽然

---

① 《遗书》，卷四。

② 《粹言》，卷二。

③ 《答黄道夫》，《朱文公文集》卷五十八。

④ 《马克思恩格斯选集》第 3 卷，人民出版社 2012 年版，第 397 页。

⑤ 《马克思恩格斯选集》第 3 卷，人民出版社 2012 年版，第 396 页。

⑥ 《马克思恩格斯选集》第 3 卷，人民出版社 2012 年版，第 789 页。

也有辩证法的卓越代表（例如笛卡儿和斯宾诺莎），但是特别由于英国的影响却日益陷入所谓形而上学的思维方式；18 世纪的法国人也几乎全都为这种思维方式所支配，至少在他们的专门哲学著作中是如此。”[①] 到了 19 世纪，自然科学的发展进入“整理材料”、研究“过程”和“联系”的新的阶段，从而为思维方式的转变创造了条件。德国古典哲学的主要代表黑格尔建立了自己影响深远的思想体系，“它的最大的功绩，就是恢复了辩证法这一最高的思维形式”。[②] 但是，由于黑格尔哲学是建立在唯心主义基础之上的，他的辩证法只是所谓“绝对精神”运动和演化的辩证法，因而不可避免地具有严重的局限。直到马克思主义哲学产生，在“新唯物主义”的基础上批判地改造了黑格尔哲学，辩证法的“合理内核”才从唯心主义体系的桎梏中解脱出来，并上升到一个新的高度。

思维和存在的关系问题还有另一个方面，即我们的思维能否认识我们所处的这个世界。“用哲学的语言来说，这个问题叫做思维和存在的同一性问题”。[③] 围绕这一方面的问题，可以划分出可知论与不可知论这两个不同的派别。在哲学史上，如恩格斯所指出的，“绝大多数哲学家对这个问题都作了肯定的回答”，包括像黑格尔这样的唯心主义哲学家，也从自己的立场出发承认世界的可知性；但“还有其他一些哲学家否认认识世界的可能性，或者至少是否认彻底认识世界的可能性”。[④] 如休谟就认为，感觉经验“是由我们所不知的原因产生于心中”，其“最终原因是人类理性所完全不能解释的”。[⑤] 而康德则将客观存在区分为“现象”和“物自体”（或译为“自在之物”）两部分，认为人类的知识只能涉及现象领域，而现象之外的“物自体”却是不可认识的。在中国哲学史上，也存在这种不可知论的倾向，如庄子就是从相对主义最终走向了不可知论。

以上有关唯物主义和唯心主义、辩证法和形而上学、可知论与不可知论

① 《马克思恩格斯选集》第 3 卷，人民出版社 2012 年版，第 789 页。

② 《马克思恩格斯选集》第 3 卷，人民出版社 2012 年版，第 789 页。

③ 《马克思恩格斯选集》第 4 卷，人民出版社 2012 年版，第 231 页。

④ 《马克思恩格斯选集》第 4 卷，人民出版社 2012 年版，第 231—232 页。

⑤ 〔英〕休谟：《人性论》，关文运译，商务印书馆 1980 年版，第 19、101 页。

等不同派别的区分，体现了哲学史上不同学说之间在学说体系上的一些大的差异。而值得注意的是，在现代西方哲学的发展过程中，出现了一些新的情况，形成了不少新的流派。那么，这些流派与以往哲学史上的各类派别又是一种什么样的关系呢?

对于这一问题，应从两个方面进行分析。一方面，对于现代西方哲学的许多流派，的确不能简单地套用以往的派别划分方法，将其笼统地归入唯物主义或者唯心主义等派别。如前所述，现代西方哲学与以往哲学的不同，首先在于研究定位的改变，即所谓“语言的转向”。一些新的流派特别是科学主义思潮中的许多流派放弃了有关世界本原等根本性问题的探究，不再把哲学当作世界观的学问，主张“超越”这个意义上的形而上学；认为哲学只应关注人的经验所及的现象世界，研究经验领域中的各种现象，或者干脆把哲学研究归结为语言研究，将哲学的任务确定为对语言进行逻辑分析。这样一种做法，实际上是把哲学变成了与以往的哲学根本不同的另一种学问，虽然仍然采用了哲学的名称，但研究的对象完全不同。唯物主义与唯心主义等哲学派别的区分，都是基于世界观问题的研究，既然现代西方哲学的这些新的流派压根不再研究世界观问题，这种区分方法便失去了前提，自然也就不再适合了。

但是另一方面，这是否就意味着，哲学研究中唯物主义与唯心主义等派别的划分，以及世界的本原等世界观问题，便由于这种“转向”被“消解”和清除掉了，因而不复存在了呢?这是讨论中经常可以听到的一种观点，但这种观点是十分错误的。因为这些新的流派只是放弃了对世界观问题的研究，实际上是回避了、绕开了这些根本性问题，但问题本身并没有消失，它还在那里。就算你闭上眼睛不看，它也依然存在。假如采用这种避而不谈的方法就能解决问题，那么各个学科领域的所有难题早就可以全部解决掉了，何须劳心费力进行探索和研究。而只要进入世界观领域，就必然会面对世界的本原等根本性问题；要回答这些问题，就必然会涉及唯物主义与唯心主义、辩证法和形而上学、可知论与不可知论等不同派别的区分，这是“超越”不了的。而对于哲学研究来说，世界观问题作为长期以来始终存在的重大问题域，绝不是有几个持不同主张的流派吵嚷一下，就可以轻而易举地从这一学科的研究定位中排斥出去的。与之相应，唯物主义与唯心主义、辩证法和形而上学、可知论与不可知论等不同派别的区分，也同样会继续存在下去。

其实，即便是在现代西方哲学的范围内，对于世界观问题的关注和探究也从来没有中断过。如前所述，在现代西方哲学的科学主义和人本主义这两种主要思潮中，人本主义的许多流派如唯意志主义（非理性主义）、生命哲学、存在主义、弗洛伊德主义、解释学等，就不反对世界观问题的研究，只不过是从人的非理性的存在去理解世界，把世界看作是“生存意志”“权力意志”等主观意志的体现，或者某种非理性的心理体验。除此之外，现象学、新黑格尔主义、实在主义等流派也都从自己的立场对世界观问题进行了探究，把世界的本原理解为一种“意向的存在”，或者非理性的“绝对经验”等，或者主张包含多种实在的综合的本体论。从总体上看，这些流派大多是以某种精神存在去解释世界，因而具有明显的唯心主义特征。

以上我们分别从研究定位和学说体系入手，对哲学发展史做了一些考察和梳理。由此可以看出，无论是研究定位还是学说体系，各种哲学之间都存在着重大差异。虽然都以“哲学”相称，但实际上却大不相同，甚至相互排斥和对立。在这种情况下，正如本专题一开始便指出的，绝不能不顾事实、非要勉强地寻求某种统一的规定，更不能以偏概全，仅仅从某些流派着眼，简单、片面地得出结论；而应全面认识和把握哲学发展的历史脉络，实事求是地承认这些差异的存在，客观地对待不同流派的观点和主张。也就是说，不宜笼统地谈论哲学，而应区分不同的哲学。在此基础上，再来做进一步的研究，对这些不同的流派和学说做出具体分析和研判，探讨它们的优劣得失，区分正确的认识与错误的认识。在近年来有关这方面问题的讨论中，一些论者不甘于此，试图提出某种能够“超越”各种差异的见解和主张，但结果都未能成功。其所提出的所谓“新”的见解，实际上仍然只是体现了作者所赞赏的某些哲学派别的观点，而难以涵盖整个哲学领域。应该确认，就性质和功能而言，不同的哲学有不同的性质和功能，不能一概而论，而只能区别对待。

有了这样一个基本的认识，那么接下来的问题便是：如此众多的、性质和功能各不相同的哲学派别，是否都与我们这里所要探讨的主题直接相关？

当然不是。既然这些哲学派别在性质和功能上存在重大差异，它们与领导能力之间的关系无疑也是很不相同的。而在所有这些不同的哲学当中，我们最终选择了马克思主义哲学，以此作为最根本的方法论指导。这样做当然是有着充分理由的，因为这种哲学在根本上不同于其他哲学，它是哲学思想史上最重要的成果，具有最能适合领导工作实践要求的特殊性质和功能。接下来我们便就此做一些进一步的探讨。

二、马克思主义哲学的性质和功能

我们知道，马克思主义哲学是在19世纪的特定历史条件下产生的一种哲学理论。马克思和恩格斯批判地吸取了德国古典哲学以及整个哲学史上的积极成果，克服了以往哲学发展的历史局限，创立了自己的新的哲学。而正是这个新的哲学，实现了哲学发展中的根本变革，成为哲学史上最重要的认识成果。它既不同于以往历史上的各种哲学，也不同于现代其他哲学流派，而是有着自己特殊的性质和功能。

1. 变革与重构：一种真正科学的世界观和方法论

如前所述，在马克思主义哲学产生之前，哲学在长期发展中形成了许多积极的成果，但同时也存在重大的局限，甚至连学科本身的研究定位也长期未能确定，致使哲学研究的问题越来越庞杂，范围越来越宽泛。到了近代以后，这方面的矛盾和混乱更加凸显，哲学家们试图将当时已经广泛兴起的各门具体科学的研究也纳入自己的体系当中，从而使哲学成为一种“包罗万象”的学问。德国古典哲学成为这种哲学的集大成者，其最主要的代表人物黑格尔就建立了这样一种内容几乎无所不包的庞大体系；用恩格斯的话说，“黑格尔的体系包括了以前任何体系所不可比拟的广大领域”。[①] 费尔巴哈虽然不同于黑格尔，但“哲学这一似乎凌驾于一切专门科学之上并把它们包罗在内的

① 《马克思恩格斯选集》第4卷，人民出版社2012年版，第225页。

科学的科学，对他来说，仍然是不可逾越的屏障，不可侵犯的圣物”。[①] 但是，随着历史的进步，特别是各门具体科学的不断发展，这样一种大包大揽的哲学体系越来越不合时宜了，对其进行一种根本性的变革势在必行。于是便有了 19 世纪中叶的哲学变革，马克思主义哲学与现代西方哲学的各种新的流派由此产生。然而，现代西方哲学的众多派别在脱离近代哲学旧有传统的过程中却又走向了另一个极端，即不断挤压和缩减哲学的研究领域，甚至在所谓“摒弃形而上学”的口号下，将客观世界的研究完全排除在哲学之外，认为随着各门具体科学的兴起，哲学所能够做的只是探讨自然科学的方法和科学演化模式，或者是对语言进行逻辑分析、研究人的精神存在和意识活动等，将哲学变成一种偏僻枯涩、远离现实的书斋学问。而马克思主义哲学却不是这样。它没有像现代西方哲学的许多流派那样越走越偏，而是在正确理解和把握哲学与各门具体科学之间关系的基础上，真正科学地解决了哲学的研究定位问题。

在马克思主义哲学看来，哲学和各门具体科学作为人类知识体系中的不同门类，具有各自不同的定位和功能。人们所面对的世界本身是一个十分复杂的存在体系，因而对世界的认识也需要从多个领域、多个层次分别展开，由此便形成各种不同的学科门类。其中，各门具体科学主要是从各个不同的具体领域分门别类地对世界进行研究，自然科学的各个学科如物理学、化学、生物学等主要着眼于自然界的各个领域，社会科学的各个学科如经济学、政治学、社会学、伦理学等则主要着眼于人类社会的各个领域。而不论自然科学还是社会科学，它们的研究主要是揭示各个相关领域中存在的客观规律，这些规律在本领域之内虽然具有一般的意义，但对于其他领域来说则具有特殊的性质，属于为各个领域所特有的特殊规律。有关这一层次的研究，亦即对于自然界和人类社会各个领域的特殊规律的研究，应该是各门自然科学和社会科学的任务。那么，这是否意味着人类认识的基本领域已经为各门具体科学分割完毕，而哲学已经无事可做，只能被排除在外呢？不是的。应该看到，在这些领域之外，还有一个特殊重要的领域，这个领域的研究不是各门

① 《马克思恩格斯选集》第 4 卷，人民出版社 2012 年版，第 248 页。

具体科学所能够承担的，而应由哲学这门特殊的学科来承担。这便是关于世界根本问题的研究，亦即通常所说的世界观的领域。

谈到世界观，常常存在一种误解，似乎人们有关世界的一切观点和看法都属于世界观的范畴。其实不然。从严格意义上说，所谓世界观并不包括所有这些具体的认识，而只是指人们对于这个世界的根本观点和看法，亦即对于世界的根本问题的回答。那么哪些问题属于这种“根本问题”呢？大体上可以区分为两个方面。一是整体性问题，亦即对于这个世界的整体性研究和把握。不论自然界的各个领域，还是人类社会的各个领域，都是作为整个世界的一部分而存在的；而人们对于世界的认识，除了要进行各个具体领域的认识之外，还需要从整体的高度对世界进行认识，把这个世界作为一个整体来进行研究。二是一般性问题，亦即对这个世界的最一般规律的揭示。一般与特殊是相互联结而存在的，自然界和人类社会的各个构成领域都有着自己的特殊规律，而这些特殊规律之中还包含着为它们共同所有的一般规律。人们要认识世界，不仅要认识各个领域的特殊规律，而且还要认识这种普遍存在的一般规律。这样，对于世界的整体性研究和最一般规律的揭示，这两个方面的认识综合起来，便构成所谓世界观的主要内容。而在马克思主义哲学看来，正是这样一个世界观领域，可以成为哲学研究的专门领域。也正是在这个意义上，马克思主义经典作家强调指出，自己的哲学已经不再是传统意义上的那种哲学，“而只是世界观”。①

明确了哲学研究的基本定位，是否就可以万事大吉，一切都能顺理成章地展开呢？当然不是。定位问题的解决只是为哲学的变革提供了一个基本的前提，接下来所要做的，应是从这一定位出发，对世界观领域中的已有研究成果进行全面梳理，并在此基础上做出新的研究，推出新的成果。在以往的哲学史上，属于这一领域的研究成果已有很多积累，例如唯物主义和辩证法等方面的思想，就经历了长期的发展过程。当然，这些思想成果都还存在着这样那样的历史局限，并且往往被掩藏在各种纷繁庞杂的学说体系中，需要以批判的态度加以“扬弃”。马克思主义的创始人正是这样做的，他们从世界

① 《马克思恩格斯选集》第3卷，人民出版社2012年版，第517页。

观的层面批判地吸取了以往哲学史特别是德国古典哲学的积极成果，克服了这些成果的缺陷和不足，在新的历史条件下开拓创新，最终形成了被他们自己称为“新唯物主义”[①] 的哲学思想体系。

前面已经谈到，唯物主义作为与唯心主义相对立的哲学派别，从古代开始就已存在；而辩证法和形而上学则作为两种不同的思维方式，与这两大派别交织在一起。在古代，由于社会生产力以及科学认识水平低下等具体历史条件的限制，无论是唯物主义还是辩证法，都不能不带有直观经验的性质，表现为一种朴素的形式，即朴素唯物主义和朴素辩证法。到了近代，生产力水平有了很大的提高，各门具体科学陆续发展起来，从而推动了唯物主义哲学和辩证法思想的进一步发展。但是，一直到 18 世纪，唯物主义主要表现为一种机械唯物主义的形式，其局限性体现在多个方面：一是机械性，即“仅仅运用力学的尺度来衡量化学性质的和有机性质的过程”，甚至认为“人是机器”；[②] 二是形而上学性，即不懂得联系和发展地看问题，“不能把世界理解为一种过程，理解为一种处在不断的历史发展中的物质”；[③] 三是在历史观领域里仍然没有摆脱唯心史观，因而是一种不彻底的唯物主义；四是不懂得实践的意义，未能正确理解人与外部世界之间的相互关系。正如马克思所指出的，旧唯物主义的一个“主要缺点”，便是“对对象、现实、感性，只是从**客体**的**或者直观**的形式去理解，而不是把它们当做**感性的人的活动**，当做**实践**去理解，不是从主体方面去理解”。[④] 与唯物主义的这种发展状况相对应，辩证法思想却是在唯心主义的哲学体系中得到了进一步的应用和阐发，并在 19 世纪的黑格尔哲学中达到了当时的最高峰。当然，在黑格尔那里，辩证法只能作为“绝对观念”运动和演化的内在逻辑而头足倒置地表现出来，最终被唯心主义的体系框架所“窒息”。之后，费尔巴哈推翻了黑格尔的唯心主义体系，“使唯物主义重新登上王座”；[⑤] 但他却不懂得辩证法，没能从黑格尔哲学中吸

① 《马克思恩格斯选集》第 1 卷，人民出版社 2012 年版，第 140 页。

② 《马克思恩格斯选集》第 4 卷，人民出版社 2012 年版，第 235 页。

③ 《马克思恩格斯选集》第 4 卷，人民出版社 2012 年版，第 235 页。

④ 《马克思恩格斯选集》第 1 卷，人民出版社 2012 年版，第 133 页。

⑤ 《马克思恩格斯选集》第 4 卷，人民出版社 2012 年版，第 228 页。

取这一重要成果；“他没有批判地克服黑格尔，而是简单地把黑格尔当做无用的东西抛在一边”。“而且作为一个哲学家，他也停留在半路上，他下半截是唯物主义者，上半截是唯心主义者”；[①]“当费尔巴哈是一个唯物主义者的时候，历史在他的视野之外；当他去探讨历史的时候，他不是一个唯物主义者。”[②]这样，费尔巴哈只能继续停留在18世纪机械唯物主义的水平上，没有超越这种唯物主义的历史局限。

当马克思主义哲学的创始人于19世纪中叶登上历史舞台的时候，情况已有了很大的不同。欧洲各国的工业化进程已全面展开，生产力发展达到了新的水平，资本主义生产关系日渐成熟，其内在矛盾也日益显现出来。自然科学的发展开始从“**搜集材料的**科学”转变为“**整理材料的**科学”，从“关于既成事物的科学”转变为“关于过程、关于这些事物的发生和发展以及关于联系——把这些自然过程结合为一个大的整体——的科学”，[③]特别是产生了细胞学说、能量转化和达尔文的进化论等三大发现及其他一系列重大成果。正是在这样一种新的历史条件下，马克思和恩格斯对以往哲学史特别是德国古典哲学进行了重新审视，批判地吸取了唯物主义和辩证法的积极成果，克服了之前所存在的缺陷和不足，进而创立了他们的“新唯物主义”哲学。从总体上看，这种“新唯物主义”主要在以下几个重要方面取得了突破。

第一，这种“新唯物主义”借助自然科学发展的新的认识成果，将唯物主义和辩证法提升到新的水平，实现了唯物主义和辩证法的科学统一。从唯物主义方面看，马克思和恩格斯继承了以往唯物主义的历史传统，明确了唯物主义的基本立场，但同时又克服了旧唯物主义的机械性和形而上学性，用辩证法的思维方式改造了唯物主义哲学，使之成为辩证唯物主义。如恩格斯曾指出的：“认为事物是既成的东西的旧形而上学，是从那种把非生物和生物当做既成事物来研究的自然科学中产生的。而当这种研究已经进展到可以向前迈出决定性的一步，即可以过渡到系统地研究这些事物在自然界本身中所

① 《马克思恩格斯选集》第4卷，人民出版社2012年版，第248页。

② 《马克思恩格斯选集》第1卷，人民出版社2012年版，第158页。

③ 《马克思恩格斯选集》第4卷，人民出版社2012年版，第251页。

发生的变化的时候，在哲学领域内也就响起了旧形而上学的丧钟。”[①] 而从辩证法方面看，马克思和恩格斯继承了以往辩证法的历史传统，特别是黑格尔哲学在辩证法方面的丰富成果，但同时又打破了成为它的桎梏的唯心主义体系，将其在唯物主义的基础上进行了根本的改造，使之成为唯物辩证法。如马克思曾指出的：在黑格尔那里，“辩证法是倒立着的。必须把它倒过来，以便发现神秘外壳中的合理内核”。[②] 他强调：“我的辩证方法，从根本上来说，不仅和黑格尔的辩证方法不同，而且和它截然相反。在黑格尔看来，思维过程……是现实事物的创造主，而现实事物只是思维过程的外部表现。我的看法则相反，观念的东西不外是移入人的头脑并在人的头脑中改造过的物质的东西而已。”[③] 恩格斯也指出，“同黑格尔哲学的分离在这里也是由于返回到唯物主义观点而发生的。”“我们重新唯物地把我们头脑中的概念看做现实事物的反映，而不是把现实事物看做绝对概念的某一阶段的反映。这样，辩证法就归结为关于外部世界和人类思维的运动的一般规律的科学。”[④]

第二，这种“新唯物主义”在历史观领域中确立了唯物主义的基本立场和辩证法的思维方式，创立了唯物史观亦即历史唯物主义，从而克服了旧唯物主义的不彻底性，结束了唯心史观在历史观领域中长期占据统治地位的局面。这个问题的解决很不容易，其中一个重要原因便是社会历史领域具有不同于自然领域的特殊复杂性。在自然领域中，存在着的是各种自然事物，它们的运动是按照各自的自然属性进行的，所谓客观规律就通过这些自然的过程体现出来。而“社会发展史却有一点是和自然发展史根本不相同的”：“在社会历史领域内进行活动的，是具有意识的、经过思虑或凭激情行动的、追求某种目的的人；任何事情的发生都不是没有自觉的意图，没有预期的目的的”。[⑤] 正是这样一种特殊的情况，很容易形成一种认识上的障碍，似乎社会历史发展是由人们的意识和动机所支配的，而不是像自然界那样存在着客

---

① 《马克思恩格斯选集》第 4 卷，人民出版社 2012 年版，第 251 页。
② 《马克思恩格斯选集》第 2 卷，人民出版社 2012 年版，第 94 页。
③ 《马克思恩格斯选集》第 2 卷，人民出版社 2012 年版，第 93 页。
④ 《马克思恩格斯选集》第 4 卷，人民出版社 2012 年版，第 249—250 页。
⑤ 《马克思恩格斯选集》第 4 卷，人民出版社 2012 年版，第 253 页。

观规律。这也是唯心史观之所以能够长期占据统治地位的认识论原因。而当马克思和恩格斯创立自己的哲学时，他们没有在这种障碍面前止步，而是通过进一步深入的研究和探索，最终突破了这一障碍。他们指出，虽然社会历史领域的情况同自然界存在明显差别，但“不管这个差别对历史研究，尤其是对各个时代和各个事变的历史研究如何重要，它丝毫不能改变这样一个事实：历史进程是受内在的一般规律支配的”。[①] 人作为主体无疑具有特殊的能动作用，但人的活动必须遵从社会历史领域的客观规律，否则便不能取得成功。社会历史领域的客观规律决定着社会历史发展的必然趋势，并从根本上制约着人的活动。正是从这一基本立场出发，马克思和恩格斯进而揭示了社会历史领域的一系列重要规律，特别是社会基本矛盾即生产力与生产关系、经济基础与上层建筑矛盾运动的规律。“这样一来，唯心主义从它的最后的避难所即历史观中被驱逐出去了，一种唯物主义的历史观被提出来了，用人们的存在说明他们的意识，而不是像以往那样用人们的意识说明他们的存在这样一条道路已经找到了。”[②]可以说，唯物史观亦即历史唯物主义的创立，是马克思和恩格斯的“新唯物主义”哲学最重要的成果，也是它对哲学史最重大的贡献。

第三，这种“新唯物主义”以实践为基础，科学地解决了人与外部世界的关系问题，从而克服了旧唯物主义在这方面的历史局限。在马克思和恩格斯看来，我们所面对的世界，亦即所谓“对象、现实、感性”，并不是同人没有关系的纯自然，而是打着主体印记的“人化自然”。因此，决不能“只是从**客体**的**或者直观**的形式”去理解，而应该进一步“把它们当做**感性的人的活动**，当做**实践**去理解”，“从主体方面去理解”。[③] 也就是说，要全面认识和把握主体与客体之间相互制约、相互作用的双向互动关系。一方面，人是现实的人，人的存在和发展当然要受到现实世界（包括自然界和社会）及其客观规律的制约；另一方面，人并不只是一种被动的存在，而是能动的主体，并不是只能消极地顺应外部世界，而是可以通过自己的实践能动地认识和改造

① 《马克思恩格斯选集》第4卷，人民出版社2012年版，第253—254页。

② 《马克思恩格斯选集》第3卷，人民出版社2012年版，第401页。

③ 《马克思恩格斯选集》第1卷，人民出版社2012年版，第133页。

外部世界。马克思主义哲学十分重视实践的作用，认为实践是认识的基础，只有通过实践才能达到对世界的深层次的认识；实践是检验真理的标准，“人应该在实践中证明自己思维的真理性”[①]；最后，实践是人们改造世界以及改造自身的手段，“环境的改变和人的活动或自我改变的一致，只能被看做是并合理地理解为**革命的实践**”。[②] 基于这样一种观点和认识，可以将马克思主义哲学看作一种实践的唯物主义。

以上几个方面的重要成果，在马克思主义哲学中不是相互隔绝和分离的，更不是相互对立的，而是相互联结、相互贯通，紧密融合在一起的。它既是一种辩证的唯物主义，又是一种历史的唯物主义，同时还是一种实践的唯物主义。它作为一种“新唯物主义”，新就新在它是辩证唯物主义、历史唯物主义、实践唯物主义的有机统一，亦即辩证的、历史的、实践的唯物主义。这样一种新的哲学思想体系，在世界观的高度实现了一种历史的超越，完成了一种根本的变革，使哲学第一次具有了真正科学的性质，成为一种真正意义的科学世界观。

不仅如此，马克思主义哲学作为这样一种新的哲学，从一开始就不是一种远离现实的书斋学问，而是要直接面对实践，为实践提供科学的方法论指导。它既是世界观，又是方法论；它的基本原理可以也应当被运用于指导人们的活动。当年马克思和恩格斯之所以要创立这一哲学，就是为了借助它的科学方法论，深入研究和探索他们在实践中所遇到的各种重大问题，并指导其他各方面的理论研究。可以说，整个马克思主义的学说体系，都是在这一方法论的指导下建立起来的。马克思曾鲜明地提出：“哲学家们只是用不同的方式**解释**世界，问题在于**改变**世界。”[③] 马克思主义哲学正是这样一种不仅能够用于科学地“解释”世界，而且能够用于科学地“改变”世界的新的哲学，它是科学世界观和方法论的有机统一，是一种地地道道的“经世致用”之学。

---

① 《马克思恩格斯选集》第 1 卷，人民出版社 2012 年版，第 134 页。

② 《马克思恩格斯选集》第 1 卷，人民出版社 2012 年版，第 134 页。

③ 《马克思恩格斯选集》第 1 卷，人民出版社 2012 年版，第 136 页。

2. 科学性质与价值取向：马克思主义哲学的双重精神

马克思主义哲学实现了哲学史上的根本变革，使哲学第一次具有了真正科学的性质，成为一种科学世界观和方法论；要理解和把握马克思主义哲学，首先当然要充分认识这一变革的意义，认识它所具有的这种特殊的科学性质。但是，仅仅看到这一点还是不够的。马克思主义哲学不仅是一种科学性质的学问，而且还是一种有着自己鲜明价值取向的学问；它决不是像一些人所指责的那样“见物不见人”，而是关心人、重视人、为了人，始终把人的发展和解放作为最高价值目标。如果说它的科学性质体现为一种彻底的科学精神，那么它的价值取向便体现为一种崇高的人文精神。而马克思主义哲学又不同于旧的人本主义哲学，它不是抽象地、空洞地谈论人，而是把人文关怀建立在自己的科学认识的基础之上，从而实现了人文精神与科学精神的有机统一。

从广义上说，所谓人文精神应是指以关注人的存在、重视人的价值为主要特征的观念、意识和诉求。这种人文精神在西方思想史上曾经历了一个曲折生长的过程。在古希腊罗马时期，人们在探索外部世界的同时也开启了对人自身的认识，崇尚理性、追寻美好、渴求自由，从而形成了那个时代特有的朴素的人文精神。思想家们提出了“人是万物的尺度”这一重大命题，而“认识你自己”则作为箴言镌刻在阿波罗神庙的石柱上。到了中世纪，在封建专制体制和基督教神学的黑暗统治下，人文精神受到严重的压抑，人的价值和尊严遭到贬斥。14 世纪开始的文艺复兴运动冲破了中世纪的思想禁锢，在复兴古希腊罗马文化的名义下高举起人文主义的旗帜，反对愚昧迷信的神学思想，主张以人为中心而不是以神为中心，肯定人的价值和尊严，倡导个性自由和解放。由此，人文精神在新的历史阶段上重新恢复和广泛生长起来。到了 18 世纪，启蒙思想家们高扬理性，强调人的尊严和权利，批判封建专制制度和宗教神学对人性的压抑，使人文精神得到了进一步的弘扬。应该指出的是，西方人文精神生长的这一过程，与哲学发展史有着密切的联系。不同时期的哲学家们都对此发挥了积极的促进作用，而 18 世纪启蒙运动的思想家阵容，主要就是由当时的唯物主义哲学家们组成的。19 世纪的德国古典哲学继承了这一思想传统，费尔巴哈直接将自己的哲学称为“人本主义”，他揭露基督教的本质，力图把神的本质还原为人的本质，并以人与自然界的关系为基础，对有关人的一系列问题进行了探讨。

以往哲学史上有关人的问题的认识成果，促进了人文精神的生长，其积极意义应该予以肯定。但同时又应看到，这些成果有着明显的局限性。这主要是由于前面已经指出过的历史观的缺陷，对于社会历史领域的认识还停留在肤浅的现象层面，不能理解和把握隐藏在这些现象背后的客观规律和必然性。对于人自身的存在和发展，则是离开其所处于其中的现实的社会结构体系，仅仅从某些抽象的观念出发去理解。正如恩格斯在批评费尔巴哈的人本主义哲学时所指出的："……费尔巴哈不能找到从他自己所极端憎恶的抽象王国通向活生生的现实世界的道路。他紧紧地抓住自然界和人；但是，在他那里，自然界和人都只是空话。"[①]"就形式讲，他是实在论的，他把人作为出发点；但是，关于这个人生活的世界却根本没有讲到，因而这个人始终是在宗教哲学中出现的那种抽象的人。这个人不是从娘胎里生出来的，他是从一神教的神羽化而来的，所以他也不是生活在现实的、历史地发生和历史地确定了的世界里面；虽然他同其他的人来往，但是任何一个其他的人也和他本人一样是抽象的。"[②]如果说人文精神的最终意义在于促进人的问题的真正解决，而不只是提出一些空洞的口号和愿望，那么哲学的使命就是从应有的理论高度探寻达到这一目标的现实路径。而这一历史任务，是旧的人本主义哲学无法承担和完成的。

马克思和恩格斯在创立自己的哲学时，充分吸收了以往哲学史上有关人的问题的认识成果，继承了以往人文主义的历史传统，始终把关心人、重视人、为了人作为基本的价值遵循，把促进人的发展和解放作为自己哲学的最高价值目标。这两位创始人从青年时代起就受到近代人文主义思潮和法国启蒙思想的深刻影响，具有一种对人类命运充满真挚关切的仁爱胸怀。弗·梅林在《马克思传》中曾写道："卡尔·马克思对最高认识的不倦追求，是发源于他内心的最深厚的情感的。正像他有一次率直地说过的，他的'皮肤

① 《马克思恩格斯选集》第4卷，人民出版社2012年版，第247页。

② 《马克思恩格斯选集》第4卷，人民出版社2012年版，第243页。

不够厚'，不能把背向着'苦难的人间'；或者像胡登所说的，上帝曾经赋予他的灵魂，使他对每一种痛苦比别人感受的更强烈，对每一种忧患比别人感受的更深切。"[①]特别是对于处于社会底层的工人阶级和劳苦大众，马克思和恩格斯给予了极大的同情和关注，把争取他们的解放当作自己的使命。马克思主义哲学的创立经历了一个在实践基础上深入研究和探索的过程，而推动马克思和恩格斯的思想不断前进的，不仅是他们那种彻底的科学精神，而且还有他们那种崇高的人文精神；在他们的思想成果中，这种人文精神像一条红线贯穿始终，成为他们全部研究的根本着眼点和归宿。

从马克思和恩格斯早期的著作中便可以清楚地看出，"人类解放"从一开始就是他们所关注的最高目标。他们强调，"**任何**一种解放都是把人的世界和人的关系**还给人自己**"，所谓解放不仅仅是"政治解放"，而且还必须从根本上实现"人类解放"；[②]他们呼唤"**人的高度的革命**"，主张"**必须推翻**使人成为被侮辱、被奴役、被遗弃和被蔑视的东西的**一切关系**"，[③]要"真正依照人的方式，根据自己本性的需要，来安排世界"。[④]马克思还详细分析了资本主义私有制条件下的"异化劳动"，指出这种异化劳动导致了"人同自己的劳动产品、自己的生命活动、自己的类本质"以及"**人同人**"相异化；他认为，"**共产主义**是对**私有财产**即**人的自我异化**的**积极的**扬弃，因而是通过人并且为了人而对**人的**本质的真正**占有**；因此，它是人向自身、也就是向**社会的**即合乎人性的人的复归"。[⑤]随着马克思和恩格斯的思想不断成熟和发展，他们对于人的发展和解放的认识也不断深化，但这一价值目标却从来没有改变过。他们批判资本主义，阐述科学社会主义，最终都归结到这一目标。1848年正式发表的《共产党宣言》，是马克思主义的纲领性文件，正是在这个宣言中，马克思和恩格斯提出了他们那个著名的论断："代替那存在着阶级和阶级对立的资产阶级旧社会的，将是这样一个联合体，在那里，每个人的自由发展是一

① 〔德〕弗·梅林：《马克思传》，樊集译，人民出版社1965年版，第23页。

② 《马克思恩格斯全集》第1卷，人民出版社1956年版，第443页。

③ 《马克思恩格斯选集》第1卷，人民出版社2012年版，第9—10页。

④ 《马克思恩格斯全集》第1卷，人民出版社1956年版，第651页。

⑤ 《马克思恩格斯文集》第1卷，人民出版社2009年版，第163、185页。

切人的自由发展的条件。”[①]多年以后，当有人请恩格斯题词，用最简短的语言表达他和马克思关于未来共产主义社会的思想时，恩格斯还是拿出了《共产党宣言》中的这段话，认为这一论断最能代表他们的思想。[②]

马克思一生中花费精力最大的著作，就是被称为“工人阶级的圣经”[③]的《资本论》。而这部巨著处处渗透和体现着马克思对工人阶级和劳动群众的真挚情感，体现着伟大的人文精神和人文关怀。在书中，马克思继续阐发了关于“自由人联合体”的思想，并且进一步论述了人类由“必然王国”向“自由王国”的过渡。他认为，“真正的自由王国”是以“作为目的本身的人类能力的发挥”为特征的，而这种“自由王国”“只是在必要性和外在目的规定要做的劳动终止的地方才开始”。[④]而在《政治经济学批判（1857—1858 年手稿）》中，马克思还从人的发展的角度论述了社会发展的三个基本阶段，这就是著名的“三大社会形态”理论。他认为，“最初的社会形式”是以“人的依赖关系”为特征，这时人的发展由于对各种群体纽带的依附而具有明显的非独立性；“第二大形式”是“以物的依赖性为基础的人的独立性”，这时人在形式上成为自由人，但实际上却受到物的关系的统治；只有在“第三个阶段”，人的发展才最终达到“自由个性”的全新水平，而这种“自由个性”是“建立在个人全面发展和他们共同的、社会的生产能力成为从属于他们的社会财富这一基础上的”。[⑤]马克思的这一思想，直接体现了他对人本身、对人的存在和发展的关注，而他把社会发展的高级阶段归结为人的“自由个性”，则充分表明了他关于未来共产主义社会的科学思想的最终落脚点；也可以说，这是他与恩格斯共同创立的马克思主义学说体系的最终落脚点。

马克思和恩格斯关心人、重视人、为了人，把人作为社会发展的最高价值目标，充分体现了马克思主义哲学的人文精神，以及对以往人文主义传统的继承和发扬。然而还不仅如此，马克思和恩格斯对这一传统的最重要贡献，

---

① 《马克思恩格斯选集》第 1 卷，人民出版社 2012 年版，第 422 页。

② 《马克思恩格斯选集》第 4 卷，人民出版社 2012 年版，第 647 页。

③ 《马克思恩格斯文集》第 5 卷，人民出版社 2009 年版，第 34 页。

④ 《马克思恩格斯文集》第 7 卷，人民出版社 2009 年版，第 929、928 页。

⑤ 《马克思恩格斯文集》第 8 卷，人民出版社 2009 年版，第 52 页。

在于他们不是像旧的人本主义哲学那样仅仅停留在对这一目标的空洞谈论上，而是力图借助于自己的科学世界观和方法论，进一步探索实现这一目标的现实道路，从而推动人的问题的真正解决。他们批判了“德国哲学”从“抽象的人”出发的错误做法，指出人不是抽象地存在着的，而是现实地存在于一定的社会之中；费尔巴哈“所分析的抽象的个人，是属于一定的社会形式的”。[①] 进一步说，“人的本质不是单个人所固有的抽象物，在其现实性上，它是一切社会关系的总和”。[②] 因此，要真正解决人的问题，实现人的发展和解放，就不能从“抽象的人”出发，而必须将“现实的人”作为出发点，由此出发去进行现实的研究和考察。他们曾对自己的方法做过专门说明：“这种考察方法不是没有前提的。……它的前提是人，但不是处在某种虚幻的离群索居和固定不变状态中的人，而是处在现实的、可以通过经验观察到的、在一定条件下进行的发展过程中的人。”[③]人是现实的人，人的发展和解放也只能是一种现实的过程，“只有在现实的世界中并使用现实的手段才能实现真正的解放；……‘解放’是一种历史活动，不是思想活动”。[④]

正是依照这样的方法，从这种“现实的人”出发，马克思和恩格斯对人所在的社会历史领域进行了深入的研究，揭示了这一领域的客观规律，以及人类社会由低级到高级不断发展和演进的必然趋势；特别是研究了现实存在的资本主义社会，揭示了其运动和发展的客观规律，以及社会主义取代资本主义的客观必然性。而他们所做的所有这些研究，都是为了阐明人在现实社会中的现实境遇，他们的生存状态、发展水平与所处的社会结构体系之间的联系；进而弄清楚实现人的发展和解放所需要的现实条件，以及这些条件怎样才能产生出来。既然人都是生存于一定的社会结构体系之中的，那就必然要受到这一体系的制约，人的发展和解放也只能在社会发展和进步的过程中历史地得到解决，而不能单凭自己的主观意愿去实现。当然，人作为主体，是一种能动的存在，可以通过自觉的实践作用于社会客体，对社会结构体系

① 《马克思恩格斯选集》第 1 卷，人民出版社 2012 年版，第 135 页。

② 《马克思恩格斯选集》第 1 卷，人民出版社 2012 年版，第 135 页。

③ 《马克思恩格斯选集》第 1 卷，人民出版社 2012 年版，第 153 页。

④ 《马克思恩格斯选集》第 1 卷，人民出版社 2012 年版，第 154 页。

进行认识和改造；但这种能动作用的发挥必须遵循社会结构体系运动和发展的客观规律，这种客观规律与自然规律一样是不以人的意志为转移的。只有认识这些规律，揭示这些规律，按照这些规律的客观要求推动社会发展和进步，才能为人的发展和解放创造出必要条件，使这一最高价值目标不断得到实现。

马克思和恩格斯对于社会发展与人的发展的关系以及社会历史领域中客观规律的研究，属于马克思主义哲学中唯物史观的范畴，这些原理和方法对于科学认识和解决人的问题具有直接的指导意义。而马克思主义哲学作为一种科学世界观和方法论，不仅要研究社会历史领域的客观规律，而且要研究自然、社会、人类思维等各个领域普遍存在的最一般的规律。这一层次的原理和方法，对于人的问题的解决同样具有根本指导意义。马克思主义哲学的各部分原理都是相通的，是紧密联系和融合在一起的，正如列宁曾强调指出的："在这个由一整块钢铸成的马克思主义哲学中，决不可去掉任何一个基本前提、任何一个重要部分。"[①] 马克思主义哲学是辩证唯物主义、历史唯物主义、实践唯物主义的统一，亦即辩证的、历史的、实践的唯物主义，对于这样一种完整意义的科学世界观和方法论，必须从整体上全面理解和把握。而马克思主义哲学对人的问题的研究和解决，就是以这一完整的科学世界观和方法论为指导的，所以才能够将自己的人文关怀建立在真正的科学认识之上，使人文精神与科学精神有机地统一起来，从而上升到一个远远超越旧的人本主义的全新高度。

讨论中有一种不正确的倾向，即将马克思主义哲学的科学精神与人文精神对立起来，似乎只要重视研究客观规律、强调照客观规律办事，就是忽视人、否定人、"见物不见人"。在这种观点看来，科学世界观和方法论与人文关怀是绝对不相容的，讲科学世界观和方法论就是不要人文关怀，要人文关怀就不能讲科学世界观和方法论。这种"非此即彼"的对立是毫无道理的，马克思主义哲学的这两个方面决不是这样相互排斥的，而是相互联结、相互依赖的。它的科学世界观和方法论是以对人的关怀为目的，离开了这一价值

① 《列宁选集》第 2 卷，人民出版社 2012 年版，第 221 页。

目标，就失去了最终的意义；而它的人文关怀是以科学世界观和方法论为支持的，没有这个支持，就不可能科学地认识和解决人的问题，所谓人文关怀就没有根基，人的发展和解放最终只能是一句空话。所以，要真正认识马克思主义哲学，就必须将它的科学世界观和方法论与人文关怀结合起来，将它的科学精神与人文精神统一起来，从整体上深刻理解和把握。

3. 质疑及回应：马克思主义哲学与当代实践

我们强调马克思主义哲学不同于以往历史上的各种哲学以及现代其他哲学流派，它有着自己特殊的性质和功能。但是，讨论中又常常会遇到这样一种疑问：不论怎样说，马克思主义哲学毕竟是产生于19世纪的一种学说，如今已经100多年过去了，世界已经发生了很大变化，它还能否适合今天的新的实践和新的要求？是不是已经“过时”？这个问题不容回避，必须做出明确的回答。

要弄清楚这一问题，仍需从马克思主义哲学的性质说起。马克思主义哲学实现了哲学史上的根本变革，使哲学第一次具有了真正科学的性质，成为一种科学世界观和方法论；因而它的基本原理并不像其他某些哲学那样，是凭着哲学家本人的主观意愿而随意构建的非科学的体系，而是对客观规律的科学揭示和反映。那么，判断这一学说是否“过时”，就要看它所揭示的客观规律是否继续存在，它对这些规律的揭示是否继续有效。进一步说，马克思主义哲学所揭示的客观规律，并非某些特定阶段上的特殊规律，而是自然、社会以及人类思维等各个领域中最一般的规律，这些规律在历史发展的各个阶段上都普遍存在，并不会因为过了100多年的时间就发生改变。历史实践一再表明，马克思主义哲学的基本原理具有普遍的真理性，其所揭示的一系列规律是不以人的意志为转移的，自觉遵循这些规律，我们就能够取得成功，而背离这些规律，就必然会遭到挫折和失败。因此，从这个意义上说，马克思主义哲学的基本原理并不过时，它在当代实践中的指导意义没有发生改变。

毫无疑问，在这100多年的时间里，整个世界发生了很大变化，社会实践出现了很多新的情况，提出了许多新的问题。但仔细考察一下就可以看出，这些新情况、新问题并没有超越马克思主义哲学所揭示的普遍规律，而是同样需要从这些规律出发去认识。例如，当代资本主义的发展出现了许多新的变化，而社会主义实践则经历了不少曲折，进行了各种新的探索。要认识这些新变化、新探索，仍然需要遵循从实际出发、实事求是的方法论原则，从生产力与生产关系、经济基础与上层建筑的矛盾运动去分析，了解这一基本矛盾在当代实践中的具体表现。从根本上说，当代资本主义的新变化，正在于适应生产力发展的新要求而对原有的生产关系以及上层建筑做出新的调整。而社会主义的新探索，则是为了在更高的层次上促使生产关系与生产力、上层建筑与经济基础相适应；这些探索的成败，同样取决于是否真正符合社会基本矛盾运动的客观要求。我国在社会主义建设实践中取得的正反两方面经验，都充分证明了这一点。在现阶段，中国特色社会主义事业正面临新的任务和挑战；改革进入深水区，许多深层次矛盾必然会不断凸显出来，需要攻坚克难，下气力取得突破。而要做到这一点，必须坚持按客观规律办事，特别是要遵循社会基本矛盾运动的规律去做。要认真研究现阶段社会各个领域的客观实际，真正按照生产力的要求去改革生产关系，按照经济基础的要求去改革上层建筑。只有这样，才能使社会各领域的改革协调推进，最终实现全面深化改革的战略目标。

当然，我们强调马克思主义哲学的基本原理继续适用于当代实践，决不是说它就是最终真理，不需要发展了。马克思主义哲学历来认为，人类认识的每一项科学成果，都是绝对真理和相对真理的统一；对于马克思主义哲学本身来说，也同样是如此。按照人类认识发展的规律，每一代人都是在他们当时所处的特定历史条件下进行认识活动，因而不可避免地会受到这些历史条件的限制和制约；这就需要后来的人们在已有的基础上继续开拓，将认识不断向前推进。相应地，马克思主义哲学的已有成果也是经典作家在当年的具体历史条件下取得的，他们没有也不可能穷尽和终结这一领域的科学认识；在新的实践的基础上，马克思主义哲学也需要不断做出新的探索。一方面，已有的原理需要不断完善，并进一步深入展开；另一方面，马克思主义哲学的原理体系还需要不断增加新的内容，使之得到丰富和拓展。

实际上，马克思主义哲学自产生以来，就始终处于不断的发展过程中。

马克思主义经典作家十分重视在总结新的实践和科学发展的新的成果的基础上，对马克思主义哲学的基本原理做出新的阐发。在中国，我们党将马克思主义的基本原理与本国的具体实际相结合，不断推进马克思主义的中国化，而马克思主义哲学在这一过程中不断获得新的生机和活力。同时还应指出，我国哲学理论界长期致力于马克思主义哲学的学科建设，并在马克思主义哲学的理论研究中取得了许多有价值的成果；这些成果对推动马克思主义哲学的创新发展起到了十分积极的作用，并为我们党的理论创新提供了学理支持。

马克思主义哲学的基本原理应该继续坚持，同时又要在新的实践的基础上不断发展；坚持和发展应该统一起来，而不能片面地割裂开来，更不能简单地对立起来。要以科学的态度对待马克思主义哲学，反对各种绝对化、极端化的错误倾向。只有这样，我们才能真正学好、用好马克思主义哲学，并在当代实践中充分发挥其指导作用。

三、马克思主义哲学与其他哲学

我们考察了哲学思想史上各种哲学之间的性质差异，阐明了马克思主义哲学的特殊性质和功能，强调了马克思主义哲学的根本指导意义。但在这样做的同时，我们又应如何对待马克思主义哲学之外的其他各种哲学，包括西方哲学和中国哲学？如何处理马克思主义哲学与这些不同哲学之间的关系？这个问题同样十分重要，需要有一个正确的认识。

1. 马克思主义哲学与西方哲学

从总体上看，马克思主义哲学主要是以西方哲学为背景发展起来的，它本身在广义上也应属于西方哲学的范畴。但由于马克思主义哲学所特有的性质和功能，我们将它从西方哲学中分离出来，而将“西方哲学”这一概念用来指称马克思主义哲学以外的其他西方哲学派别。但无论如何，马克思主义哲学与西方哲学之间存在着十分密切的关系。

我们常说，马克思主义哲学是在批判地吸收以往哲学史特别是德国古典哲学的积极成果的基础上产生的。这里所说的哲学史，主要就是指西方哲学史；而对于这一历史过程中曾经出现过的各种哲学派别，包括德国古典哲学，都应该有一个客观和全面的评价，尤其是对于它们所取得的积极的认识成果，更是应该给予肯定。正是这样一些成果，成为马克思主义哲学得以产生的重要土壤。

如前所述，在马克思主义哲学产生之前，西方哲学史上就已经形成了深厚的唯物主义传统，以及丰富的辩证法思想。从古代开始，就有了朴素的唯物主义和朴素的辩证法，早期的哲学家们以当时有限的人类实践为基础，试图在直观经验的基础上对世界观领域的重大问题做出唯物主义的回答，同时还发展出最初的辩证思维。到了近代，随着各门自然科学的形成和发展，唯物主义和辩证法也达到了一个新的水平，朝着科学化的方向推进了一大步。虽然这一时期的唯物主义由于受到当时科学发展水平的限制而具有机械唯物主义的特征，而辩证法思想又主要是在各种唯心主义体系中得到阐发，但近代西方哲学在这些方面所取得的认识进步无疑具有深远的意义。近代唯物主义和辩证法在德国古典哲学那里达到自己的最高点，为马克思主义哲学的产生创造了必要的条件。可以说，没有这样一个长期积累的过程，马克思和恩格斯不可能实现哲学史上的根本变革，创立自己的“新唯物主义”哲学，即辩证的、历史的、实践的唯物主义。

但是，这是不是说，以往哲学史上的各种唯物主义以及辩证法思想只是具有特定的历史意义，而当马克思主义哲学产生之后，这些思想传统便不再具有任何价值，可以统统加以否定和丢弃了呢？在近年来的一些的讨论中，已经出现了这种绝对化的倾向，即将马克思主义哲学与以往的唯物主义传统以及辩证法思想简单地对立起来，认为“新唯物主义”从根本上排斥和反对“旧唯物主义”，二者互不相容。这样一种观点，是十分错误和有害的。马克思主义哲学作为一种“新唯物主义”，当然不同于以往那种“旧唯物主义”，以及被禁锢在唯心主义体系内的“头足倒立”的辩证法；但这种不同是发展意义上的不同，是超越以往局限的不同，而不是全盘否定、完全对立、走向极端。在基本立场和基本精神上，马克思主义哲学的“新唯物主义”与以往的唯物主义传统以及辩证法思想都是相通的，存在着共同点和一致之处。也正因为如此，它们才能够同属于“唯物主义”的阵营。正如恩格斯在分析唯物主义和唯心主义两大阵营时曾指出的：“凡是断定精神对自然界说来是本原的，……组成唯心主义阵营。凡是认为自然界是本原的，则属于唯物主义的各种学派。”[①]当然，恩格斯同时也指出：“像唯心主义一样，唯物主义也经历了

① 《马克思恩格斯选集》第4卷，人民出版社2012年版，第231页。

一系列的发展阶段。甚至随着自然科学领域中每一个划时代的发现，唯物主义也必然要改变自己的形式。”[①]但是，无论形式如何改变，其基本立场始终会保持下来，否则就不再是唯物主义了。马克思主义哲学的“新唯物主义”也同样如此，它改变了唯物主义的历史形式，但并没有改变唯物主义的基本立场，这一基本立场是应该继续坚持的。

人们常常引用马克思在《关于费尔巴哈的提纲》中的经典论述来说明“新唯物主义”与“旧唯物主义”的区别。马克思说：“从前的一切唯物主义（包括费尔巴哈的唯物主义）的主要缺点是：对对象、现实、感性，只是从**客体**的**或者直观**的形式去理解，而不是把它们当做**感性的人的活动**，当做**实践**去理解，不是从主体方面去理解。”[②]这一论述十分深刻，它突出强调了马克思主义哲学的实践观，指出了以往的唯物主义在这一问题上的认识局限。但是，决不能由此得出结论，认为马克思主义哲学同“旧唯物主义”是完全对立的，似乎马克思反对从客体的方面去理解世界，而主张从主体的方面去理解。仔细研读一下原文便可以看出，马克思在这里并不是要全盘否定“从前的一切唯物主义”，而是要指出它们的“缺点”和不足；并不是要否定客体的方面，而是说不能“只是”从这一方面去理解。也就是说，在认识世界的时候，不仅要从客体方面去理解，而且还要从主体方面去理解；要把主体和客体这两个方面结合起来，从二者的联系和统一去理解。由于连接主客体的桥梁只能是能动的实践，只有在实践中才能将二者统一起来，所以要充分重视实践的作用。在这里，马克思要做的是通过对主体方面的强调克服旧唯物主义只注重客体方面的不足，而决不是要以主体方面否定客体方面，那样就会走向另一个极端，甚至偏离唯物主义的基本立场。

对于西方哲学史上的唯物主义传统和辩证法思想是如此，对于历史上的各种唯心主义和形而上学思想体系，也同样不能采取简单否定的态度，而应具体地做出分析。列宁曾指出，唯心主义“不是没有根基的，它无疑是一朵**无实花**，然而却是生长在活生生的、结果实的、真实的、强大的、全能的、

① 《马克思恩格斯选集》第4卷，人民出版社2012年版，第234页。

② 《马克思恩格斯选集》第1卷，人民出版社2012年版，第133页。

客观的、绝对的人类认识这棵活树上的一朵无实花”。[①] 唯心主义哲学体系中也会包含有价值的认识成果，只不过这些成果是以某种扭曲的、虚幻的、颠倒的形式表现出来，应注意辨别和区分。马克思主义创始人对黑格尔哲学的批判分析，就是一个很好的例证。至于形而上学，恩格斯也曾具体考察了这种思维方式与近代自然科学的密切联系，指出“这种方法在当时是有重大的历史根据的。必须先研究事物，尔后才能研究过程。必须先知道一个事物是什么，尔后才能觉察这个事物中所发生的变化。自然科学中的情形正是这样。认为事物是既成的东西的旧形而上学，是从那种把非生物和生物当做既成事物来研究的自然科学中产生的”。[②] 他还进一步分析认为，“形而上学的考察方式，……在相当广泛的、各依对象性质而大小不同的领域中是合理的，甚至必要的”。[③]

马克思主义哲学产生之后，西方哲学的发展也进入一个新的阶段，形成了现代西方哲学的各种流派。对于这些流派，也应像经典作家所做的那样，以批判的态度加以对待；对于它们在各自的研究领域中所做出的有益探索及有价值的认识成果，也同样要客观地认识和评价。如前所述，现代西方哲学不同于近代西方哲学，一个显著的特征便是研究定位上的“转向”，即不再关注世界观领域的问题，而是局限于经验和实证的领域，注重语言、逻辑和科学方法方面的研究；或是聚焦人自身的存在，注重研究人的内心世界和心理体验，并由此去探索人与世界的各种问题。当他们这样做时，固然在基本前提上存在重大缺陷，但同时也在所涉及的这些具体领域中不同程度地推进了人类的认识，取得了一些积极的成果。对于这些成果，当然也应予以肯定；而马克思主义哲学也可以通过对这些成果的吸收和借鉴，进一步促进自身的发展。可以说，只有采取这种开放的、兼容的态度，才能使马克思主义哲学始终保持生机和活力，站立在当代哲学发展的最前沿。

我们提出要客观评价西方哲学中的各种哲学派别，重视它们在各自的领域中所取得的积极成果；但同时又必须清醒地认识到，无论是西方哲学史上

① 《列宁选集》第2卷，人民出版社2012年版，第560页。

② 《马克思恩格斯选集》第4卷，人民出版社2012年版，第251页。

③ 《马克思恩格斯选集》第3卷，人民出版社2012年版，第396页。

的其他各种哲学，还是现代西方哲学的各种派别，都有着这样那样的局限和缺陷，都没能完成马克思主义哲学所实现的根本变革，达到马克思主义哲学所达到的认识水平和高度。为此，一定要坚持马克思主义哲学的原则立场，并由此出发批判地对待西方哲学，而不能不加分析地加以接受和认同，甚至盲目照搬它们的观点和主张。

就西方哲学史上的各种哲学而言，其局限和缺陷表现为多种情况。古代哲学中虽然已经产生了朴素的唯物主义和辩证法思想，但这些思想成果毕竟只是以有限的直观经验为基础，还缺乏真正的科学依据。近代唯物主义虽然有了一定的自然科学基础，但它还主要是与科学发展的初始阶段——即恩格斯所说的“**搜集材料的**科学”和“关于既成事物的科学”[①]——相联系，因而还只能是一种机械的、形而上学的唯物主义；即便是这样一种有明显缺陷的唯物主义，也仅仅是停留在自然观方面，社会历史领域尚在它的视野之外。近代以来的辩证法思想虽然在唯心主义体系中得到一定的发展，但也只能是以一种扭曲的、颠倒的形式存在着，是“用头立地”而不是“用脚立地”。[②]各种唯心主义哲学体系虽然也包含着某些有价值的成果，但其在基本立场和理论前提上的错误，决定了它们总体上不可能具有科学的性质。至于形而上学的思维方式，其主要缺陷是孤立地、片面地、静止地看问题，虽然在一定范围内具有某些合理性，“可是它每一次迟早都要达到一个界限，一超过这个界限，它就会变成片面的、狭隘的、抽象的，并且陷入无法解决的矛盾”。[③]对于以往哲学发展中的这些历史局限，马克思主义经典作家曾进行过深刻的分析和批判，我们应认真学习和领会。

现代西方哲学的情况比以往各个时期都更为复杂，它试图通过研究定位的“转向”来“超越”近代哲学以及整个哲学史，特别是“超越”哲学史上长期存在的唯物主义与唯心主义两大派别的对立，但实际上却使自身陷入更加难以摆脱的矛盾和困境。科学主义的一些流派将自己局限于实证和经验的领域，满足于对现象存在的分析和描述，但现象却是为本质所支配的，要研

① 《马克思恩格斯选集》第 4 卷，人民出版社 2012 年版，第 251 页。

② 《马克思恩格斯选集》第 4 卷，人民出版社 2012 年版，第 250 页。

③ 《马克思恩格斯选集》第 3 卷，人民出版社 2012 年版，第 396 页。

究现象，必须深入揭示隐藏在现象背后的本质，否则就会失去基本的前提。世界观领域的一系列根本问题是回避不了的，更不可能被“超越”。而人本主义的各种流派将关注点转向人自身，试图从人的意识和观念存在特别是非理性的意向和心理体验去说明世界，最终还是不可避免地落入唯心主义的窠臼，从根本上限制了其理论的发展。

在马克思主义哲学与西方哲学的关系问题上，有一种不正确的倾向值得注意，即所谓“以西解马”。一些研究者试图用现代西方哲学中一些与马克思主义哲学存在重大差异的理论观点去解读马克思主义哲学，实际上就是将现代西方哲学的观点强加于马克思主义哲学，用现代西方哲学“同化”马克思主义哲学。例如，试图将马克思主义哲学说成是与现代西方哲学一样“摒弃了形而上学”，不再关注世界的本原等“形而上”的问题，从而“超越了唯物主义和唯心主义的对立”；不是什么“科学世界观”，而只是一种“实践哲学”；等等。此类做法在一定范围内颇为“时髦”，似乎只有这样才能体现马克思主义哲学的“时代化”，才能具有“国际视野”，与“世界哲学”进行对话和交流。应该说，这样一种倾向是十分错误的，必须坚决加以反对。对于现代西方哲学中的合理因素和积极成果，我们理当认真研究和汲取，这一点上面已经明确过了；但这种汲取应是以坚持马克思主义哲学的基本立场和基本原理为前提，是将这些成果纳入马克思主义哲学的理论体系，将其转化为马克思主义哲学的内在因素，而不是以此取代马克思主义哲学，丢弃马克思主义哲学原有的立场和原理。试图用这些东西来重新“诠释”马克思主义哲学，只能造成严重的曲解和误读，模糊马克思主义哲学的本来面目，损害马克思主义哲学的科学性质。

2. 马克思主义哲学与中国哲学

所谓中国哲学，严格说来应是指中国古代的传统哲学。如前所述，中国古代虽然没有形成专门的“哲学”学科，但同样有着丰富的哲学思想，这些思想内容融合于以儒学为主干的文化体系中，包含在所谓“四部之学”即“经、史、子、集”的综合框架内。近代以后，中西方文化在社会变革中产生交汇，“西学东渐”成为主导趋势；再往后，马克思主义传入中国，并进而成为现代中国社会的主流意识形态。当然，我们对中国传统哲学以及整个传统文化的研究也一直没有中断，这些重要的思想文化资源在中国社会的发展进程中继续发挥着重要影响和作用。如何处理好马克思主义与中国传统文化之间的关系，是一个涉及方方面面的重大问题，而其中首先需要面对的，便是马克思主义哲学与中国传统哲学之间的关系问题。

应该肯定，中国传统哲学与西方哲学史上的各种哲学一样，包含着许多积极的、有价值的思想成果，这些成果与马克思主义哲学是相通的，也是马克思主义哲学应该注意吸收和借鉴的。

例如，早在商周时期，中国就已出现了所谓“五行说”。这种学说将水、火、木、金、土看作构成世界万物的基本元素，认为“土与金木水火杂，以成百物”[①]，这可以说是朴素唯物主义在中国传统哲学中的最早体现。春秋战国时期“百家争鸣”，“天”与“人”的关系开始成为各家思考和争论的一个根本性问题，荀子、韩非子等思想家从唯物主义立场比较深入地探讨了这一问题，提出“明于天人之分”、“天行有常，不为尧存，不为桀亡”[②]，并试图用“道”和“理”去说明外部世界的普遍规律和特殊规律。到了两汉时期，王充继续强调了“天”和“地”的自然存在，并进而提出了“元气”说，认为“天地，含气之自然也”[③]，“万物之生，皆禀元气”[④]。南北朝时期的范缜从这种“元气”论出发，又提出了唯物主义的形神说，强调“形存则神存，形谢则神灭”[⑤]。唐代的柳宗元作《天说》和《天对》，强调天人“不相预”，指出“庞昧革化，惟元气存，而何为焉”。[⑥]刘禹锡则写了《天论》，进一步提出“天与人交相胜，还相用”[⑦]，并试图以“理”“数”“势”等重要范畴来说明客观世界的

① 《国语·郑语》。

② 《荀子·天论》。

③ 《论衡·谈天》。

④ 《论衡·言毒》。

⑤ 《神灭论》。

⑥ 《天对》。

⑦ 《天论》。

发展变化。到了宋代，王安石提出“道者天也，万物之所自生”[①]；张载则主张“太虚无形，气之本体”[②]。明清时期，王夫之认为“阴阳二气充满太虚，此外更无他物，亦无间隙，天之象，地之形，皆其所范围也”[③]；戴震则指出“气化流行，生生不息，故谓之道”[④]。中国哲学史上的这些重要思想，虽然始终没有超出朴素唯物主义的水平，但却形成了中国所特有的唯物主义思想传统以及相应的话语体系，为马克思主义哲学的传播和“新唯物主义”的生长提供了必要的土壤。

不仅如此，中国传统哲学中还包含了丰富的辩证法思想，这也是中国古代思想史的一个显著特征。古老的《易经》以及《易传》中就已提出了许多相互对立又相互联系的重要概念，认为“一阴一阳之谓道”[⑤]，并试图对事物之间的相互转化做出探讨。春秋末期，著名思想家老子从他所理解的“道”出发，对于事物之间矛盾运动的规律做了具体研究和阐释，提出了“反者道之动”[⑥]等一系列重要命题，成为中国古代朴素辩证法的集中体现。与老子同时代的孙子，则将辩证思维融入军事谋略之中，深入研究了攻守、进退、强弱、众寡、虚实、奇正等多种矛盾及其把握，形成独特的军事辩证法思想。而孔子创立的儒家学说，也是以“执中守和”为其基本原则，主张“中庸之道”，讲求“和而不同”，这中间同样体现了深刻的辩证法思想。在以后的各个时期，这种朴素的辩证法思想不断得到阐发和拓展。王安石在深入研究老子学说的基础上，提出“有耦”“有对”的辩证观点，强调“尚变者，天道也”；[⑦]张载则提出“一物两体”“不有两则无一”[⑧]，认为自然万物的发展变化，都是由阴阳两气的交互作用引起的。王夫之提出“阴阳异撰，而其絪缊于太虚之

① 《老子注》。

② 《正蒙·太和篇》。

③ 《张子正蒙注·太和篇》。

④ 《孟子字义疏正》卷中。

⑤ 《易经·系辞上》。

⑥ 《道德经》第四十章。

⑦ 《河图洛书义》，《王文公文集》卷三十。

⑧ 《正蒙·太和篇》。

中”[①]，还特别阐述了“江河之水，今犹古也，而非今水之即古水。镫烛之光，昨犹今也，而非昨火之即今火”[②]。而方以智关于“二而一,一而二”“合二而一”“相反相成”等辩证观点[③]，更是引起了后人的广泛关注。

还应指出的是，中国传统哲学对社会历史观方面的一些重要问题进行了积极的探索，特别是对人的问题作了比较深入的研究，形成了许多有价值的思想。古代思想家十分重视人性问题的探讨，先后提出了“性善论”“性恶论”“性善恶混论”“二元人性论”等多种不同的观点。这些观点虽然谈不上科学，但对于这方面问题研究的不断深化，还是起到了积极的促进作用。不仅如此，古代思想家们还在此基础上深入探讨了人的自身发展和人格培养问题，提出了多种层次的理想人格设计，并将人的自身修养与社会责任结合起来，主张“内圣外王”“修身齐家治国平天下”，体现了一种积极向上、建功立业的进取精神。这里还同时涉及中国传统哲学的另一个显著特点，即从一开始便是将人的问题放在“家”“国”“天下”等现实的社会关系中去考量，主张通过个人努力去实现这些关系的协调，并提出了处理这些关系的各类规范和准则。此外，中国传统哲学还十分重视“人”与“天”之间的关系，在“明于天人之分”的同时又主张“天人合一”，力求做到人与自然的和谐相处。虽然这些思想成果也都带有当时的历史局限，但其中无疑也包含一定的合理成分。

对于中国传统哲学中的积极思想成果，马克思主义哲学当然应该给予肯定，并批判地吸收和借鉴。而且还应强调指出，马克思主义哲学要真正实现中国化，在中国的土地上扎下根来并得到发展，必须充分重视这种吸收和借鉴工作。要努力将马克思主义哲学的话语体系与中国传统哲学的话语体系有机地结合起来，用马克思主义哲学重新解释中国话语，用中国话语具体讲述马克思主义哲学。在这方面，毛泽东为我们树立了很好的榜样。他运用马克思主义哲学的基本观点，对“实事求是”这一中国古代思想史上的传统命题做出了新的阐释，使之成为中国化马克思主义的一个经典论断。他说:“‘实事’就是客观存在着的一切事物,‘是’就是客观事物的内部联系，即规律性,‘求’

① 《张子正蒙注·太和篇》。

② 《思问录外篇》。

③ 《东西均》。

就是我们去研究。”[①]综合起来说，所谓“实事求是”，就是在承认存在第一性、意识第二性的前提下，发挥主体的能动作用，自觉地认识和探索物质世界所固有的客观规律，并以此指导人们的实践。这样一个具有全新内涵的哲学命题，形成毛泽东思想的“精髓”。正如邓小平所指出的：“实事求是，是毛泽东思想的出发点、根本点。”[②]“毛泽东思想的基本点就是实事求是，……毛泽东思想的精髓就是这四个字。”[③]不仅如此，我们党还将这一重要认识成果纳入党的思想路线，并作为思想路线的核心内容。邓小平对此说得很明确：“马克思、恩格斯创立了辩证唯物主义和历史唯物主义的思想路线，毛泽东同志用中国语言概括为‘实事求是’四个大字。实事求是，一切从实际出发，理论联系实际，坚持实践是检验真理的标准，这就是我们党的思想路线。”[④]

在吸收和借鉴中国传统哲学中积极成果的同时，对于其所具有的历史局限和理论缺陷，当然也应有一个清楚的认识，并从马克思主义哲学的科学立场出发批判地加以克服。由于缺少科学发展的基础，中国古代的唯物主义思想总体上还停留在朴素唯物主义的发展水平，无论是“五行说”还是“元气说”，都只是经验直观基础上的非科学的推测。而与此相联系，中国古代的辩证法思想也还停留在朴素辩证法的发展水平，尚且局限于“天道说”“阴阳说”等直观的、非科学的推断。今天我们研究和考察中国古代哲学，这些内容当然不能简单地接受，而应做出科学的研判和区分，该汲取的汲取，该舍弃的舍弃，真正做到取其精华，去其糟粕，古为今用，推陈出新。

在马克思主义哲学与中国传统哲学的关系问题上，也应防止和反对两种不正确倾向。一种是对中国传统哲学持简单否定和排斥的态度，认为这种哲学属于陈旧、落后的东西，没有必要花工夫去研究；另一种则是不加区分地肯定和认同中国传统哲学，认为这种哲学是一种高深的智慧，超过当今任何其他哲学。一个时期以来，后一种倾向似乎更为突出，需要引起关注。随着几轮“文化热”的兴起，人们对于中国传统文化越来越重视，并力图使历史

① 《毛泽东选集》第3卷，人民出版社1991年版，第801页。

② 《邓小平文选》第2卷，人民出版社1994年版，第114页。

③ 《邓小平文选》第2卷，人民出版社1994年版，第126页。

④ 《邓小平文选》第2卷，人民出版社1994年版，第278页。

上的优秀文化传统在当代实践中得到弘扬。这本是一件很有意义的事情，应当积极加以推进。但在这一过程中，也出现了某种绝对化、极端化倾向，似乎包括中国传统哲学在内的中国传统文化方方面面都是好的，都应该接受；认为中国传统文化是一个不可分割的体系，去除它的任何成分都会造成损害，因而反对采取批判吸收的态度。这样一种观点和主张，无疑是十分错误的，它并不能真正弘扬优秀文化传统，而只会导致一种开历史倒车的"复古主义"，使优秀文化传统禁锢在已经落后、过时的体系框架内，由于无法植入当代实践的新的土壤而失去生机和活力。在中国传统哲学的研究中，一定要防止落入这一陷阱。

马克思主义哲学与中国传统哲学的关系，只是马克思主义与中国传统文化之间关系的一个具体方面，后者作为一个更大的命题，还涉及人文和社会科学的各个不同的领域；马克思主义理论与中国传统文化都是覆盖各种研究领域的综合性思想体系，对于他们的关系自然也应全方位地加以把握。而由于中国传统文化具有突出的政治化、伦理化特征，它与马克思主义的关系自然也会在这些方面更多地表现出来。哲学领域是一个比较抽象的领域，不像政治问题、伦理问题那样直接；但由于世界观和方法论在一种思想文化体系中的特殊重要地位，这一领域的问题必须给予充分的重视。把握好马克思主义哲学与中国传统哲学的关系，对于从整体上正确认识和处理马克思主义与中国传统文化的关系，无疑具有特殊重要的意义。

在这里，还有一个相关问题需要注意，即如何看待所谓"新儒学"的研究。"新儒学"这个词实际上并不是一个新概念，在中国古代思想史的不同时期，儒学发展中的一些新的变化都曾被冠以"新儒学"的名称。而当前讨论中所提到的"新儒学"，主要是指 20 世纪 20 年代以来出现的试图将儒学与现代西方的思想文化相结合、在新的社会历史条件下复兴儒学传统的一种文化思潮，亦即"现代新儒学"。这种"新儒学"经历了从"五四"时期到 1949 年新中国成立、从 20 世纪 50 年代到 70 年代末以及 20 世纪 80 年代之后等几个主要发展阶段，在国内外产生了一定的影响。从总体上看，这种"现代新儒学"在促进中国传统文化现代转型方面进行了积极的探索，也取得了一定的成果。它赞同"援西入儒"，通过吸收现代西方思想文化来实现儒学重建；

同时又强调文化的民族性，将其视为文化现代化的前提。它所选择的发展路径是“返本开新”，即所谓“返儒学内在心性之本”，“开现代科学、民主之新”，试图以此重塑儒学在现代社会的影响力。但是，由于它在世界观层次依然固守传统儒学特别是宋明理学的唯心主义立场，而试图引入的西方思想文化本身又有着自己的局限，因而不可避免地遇到理论上难以摆脱的矛盾，并在实践中陷入困境。对此，我们同样应该运用马克思主义哲学的立场、观点和方法，批判地加以对待。“新儒学”的这一境遇也清楚地说明，对于包括儒学在内的中国传统文化的研究，以及优秀文化传统的发扬光大，必须要借助一种科学的世界观和方法论；而马克思主义哲学正是这样一种科学世界观和方法论。我们应充分发挥马克思主义哲学的根本指导作用，处理好马克思主义哲学与中国传统哲学之间的相互关系，并以此推动整个马克思主义思想体系与中国传统文化体系的融合发展。

中　篇

领导能力如何有赖于哲学思维

上一篇的考察告诉我们，哲学这门学科存在特殊复杂的情况，各种不同的哲学在性质和功能方面存在较大差异，与领导能力的关系也各不相同；而马克思主义哲学作为一种真正意义上的科学世界观和方法论，对于领导工作的实践具有最为根本的指导作用。要促进领导能力的提升，必须重视学习这一哲学。当然，马克思主义哲学与其他哲学并不是简单对立的，在以马克思主义哲学为指导的同时，也应充分吸收和借鉴不同哲学的积极成果。

那么，我们所从事的领导工作与这些哲学理论之间究竟存在怎样的联系？这样一种哲学思维会如何影响到领导能力的提升？从一般道理上说，所谓领导工作无非是一种特殊的实践形式，它要求领导者带领和引导相关领域的社会成员进行某个方面的社会活动，以实现一定的社会目标。要做好这种特殊性质的工作，就要求领导者具备相应的认识和解决问题的能力，而正是这些能力与哲学思维密切相关。特别是一些超出具体专业层次的、体现着普遍性要求的重要能力，亦即做好领导工作所需要的一些最基本的能力，必须上升到哲学的高度，借助哲学思维来解决问题。我们说哲学所提供的是一种“大智慧”，也正是从这个意义上说的。

具体梳理一下便可以看出，这一层次的能力表现在多个方面，其中包括尊重客观、把握实际的能力，全面协调、统筹兼顾的能力，继承发展、开拓创新的能力，灵活机动、促进转化的能力，循序渐进、适时突破的能力，远见卓识、审时度势的能力，掌握主动、自觉实践的能力，依靠群众、引领群众的能力等。当然，我们还可以从其他方面切入进行提炼和概括，但以上这些方面的能力应是不可或缺的。下面我们便依照领导工作本身的内在逻辑，对这些能力分别做出考察，并进而探讨它们与哲学思维之间的关系。

一、考察与分析：尊重客观、把握实际的能力

一个领导者要想正确地开展工作，首先应该注意的是什么？对于这一问题，当然可以从不同角度去回答。而从方法论的角度说，一个最基本的前提应该是：认清自己所处的环境和所面对的局势，从实际出发对事物做出客观的分析，并提出切实可行的方案和对策；而绝不能脱离这个客观实际，依照主观意志想当然地进行决策。领导工作的实践表明，只有符合这一前提，才有可能取得成功；违背了这一前提，无论如何努力，最终都会遭遇失败。现实过程中所出现的许多失误，其深层原因往往都在于此。如毛泽东所指出的："为什么主观上会犯错误呢？就是因为……主观的指导和客观的实在情况不相符合，不对头，或者叫做没有解决主观和客观之间的矛盾。"①他强调，"这里的关键，就在于把主观和客观二者之间好好地符合起来。"②

既然做好领导工作需要有这样一个前提，那么就领导能力而言，一个领导者所应具备的首要能力，不是别的，正是尊重客观、把握实际的能力。因此，我们便从这种能力谈起。

1. 能力要求与哲学方法论。抽象问题的现实底蕴

从一般意义上说，所谓尊重客观、把握实际的能力，就是要求领导者能够自觉坚持主观服从客观的原则，切实把客观实际放在第一位，把自己的主

① 《毛泽东选集》第1卷，人民出版社1991年版，第179页。

② 《毛泽东选集》第1卷，人民出版社1991年版，第179页。

观意志放在第二位，下力气去研究和把握所面对的客观实际，并以此作为决策的依据。不论在什么情况下，都不能自以为是，头脑发热，忘乎所以。

这个要求看起来简单，但要真正实行起来却没有那么容易。一些人讲起一般道理来似乎明白，但一遇到具体事情，特别是复杂一些的事情，往往就不是那么回事了，主观脱离客观、认识脱离实际的情况屡屡发生，甚至一错再错，最终造成严重后果。还有一些人虽然也赞同这一要求，但在认识上还主要停留在经验的层次，并不真正理解问题的实质，不懂得这样做的真正原因；所以就难免会产生各种疑虑，当遇到一些错误的观点和主张时，缺少必要的识别和判断能力，很容易受到迷惑和裹挟。因此，要想真正把握好这一要求，切实提升这方面的能力，还必须进一步做出深入的探索，从应有的理论高度切实解决问题。而在这样做时，就不能不借助于哲学方法论的支持，并且一开始便触及了哲学领域中最深层次的问题，即通常所说的“哲学基本问题”。

众所周知，按照马克思主义哲学的观点，所谓思维与存在的关系问题，亦即物质与意识、物质与精神的关系问题，是全部哲学的基本问题。如恩格斯所指出的：“全部哲学，特别是近代哲学的重大的基本问题，是思维和存在的关系问题。”[①]这一问题在整个哲学领域中处于特殊重要的地位，它集中体现着一种哲学的基本立场，是区分唯物主义与唯心主义两大派别的分水岭和分界线。要研究其他各种哲学问题，首先必须回答这个基本问题。但这个问题看起来比较抽象，它涉及对世界本原的探寻和追问，即通常所说的物质和意识何者为第一性。换言之，这个世界的本原究竟是物质的，还是精神的？到底是物质决定精神，还是精神决定物质？——围绕这样的问题，哲学家们已经争论了几千年，至今仍未休止。而由此便产生了一种疑问：这样一个抽象至极的哲学问题，怎么能跟我们所要考察的领导能力扯上关系？如果需要研究，那就交给哲学家们去做就是了（甚至连当代一些哲学家都不愿意去研究，而主张将其“摒弃”于哲学之外，或者干脆推给神学），难道还需要事务繁忙的领导者们为此费神吗？

---

① 《马克思恩格斯选集》第4卷，人民出版社2012年版，第229页。

若能将这一颇为“形而上”的问题忽略掉，当然可以“省事”，但遗憾的是，这不可能。在领导工作的实践中，这一问题是回避不了、摆脱不掉的，只能认真面对。因为这一看似相当抽象的问题，实际上却十分现实，它从根本上规定着我们认识和实践的出发点。因为不论做什么工作，都需要对所遇到的具体事物进行认识，并借助这种认识去开展相应的实践，通过实践改变事物的存在；领导工作中当然也是如此，也需要不断进行所在领域的认识和实践，通过这种认识和实践达到预期的目的。而这里便有一个出发点的问题，即从哪里出发去进行这种认识和实践？也就是说，在认识和实践过程中，究竟以什么东西作为自己的基本依据？认识和实践过程中所涉及的具体因素虽然多种多样，但总体上可以区分为两大类：客观存在着的事物以及我们头脑中关于这些事物的观念或意识。而所谓出发点问题，归根到底就是要在这两者之间做出选择：究竟是以客观存在着的事物为依据，从它们的客观实际出发进行认识和实践，还是以我们头脑中的观念或意识为依据，从这种观念或意识出发进行认识和实践？

或许在一些具体的场合中，领导者本身并没有明确意识到所面临的这种选择，工作中积累的经验会告诉他怎样做才是合适的、稳妥的、有效的，而相关领域的专业知识也会为他们的决策提供帮助。但是仅有这些就足够吗？不是的。应该看到，要真正解决好这个出发点问题，对这方面的选择做出正确的回答，就必须对客观存在着的各种事物与我们头脑中的观念、意识之间的关系有一个清楚的认识。而要认识两者之间的关系，就不能只停留在直接经验或具体知识的层面，而必须上升到哲学的高度，从最普遍、最本质的意义上去认识。直接经验和具体知识固然有用，但却不可避免地存在着认识层次上的局限；特别是遇到一些特殊复杂的情况，这种局限更是会明显地表现出来。只有从哲学的高度对这方面关系做出深入研究和思考，才能使认识真正到位，从而达到应有的自觉，使问题从根本上得到解决。在实际工作中，这方面关系的表现是具体的、生动的和复杂多样的，而哲学上所讲的思维与存在的关系，或者说物质与意识、物质与精神的关系，就是对这方面关系所做的最一般的概括，是从最普遍、最本质的意义上提出的概念和范畴。要真正解决好这方面的问题，就必须深入研究这些范畴及其关系，舍此别无他法。

这样说来，思维与存在的关系这一看起来很抽象的哲学基本问题，与领导能力决不是毫不相干，而是有着十分紧密的联系。它在现实形态上表现为领导工作中认识和实践的出发点问题，从而直接规定着在领导能力的系列中处于首要地位的尊重客观、把握实际的能力。要提升这方面的能力，必须从哲学的高度深入研究和探索它的“重大的基本问题”，进而从根本上解决领导工作中的出发点问题。

2. 不同哲学的方法论指向。“彻底的唯物主义”及其意义

我们将领导工作中认识和实践的出发点问题归结为思维与存在之间的关系问题，主张从哲学的高度深刻认识和解决；但这里需要进一步指出的是，并非所有的哲学都能够很好地做到这一点，对这方面问题做出正确的回答。一些哲学与这一要求之间有着相当的距离，甚至背道而驰；其方法论指向各不相同，试图借助这些哲学来解决问题是不可能的。

首先，各种唯心主义哲学不可能解决好这方面问题。唯心主义的表现形式有多种，但其基本立场不外乎主张思维第一性、存在第二性，意识或精神第一性、物质第二性，将思维、意识、精神看作世界的本原。这种哲学的方法论指向，便是这样那样地主张从思维、意识、精神出发，将这些东西作为认识和实践的依据，按照人的主观意志或者某种抽象的理念、观念等去行动。这样做的结果，自然不可能达到对客观存在及其规律的正确认识，在实践中也难免会由于脱离实际、违背规律而遭遇失败。将这种哲学运用于领导工作，按照其所提供的方法论去做，其结果也同样会如此，不可能形成有效的领导能力。虽然这些哲学在发挥人的主体性和意识的能动作用方面会有某些积极因素，但这并不能弥补其基本立场的错误所造成的方法论上的根本性缺陷。

其次，马克思主义哲学产生之前的各种唯物主义哲学，对这方面问题的解决做出了重要的历史贡献，但同时又有着历史的局限。如前所述，唯物主义在历史上也有各种不同的形式，但它们在基本立场上也都是相通的，都是承认存在第一性、思维第二性，物质第一性、意识或精神第二性，将存在、物质看作世界的本原。这种哲学的方法论指向与唯心主义哲学有着根本不同，

它主张从物质世界的客观存在出发，将这种客观存在作为认识和实践的依据，遵循客观事物自身的规律去进行各种活动。这样一种方法论，从总体上讲无疑是正确的，也是我们在解决领导工作中的出发点问题时所应该坚持的。但同时又要看到，以往这些唯物主义哲学的发展水平毕竟有限，它们对这方面问题的解决还存在很大差距。古代的朴素唯物主义自不用说，这种唯物主义还只是一种粗浅的认识，还局限在有限的直接经验的范围内，其所能提供的方法论也不能不带有这种经验的特征，尚不具备真正科学的性质。而近代以后的唯物主义也只是一种机械的、形而上学的唯物主义，其机械性和形而上学性首先便表现在对思维与存在之间关系问题的认识以及相应的方法论指向上，从而形成了明显的缺陷。不仅如此，这种唯物主义只是表现在自然观方面，而在历史观上却没能突破唯心主义的藩篱。正如恩格斯所指出的："旧唯物主义在历史领域内自己背叛了自己，因为它认为在历史领域中起作用的精神的动力是最终原因，而不去研究隐藏在这些动力后面的是什么，这些动力的动力是什么。"[①]这样一种历史观，也就不可能为社会历史领域中思维与存在之间关系问题的解决提供正确的方法论指向；而对于领导工作来说，正是这个社会历史领域的问题具有特殊的重要性，这方面出了偏差，领导工作不可能做好。

再次，对于现代西方哲学中那些试图"超越"唯物主义和唯心主义、拒斥所谓"形而上学"的哲学派别来说，思维与存在的关系问题从一开始就被它们排除在视野之外，因而也就谈不上为这方面问题的解决提供方法论支持。虽然它们在所谓实证和经验领域的一些具体探索对于把握认识和实践过程的某些具体环节具有借鉴意义，但与我们所要解决的"重大的基本问题"并不在一个层次上。

与以上各种哲学相比较，只有作为一种"新唯物主义"的马克思主义哲学，才对思维与存在的关系这一"重大的基本问题"做出了真正科学的回答，从而为领导工作中出发点问题的真正解决提供了根本的方法论指导。就基本立场而言，马克思主义哲学的"新唯物主义"同其他唯物主义一样，承认存

① 《马克思恩格斯选集》第4卷，人民出版社2012年版，第255页。

在第一性、思维第二性，物质第一性、意识或精神第二性，将存在、物质看作世界的本原。而在方法论指向上，则主张从物质世界的客观存在出发，将这种客观存在作为认识和实践的依据，遵循客观事物自身的规律去进行各种活动。而不同之处在于，这种“新唯物主义”作为辩证唯物主义、历史唯物主义、实践唯物主义的统一，亦即辩证的、历史的、实践的唯物主义，克服了以往唯物主义的历史局限，使这一基本立场更加科学、更加完整、更加到位。它主张辩证地看待思维与存在之间的关系，并将这一关系放在主体与客体这两个方面的统一中去认识；它不仅在自然观方面，而且在历史观方面也确立了唯物主义的基本立场，从而使唯物主义真正成为一种完整意义上的世界观。马克思在《〈政治经济学批判〉序言》中强调指出：“不是人们的意识决定人们的存在，相反，是人们的社会存在决定人们的意识。”[①]恩格斯对此做出了特别说明：“人们的意识取决于人们的存在而不是相反，这个原理看来很简单，但是仔细考察一下也会立即发现，这个原理的最初结论就给一切唯心主义，甚至给最隐蔽的唯心主义当头一棒。关于一切历史的东西的全部传统的和习惯的观点都被这个原理否定了。”[②]“这样一来，唯心主义从它的最后的避难所即历史观中被驱逐出去了，一种唯物主义的历史观被提出来了，用人们的存在说明他们的意识，而不是像以往那样用人们的意识说明他们的存在这样一条道路已经找到了。”[③]正是由于马克思主义哲学在基本立场上所具有的这样一种真正科学的态度，特别是它的彻底的唯物主义立场，使它在方法论上也具有了特殊重要的意义。这个方法论的基本要求，便是我们经常讲的“一切从实际出发”；而其中的关键之点，正在于“一切”二字。

对于这样一种彻底的唯物主义立场及其相应的方法论要求，恩格斯还进一步做出了具体的阐述。他写道：“这就是说，人们决心在理解现实世界（自然界和历史）时按照它本身在每一个不以先入为主的唯心主义怪想来对待它的人面前所呈现的那样来理解；他们决心毫不怜惜地抛弃一切同事实（从事实本身的联系而不是从幻想的联系来把握的事实）不相符合的唯心主义怪想。

① 《马克思恩格斯选集》第 2 卷，人民出版社 2012 年版，第 2 页。

② 《马克思恩格斯选集》第 2 卷，人民出版社 2012 年版，第 9 页。

③ 《马克思恩格斯选集》第 3 卷，人民出版社 2012 年版，第 401 页。

除此以外，唯物主义并没有别的意义。不过在这里第一次对唯物主义世界观采取了真正严肃的态度，把这个世界观彻底地（至少在主要方面）运用到所研究的一切知识领域里去了。”[①]这段话讲得非常精辟，将马克思主义哲学的彻底的唯物主义立场讲透彻了，将它的方法论意义讲到位了。马克思主义哲学关注世界的本原以及思维与存在的关系问题，确立了这样一个基本立场，而且是这样一种彻底的唯物主义立场，最终就是要为人们认识和把握现实世界提供真正科学的方法论，从根本上解决认识和实践的出发点问题，切实做到一切从实际出发。

恩格斯在这段话里讲了两个“决心”：一是“决心在理解现实世界（自然界和历史）时按照它本身在每一个不以先入为主的唯心主义怪想来对待它的人面前所呈现的那样来理解”，二是“决心毫不怜惜地抛弃一切同事实（从事实本身的联系而不是从幻想的联系来把握的事实）不相符合的唯心主义怪想”。这两个“决心”意思一致，但表述上一正一反，从两个方面分别说明。第一个“决心”是从正面进行表述，强调从实际出发，按照现实世界的本来面目客观地进行认识和理解，而不能“先入为主”，搞出各种唯心主义的“怪想”来；第二个“决心”是从反面进行表述，强调如果发现认识和理解出了问题，产生了这种“同事实不相符合”的唯心主义“怪想”，那就要坚决地、“毫不怜惜”地加以抛弃，不能有任何含糊。而要真正做到这两点，在实际过程中并不容易，所以恩格斯一再强调要下决心去做。这两个“决心”所体现的，正是一种彻底的唯物主义精神。反过来说，只有具备这样一种彻底的唯物主义精神，才能真正做到两个“决心”。

同时还应注意的是，恩格斯在谈到“现实世界”时，还特意在这个词之后加了一个括号，明确说明这个“现实世界”包括“自然界和历史”，亦即自然领域和社会历史领域。这个括号无疑十分重要，它表明这里所讲的两个“决心”不仅适用于自然领域，而且适用于社会历史领域；不论哪一个领域，都要贯彻唯物主义的方法论。而正是这一点，以前的旧唯物主义不可能做到，因为它只是停留在自然观方面，而没有进入到社会历史领域。只有马克思主

① 《马克思恩格斯选集》第4卷，人民出版社2012年版，第249页。

义哲学才做到了这一点，它的最重要的成果就是将唯物主义的基本立场贯彻到社会历史领域，创立了唯物主义的历史观，从而使唯物主义成为一种真正彻底的唯物主义。所以，在这里，恩格斯特别指出了社会历史领域，强调将唯物主义的方法论彻底地贯彻到这一领域的认识和实践中去，按照两个“决心”的要求解决好这一领域中的出发点问题。

在阐述了这两个“决心”之后，恩格斯做了一个明确的归结：“除此以外，唯物主义并没有别的意义。”这里所说的“意义”，正是从方法论的角度去讲的。唯物主义作为一种世界观，最终要转化为这样一种方法论，在认识和实践的过程中加以运用，它的最终意义就体现在这个方法论之中。而在做了这样一个归结之后，恩格斯又做了一个特别的说明：“不过在这里第一次对唯物主义世界观采取了真正严肃的态度，把这个世界观彻底地（至少在主要方面）运用到所研究的一切知识领域里去了。”这个说明再次凸显了马克思主义哲学的彻底唯物主义精神，强调了“唯物主义世界观”在“一切知识领域”的“运用”，特别是上面的括号中专门指出的社会历史领域。这一领域争议最多、难度最大，同时也是最需要这样去做的。马克思主义哲学实现了“唯物主义世界观”在这一领域的“运用”，恩格斯明确指出这是“第一次”，是马克思主义哲学所实现的对以往旧唯物主义的历史性超越。

马克思主义哲学的这样一些基本原理，对于各领域的认识和实践来说都具有根本的指导意义，而对于领导工作来说更是如此。应该看到，领导工作作为一种特殊的实践形式，经常会遇到各种复杂和棘手的情况，面临来自各个方面的压力和挑战。要在这种条件下解决好认识和实践的出发点问题，真正体现恩格斯所讲的两个“决心”，切实做到一切从实际出发，无疑具有更大的难度。如果认识不到位，各种困惑和迷惘在所难免，甚至出现这样那样的犹豫和动摇。只有从哲学的高度对思维与存在的关系问题做出深入的思考，对马克思主义哲学的“新唯物主义”特别是它的彻底的唯物主义立场有一个深刻的理解和把握，才能为两个“决心”提供必要的理论支撑，知道为什么要这样去做以及如何去做；也才能冲破各种认识上的障碍和迷雾，抓住事物的实质和根本，在领导工作的实践中始终保持清醒的头脑，拥有足够的定力和底气。而我们所说的尊重客观、把握实际的能力，正是以此为根基，要真正提高这方面的能力，必须由这里入手。

谈到马克思主义哲学的基本立场及其方法论要求，不能不提及“实事求是”这一中国化马克思主义的重要命题。我们在前面已经谈到，毛泽东运用马克思主义哲学的立场、观点、方法，对“实事求是”这一中国思想史上的古老命题做出了新的阐释，使之成为毛泽东思想的“精髓”；而我们党又进一步将这一认识成果纳入党的思想路线，并将其作为整个思想路线的核心内容。应该说，这一命题集中体现了马克思主义哲学的基本原理，需要从整体上全面理解和把握；而其中首先需要强调的，无疑是马克思主义哲学的彻底唯物主义立场。“实事”是“求是”的前提，只有承认存在第一性、思维第二性，承认世界的物质本原以及客观规律的存在，才能在这一前提下进行能动的认识和实践。要贯彻党的实事求是的思想路线，首先就要坚持马克思主义哲学的这一基本立场，解决好认识和实践的出发点问题，切实做到一切从实际出发。从这个意义上说，提高尊重客观、把握实际的能力，与党的思想路线的要求是根本一致的，而只有提高这方面能力，才能更好地贯彻“实事求是”的思想路线。

要解决领导工作中认识和实践的出发点问题，必须把握马克思主义哲学的彻底唯物主义立场及其方法论要求。但同时还应指出的是，基本立场的确立和出发点问题的解决，并不等于就是事情的全部。要提高尊重客观、把握实际的能力，不仅要解决好这个出发点问题，而且还要对我们所面对的客观实际有一个进一步的了解，弄清楚这个客观实际究竟是怎样的。而这个认识过程本身也有自己的规律，也需要进一步了解和把握。所有这些问题的解决，同样不能只停留在直接经验或具体知识的层面，而需要从哲学的高度深入研究和探索。对此，马克思主义哲学同样具有根本的方法论意义。它作为辩证唯物主义、历史唯物主义、实践唯物主义的统一，从彻底的唯物主义立场出发，对现实世界的存在状态进行了全面和深入的研究，系统地揭示了事物联系和发展的最一般规律；特别是对人所在的社会历史领域做出了专门的研究，深刻揭示了这一领域中存在着的客观规律，使这一领域中的科学认识成为可能。同时，它还深入研究了人作为主体的能动作用，揭示了主体客体化、客体主体化的双向互动关系及其规律。因此，要深入认识和了解我们所面对的客观实际，处理好主观与客观之间的关系，还需要进一步学习和把握马克思主义哲学的一系列相关原理，并以此作为自己的方法论指导。也只有这样，才能使尊重客观、把握实际的能力从各个环节上进一步得到提高。

3. 真理与价值。唯物主义与实用主义

我们主张以马克思主义哲学为指导，从它的彻底唯物主义立场出发解决领导工作中的出发点问题，从而提高尊重客观、把握实际的能力。但在这一问题上，也常常会遇到某种质疑。一种看法是，这一要求在实际过程中很难做到，只能是一种空谈。实事求是的道理谁都可以说，但说起来容易做起来难。还有人由此得出结论，认为马克思主义哲学的理论与实践“不对号”、不管用。对于这样一些疑问，又应该如何认识和对待呢？

首先应该看到，这些疑问的产生，不是没有原因的。要在实际工作中切实贯彻唯物主义的基本立场，真正做到一切从实际出发、实事求是，的确不是一件容易的事。现实中也确实有不少理论与实践“不对号”的情况，即口头上讲唯物主义和实事求是，但实际上并不这样做；不是真正从实际出发、实事求是地认识和处理问题，而是不管实际情况如何，都只按某种观念、意图以及主观意志进行决策，以致做出各种违反客观规律的荒唐事来。对于这种现象，的确应该引起足够的注意，并进行认真的研究和反思。但是，这一反思应该引导我们真正认清问题的所在，而不能得出错误的结论。

仔细考察一下就可以看出，这里所出现的理论与实践“不对号”的情况，并不是由于唯物主义理论出现错误而造成的。马克思主义哲学主张彻底的唯物主义，对思维与存在的关系这一“重大的基本问题”做出了真正科学的解答，为正确解决认识和实践的出发点问题提供了根本的方法论指导。按照这一理论和方法去做，才有可能取得成功，否则就会造成偏差和失误。这一点，已在长期的实践中得到检验，具有普遍的真理性。不论何时，一旦出现这种理论与实践“不对号”的情况，即口头上讲唯物主义、实事求是，而实际上并不这样做，甚至完全背离这一要求，那么一定会在现实实践中造成危害，这是不以人的意志为转移的。所以，在这里，所应反思的并不是理论本身，

而是这一理论为什么不能在实践中得到贯彻？究竟是什么东西妨碍了它，使它与实践发生脱节？

在这里，或许我们会遇到一个能力不足的问题。也就是说，在一些时候，人们主观上还是希望将这些理论和方法运用于实际工作，按照一切从实际出发、实事求是的要求去做，但由于水平不高，能力不足，一些方面把握不好，在具体过程中出现偏差。特别是遇到一些比较复杂的问题，一开始认识不清，判断失误，以致发生差错。如果真是如此，那么问题还不算复杂，我们所应做的只是进一步加强学习，不断提高水平和能力，并下力气研究所面对的具体实际，及时总结经验教训，纠正错误，改进工作。但值得注意的是，在现实实践中，使人们发生疑问的主要并不是这种情况，而是另外一种不同的情况。这便是在一些时候，人们并非认识不到，也不是能力不够，而是从一开始就没有打算按照一切从实际出发、实事求是的要求去做，对于唯物主义理论和方法也就是口头上讲讲而已，并没有准备付诸实践。也就是说，这里所发生的问题，并不是一种被动的失误，而是一种主动的选择。出现这种情况的原因又是什么呢？

揭开掩盖在事物外部的各种表象，我们发现这里隐藏着一对颇具争议的深层次矛盾，即所谓真理与价值的矛盾。而上面所遇到的特殊情况，也正是由此而生。

按照马克思主义哲学的观点，所谓真理是指客观事物及其规律在人们头脑中的正确反映，是人们对于客观实际的正确认识。真理的形式是主观的，但内容却具有客观性，因为它来源于客观实际。一种认识是不是真理，那就要看它是否符合客观实际；检验真理的标准，只能是人们的社会实践。所谓价值则与真理不同，它本身不属于认识范畴，而是一种现实的关系范畴。从一般意义上说，价值是指事物对人的有用性，它所体现的是人与外部事物之间的利益联系。不论是物质领域的事物还是观念领域的事物，都有一个价值问题；只要一种事物对人来说具有有用性，能够实现人的利益，便可以说有价值，否则便没有价值。如果说价值与认识之间存在关联性，那也只是表现在人们的认识对价值的反映和把握上，亦即通常所说的价值观，以及各种具体的价值观念。但这与价值本身并不是一回事。价值观不等于价值，价值可以被认识，但它本身并不属于认识。

而正是真理与价值这两个不同性质的重要范畴，在人们的认识和实践中直接相遇，并发生矛盾和碰撞。可以说，我们所讲的唯物主义理论和方法，主要是解决认识的真理性问题，即怎样做才是正确的；我们强调以马克思主义哲学的彻底的唯物主义立场出发解决领导工作中的出发点问题，坚持实事求是、一切从实际出发，最终是为了使认识符合客观实际，从而达到一种真理性认识，并按照这一认识进行社会实践。但需要注意的是，人们在认识和实践的过程中并不只是要面对一个真理性问题，而且还要同时面对一个价值性问题，即怎样做才更为有利，才能使人们的利益诉求得到实现。这两个的问题同时并存，都很重要，不容回避，必须做出回答。而当人们着手处理这两个问题的时候，就会发现这里有一个很大的难题：真理与价值这两者之间并不总是一致的，有时还会相互排斥，甚至存在较大的矛盾冲突。而正是这种矛盾和冲突，迫使人们做出不同的选择。

如果说真理的特性是唯一性，即不论有多少种认识，只有那种符合客观实际的认识才是真理；那么价值的特性便是多元性，即对于不同的主体来说，价值关系也是不同的，人们可以有不同的价值尺度和价值取向，做出不同的价值评价和价值选择。价值多元性的根源在于人们自身利益关系的复杂结构，这中间包括个人利益与他人利益、个体利益与群体利益、群体利益与整个社会的利益等不同主体之间的利益关系，也包括整体利益与局部利益、根本利益与具体利益、长远利益与眼前利益等不同层次之间的利益关系，所有这些利益关系，都会表现为相应的价值关系。各种不同的利益之间既有一致的方面，又有不一致的方面，体现在价值关系上，也会形成相应的差异。一个事物的出现和一件事情的发生，对于不同主体以及不同层次的利益来说，往往会具有不同的作用和影响，这时就会出现不同的处理方式，形成不同的价值尺度和取向；而价值尺度和取向不同，所做出的价值评价和选择当然也就不同。主张将个人利益与他人利益、个体利益与群体利益、群体利益与整个社会的利益统一起来加以考虑，是一种价值选择；而若只是考虑某一个方面的利益而不顾其他方面的利益，则是另一种价值选择。在整体利益与局部利益、根本利益与具体利益、长远利益与眼前利益等不同层次之间利益关系的处理上，也同样存在价值选择的差异。而真理与价值之间的矛盾和冲突，就在这些不同的价值选择和取向中表现出来。

从总体上说，一种真理性认识能够指导人们正确开展相关领域的实践活动，因而对于人们自身利益的实现无疑有着积极的促进作用。但是，对于不同的利益主体以及他们所采取的不同的价值取向、所做出的不同的价值选择来说，却有着各种不同的情况。如果一个主体不能正确处理个人利益与他人利益、个体利益与群体利益、群体利益与整个社会的关系，而只是片面地考虑某一个方面的利益，那么这一价值选择就很有可能与真理性认识及其所指出的实践方向发生矛盾。于是这里便出现了两难选择：按照真理性认识去做，主体所追求的特定价值就无法得到实现；而要实现这种特定的价值，就不能不放弃真理。真理与价值在这种特定条件下发生博弈。那么结果会怎样？——在实际过程中，被摆在优先地位的通常是价值，而真理则处于从属的地位。价值胜出，而真理却成为牺牲品。于是，便出现了本节开头所提到的那种现象：口头上讲唯物主义、实事求是，讲一切从实际出发，但实际上并不这样做，甚至完全背离这一要求。而且并不是认识不到，也不是能力不够，而是从一开始就没有这个打算。隐藏在这种现象背后的，正是某种特定的价值取向——为了实现某种狭隘的、极端的和自私的利益而不惜损害其他多方面的和更大范围的利益。

这一情况说明，唯物主义的理论和方法在这里已经被实用主义化了。对自己有利时，可以讲唯物主义；对自己不利时，就不讲唯物主义。与自己的价值取向不矛盾时，可以讲唯物主义；影响到这一价值取向的实现时，就不讲唯物主义。以这样一种态度对待唯物主义的理论和方法，自然不可能认真地去实行它，而这种理论和方法的指导作用也就无从谈起。正如毛泽东在《实践论》中所指出的："如果有了正确的理论，只是把它空谈一阵，束之高阁，并不实行，那末，这种理论再好也是没有意义的。"[①] 口头上讲唯物主义，但却不能付诸实践，在实际工作中另搞一套，其结果自然不同；而要求唯物主义的理论和方法对这种结果负责，显然是没有道理的。

① 《毛泽东选集》第1卷，人民出版社1991年版，第292页。

同时还应指出的是，即使在唯物主义原则落入这种实用主义化的境遇时，也并不意味着它的理论与方法就被实践否定和推翻了。恰好相反，它的真理性仍将在这一实践中得到证明。因为背离实事求是的要求，不从实际出发，搞主观主义、自以为是的那一套，终究是站不住脚的，必然会在实践中显现出消极的后果。当然，对于特定主体来说，可能会从中得到某种“好处”，使其所追求的某种价值得到实现；但从更大的范围来看，从统筹各种利益关系的全局高度来看，却只有“坏处”，而没有什么“好处”，不得不付出相应的成本和代价。所以，一个社会要想正常运行和发展，同时也是为了社会的整体利益更好地得到实现，必须尽力防止和克服在真理与价值之间的关系上可能发生的这种实用主义倾向，即为了某种狭隘的价值目标而不惜背弃真理性的要求。这里所应该做的，不是对唯物主义理论和方法提出质疑，而是要积极采取措施，促使一切从实际出发、实事求是的方法论原则真正得到实现。

要切实解决好这一问题，必须针对问题产生的根源，从各个方面做出努力。从社会主体方面来说，应加强思想教育和引导，努力克服价值取向方面的偏差和不足，培育和树立正确的价值观，处理好价值与真理之间的矛盾。但是，仅靠这一措施还是很不够的。要想在全社会培育一种正确的价值观，防止和反对这方面的错误倾向，除教育引导之外，还必须建立起有效的社会机制，对人们的价值选择形成外部制约。这就需要从社会客体方面着眼，对包括经济、政治、文化等基本领域在内的整个社会结构体系进行审视，做出合理的制度设计，并不断深化各领域的体制改革，促使所需要的社会机制的形成。机制需要依托于一定的制度和体制，制度和体制的设计可以有多种不同的形式，但最终必须体现一个原则要求，即能够激励和支持人们选择正确的价值取向，处理好真理与价值之间的矛盾。凡是遵循唯物主义的理论与方法，坚持一切从实际出发、实事求是，就能够得到激励和肯定，凡是背离这一理论和方法，不能实事求是、从实际出发，则会受到限制和否定。特别是那种为了实现某种狭隘的价值目标而恣意妄为的恶劣行径，必须得到有力的制止，受到应有的惩戒。只有这样，真理和价值之间的矛盾才有可能得到合理的解决，唯物主义的理论和方法才有可能更加有效地付诸实践。

二、考察与分析：全面协调、统筹兼顾的能力

解决了领导工作中的出发点问题，确立了马克思主义哲学的彻底唯物主义立场，接下来就应由此出发去了解和考察我们所面对的客观实际，具体地研究和探讨领导工作中的各种问题。而当我们这样做时，所看到的又是一种怎样的情景呢？恩格斯对此曾做过生动的描述，他说："当我们通过思维来考察自然界或人类历史或我们自己的精神活动的时候，首先呈现在我们眼前的，是一幅由种种联系和相互作用无穷无尽地交织起来的画面。"①

这样一幅生动的"画面"，正是反映了客观实际所具有的复杂形态。领导者所要关注的具体事物和具体问题，都不是孤立地、互不相干地存在着，而是处于内部和外部的"种种联系"之中；这些联系相互"交织"，而且还"无穷无尽"，往往会"牵一发而动全身"。在这种情况下，如何才能有效地开展工作，把该办的事情办好，把该处理的问题处理好？这就涉及我们所要考察的第二种能力，即全面协调、统筹兼顾的能力。

1. 能力要求与哲学方法论。唯物辩证法的联系观点

从一般意义上说，所谓全面协调、统筹兼顾的能力，就是要求领导者在面对这样一种复杂情况时，决不能简单、机械地就事论事，孤立、片面地看问题，而是要全面认识和了解客观实际中的普遍联系，努力将各个方面的联系综合起来加以把握，统筹安排各项事宜，尽可能兼顾各种需要，使各方面

① 《马克思恩格斯选集》第3卷，人民出版社2012年版，第790页。

工作协调配套、有序展开。

应该说，这样一种能力要求，是做好领导工作不可或缺的。如果做不到这一点，就难免顾此失彼，事倍功半，不仅无法达到预期的目的，而且还有可能引发更多其他的问题，造成各种不利的后果。列宁曾指出：“要真正地认识事物，就必须把握住、研究清楚它的一切方面、一切联系和‘中介’。我们永远也不会完全做到这一点，但是，全面性这一要求可以使我们防止犯错误和防止僵化。”①毛泽东在他的《矛盾论》中特别引用了列宁的这一论述，他针对一些同志在实际工作中存在的片面性问题，进一步具体地指出：“所谓片面性，就是不知道全面地看问题。……只看见局部，不看见全体，只看见树木，不看见森林。这样，是不能找出解决矛盾的方法的，是不能完成革命任务的，是不能做好所任工作的，是不能正确地发展党内的思想斗争的。”他批评道，“……我们的同志看问题，往往带片面性，这样的人就往往碰钉子。”②对于一个领导者来说，要做好工作，就必须克服片面性，增强全面性，努力做到全面协调、统筹兼顾。

既然如此，我们又应采取怎样的措施，促进这方面能力的提升呢？途径当然是多方面的，但其中最重要的一条，应是从世界观和方法论的高度形成对事物普遍联系的深刻认识，建立起一种科学的思维方式。而这就需要通过哲学学习和研究解决问题，将哲学理论运用于指导这方面的具体实践。但是在这里，我们又遇到了之前曾遇到过的同样的情况：并非所有的哲学理论都能起到这种作用。面对这样一个重要问题，马克思主义哲学的唯物辩证法展现出最为根本的方法论意义。

众所周知，辩证法和形而上学是哲学思想史上两种相互对立的思维方式。前面已经谈到，所谓形而上学本身是一个多义词，在不同场合有不同的含义；而其中最为广泛的含义之一，就是用来指称那种与辩证法相对立的特定的思维方式。其基本特征表现在各个方面，而其中之一便是看不到事物之间的普遍联系，将事物从其所处的种种联系中割裂出来，孤立、片面地加以对

---

① 《列宁选集》第 4 卷，人民出版社 2012 年版，第 419 页。

② 《毛泽东选集》第 1 卷，人民出版社 1991 年版，第 312—313 页。

待。如恩格斯曾指出的，“在形而上学者看来，事物及其在思想上的反映即概念，是孤立的、应当逐个地和分别地加以考察的、固定的、僵硬的、一成不变的研究对象。他们在绝对不相容的对立中思维”。[①] 这段话中点出了形而上学思维方式的多个特征，而首先便是将研究对象看成是“孤立的、应当逐个地和分别地加以考察的”。从哲学史上看，这种形而上学的思维方式曾产生过广泛的影响，特别是19世纪之前的近代哲学，更是突出地为这种思维方式所支配。虽然它“在当时是有重大的历史根据的”，[②] 并且“在相当广泛的、各依对象性质而大小不同的领域中是合理的，甚至必要的”，[③]但这种思维方式毕竟具有不可克服的严重缺陷，不能适合普遍联系中复杂对象的研究。这也就是恩格斯所说的，“它每一次迟早都要达到一个界限，一超过这个界限，它就会变成片面的、狭隘的、抽象的，并且陷入无法解决的矛盾”。[④]19世纪之后，随着新的历史条件的形成，形而上学的思维方式逐渐让位于辩证法的思维方式。但值得注意的是，这种思维方式的影响并不那样容易消除，而是在哲学领域中长期顽固地存在，在现代以及当代哲学的研究中仍常常能够看到它的表现。一些哲学家更是明确表示反对和拒斥辩证法，其学说体系就是继续囿于形而上学的思维方式。这样一些哲学理论当然不能引领我们全面认识和把握领导工作中所面对的复杂联系，也不会帮助我们提升全面协调、统筹兼顾的能力，相反还有可能将我们导入歧途。

与形而上学的思维方式不同，辩证法的基本特征之一，便是主张以联系的观点看问题。如恩格斯所说：“……辩证法在考察事物及其在观念上的反映时，本质上是从它们的联系、它们的联结、它们的运动、它们的产生和消逝方面去考察的。”[⑤]恩格斯在这里描述了辩证法的基本特征，其中首先便是注重事物的联系。而在《自然辩证法》一书中，他还进一步将辩证法概括为“同

① 《马克思恩格斯选集》第3卷，人民出版社2012年版，第791页。
② 《马克思恩格斯选集》第4卷，人民出版社2012年版，第251页。
③ 《马克思恩格斯选集》第3卷，人民出版社2012年版，第791页。
④ 《马克思恩格斯选集》第3卷，人民出版社2012年版，第396页。
⑤ 《马克思恩格斯选集》第3卷，人民出版社2012年版，第397页。

形而上学相对立的关于联系的科学”。[①] 从哲学史上看，辩证法思想曾经历过长期的发展过程，虽然不同时期的哲学家们对辩证法的理解和阐释存在差异，但在承认事物之间存在普遍联系这一点上，却是共同的和一致的。当然，由于社会历史条件的限制，以往的辩证法思想中关于联系的观点也不可避免地带有各种局限。特别是在自然科学的发展还没有得到充分展开的时候，哲学家们往往是“用观念的、幻想的联系来代替尚未知道的现实的联系，用想象来补充缺少的事实，用纯粹的臆想来填补现实的空白”。[②] 即使是 19 世纪的辩证法大师黑格尔，也只是从他的客观唯心主义立场出发，以所谓“绝对观念”为主线，描绘了一幅独特的世界普遍联系的逻辑图景。黑格尔的辩证法包含着许多有价值的思想内容，而这些内容却又不可避免地为其唯心主义体系框架所窒息。其中有关联系的观点也同样如此：“……一切都被头足倒置了，世界的现实联系完全被颠倒了。”[③]

马克思和恩格斯在创立自己哲学的过程中，继承了以往辩证法思想发展的积极成果，汲取了黑格尔辩证法的“合理内核”，进而从唯物主义立场出发对辩证法进行了批判的改造，克服了黑格尔哲学以及以往辩证法思想的历史局限，创立了新的唯物辩证法。马克思明确指出：“我的辩证方法，从根本上来说，不仅和黑格尔的辩证方法不同，而且和它截然相反。在黑格尔看来，思维过程……是现实事物的创造主，而现实事物只是思维过程的外部表现。我的看法则相反，观念的东西不外是移入人的头脑并在人的头脑中改造过的物质的东西而已。”[④] 恩格斯则这样概括他们的新的认识成果：“我们重新唯物地把我们头脑中的概念看做现实事物的反映，而不是把现实事物看做绝对概念的某一阶段的反映。这样，辩证法就归结为关于外部世界和人类思维的运动的一般规律的科学。”[⑤]经过这样一种提升和改造的辩证法，才真正具有了科学的性质，成为一种科学世界观和方法论的有机组成部分。而正是在这个更

---

① 《马克思恩格斯选集》第 3 卷，人民出版社 2012 年版，第 901 页。

② 《马克思恩格斯选集》第 4 卷，人民出版社 2012 年版，第 252 页。

③ 《马克思恩格斯选集》第 3 卷，人民出版社 2012 年版，第 399 页。

④ 《马克思恩格斯选集》第 2 卷，人民出版社 2012 年版，第 93 页。

⑤ 《马克思恩格斯选集》第 4 卷，人民出版社 2012 年版，第 249—250 页。

高的理论层次上，对于世界普遍联系的认识也才达到了一个全新的水平。

在马克思和恩格斯看来，世界的普遍联系并不是像黑格尔所认为的那样是一种抽象的、观念的联系，而是客观存在的现实的联系。这种现实的联系贯穿整个宇宙："宇宙是一个体系，是各种物体相联系的总体。"[①]"我们在这里所理解的物体，是指所有的物质存在……这些物体处于某种联系之中"，"它们是相互作用着的"。[②]自然界的事物是如此，社会历史领域的事物也同样是如此，"适用于自然界的，同样适用于社会历史的一切部门和研究人类的（和神的）事物的一切科学"。[③]恩格斯特别指出："在这里，历史哲学、法哲学、宗教哲学等等也都是以哲学家头脑中臆造的联系来代替应当在事变中去证实的现实的联系，……因此，在这里也完全像在自然领域里一样，应该通过发现现实的联系来清除这种臆造的人为的联系。"[④]关于联系的观点在马克思主义哲学的唯物辩证法中具有十分重要的地位，列宁在提炼概括唯物辩证法的基本要素时，曾对此给予充分的关注，将"这个事物对其他事物的多种多样的**关系**的全部总和"列为继"考察的**客观性**"之后的第二个要点，并指出"每个事物（现象等等）的关系不仅是多种多样的，并且是一般的、普遍的。每个事物（现象、过程等等）是和其他的**每个**事物联系着的"。[⑤]随后，在系统介绍马克思的学说、阐述唯物辩证法的主要"特征"时，他又特别强调了这一点："每种现象的**一切**方面（而且历史在不断地揭示出新的方面）相互依存，极其密切而不可分割地联系在一起，这种联系形成统一的、有规律的世界运动过程。"[⑥]

马克思主义哲学的唯物辩证法关于世界普遍联系的观点，为我们正确开展领导工作实践提供了根本的方法论指导。既然世界上的一切事物都是处于联系之中的，那么我们就应充分重视这种联系，把事物放在这种联系之中去

① 《马克思恩格斯选集》第 3 卷，人民出版社 2012 年版，第 952 页。
② 《马克思恩格斯选集》第 3 卷，人民出版社 2012 年版，第 952 页。
③ 《马克思恩格斯选集》第 4 卷，人民出版社 2012 年版，第 253 页。
④ 《马克思恩格斯选集》第 4 卷，人民出版社 2012 年版，第 253 页。
⑤ 《列宁选集》第 2 卷，人民出版社 2012 年版，第 411—412 页。
⑥ 《列宁选集》第 2 卷，人民出版社 2012 年版，第 423 页。

认识；既然这种联系不是主观的，而是客观的和现实的，那么我们就应以科学的态度去对待，从实际出发去把握。只有遵循这样一种科学方法论，坚持以联系的观点看问题，才有可能正确应对领导工作中的复杂态势，处理好错综交织的各种问题。

但是，事物所处的普遍联系究竟是怎样的，我们具体应该怎样去做，才能真正把握好这种联系呢？马克思主义哲学的唯物辩证法进一步告诉我们，事物的联系并不是杂乱无章、随意构织的，而是有着自己的内在规律。研究和探索这些规律，为我们认识和把握世界的普遍联系提供了科学的路径。

2. 系统观点和矛盾观点。事物联系的一般规律

在马克思主义哲学看来，事物普遍联系的规律可以从不同层次、不同方面去认识，而系统观点和矛盾观点作为唯物辩证法的两个基本观点，从各自不同的角度分别揭示了它的最一般的规律。

唯物辩证法关于系统的观点，是在全面总结和概括人类思想史上有关系统研究的认识成果的基础上形成的。虽然作为一个专门学科的系统科学直到现代才正式形成，但有关这方面问题的研究和探索很早便已开始，并积累了许多有价值的成果。现代系统科学的最重要的命题“整体大于部分之和”，便是由亚里士多德最先提出的。马克思和恩格斯在创立自己的哲学时，依据当时的科学认识成果对系统观点作了初步的概括和阐述，指出“我们所接触到的整个自然界构成一个体系，即各种物体相联系的总体”。[①] 而“关于自然界所有过程都处在一种系统联系中的认识，推动科学到处从个别部分和整体上去证明这种系统联系”。[②] 马克思主义哲学对于自然、社会以及人类思维等各个领域中一般规律的探索，本身也都是从这种系统联系的整体高度着眼的。随着现代系统科学的形成和发展，人们对系统问题的认识不断深化，马克思主义哲学理论界对于这方面的新的成果做出了新的提炼和概括，进一步拓展和丰富了唯物辩证法的系统观点，使之成为唯物辩证法的理论体系中最重要

① 《马克思恩格斯选集》第 3 卷，人民出版社 2012 年版，第 952 页。

② 《马克思恩格斯选集》第 3 卷，人民出版社 2012 年版，第 412 页。

的原理之一。按照这一观点，系统是事物联系的基本形式，一切事物都存在于一定的系统之中，而每个事物的内部也都有一定的系统存在。所谓系统是由各个要素组合而成的统一整体，这个组合并不是那种机械的拼加，而是按照系统自身所固有的内在机制有机地联结起来的。系统中的各个要素都会对系统整体发生影响，同时也都要受到系统整体的制约。而系统的性质和功能不仅取决于各种要素，同时还取决于它们的组合方式，亦即系统的结构。系统的存在不是单一的，而是可以区分为不同的层次，既有比所在系统低一个层次的子系统，又有比所在系统高一个层次的更大的系统，这些不同层次的系统相互隶属、相互关联，共同制约着事物的存在和发展。系统的存在不是封闭的，而是开放的，它与周边环境之间不断进行物质、能量和信息的交换，形成一种动态的平衡关系。唯物辩证法的这样一些观点，深刻说明了事物联系的系统形式，以及系统构成和运行的一般规律，要认识和把握事物的联系，就必须认识这一形式和这些规律。

关于唯物辩证法的矛盾观点，通常更多地是从事物发展的角度去理解的。而从事物联系的角度看，矛盾观点也同样具有不可或缺的重要意义。它与系统观点不同，不是笼统地着眼于事物联系中的各种要素，而是侧重于揭示“对立面的统一”[①]，亦即事物联系中发生的两个对立方面之间的关系。所谓矛盾，就是这种对立的统一。这也是一种普遍的联系，一切事物都是在矛盾中存在和发展的，矛盾关系无处不在、无时不在。列宁曾指出，唯物辩证法的这一原理，“就是承认（发现）自然界的（也**包括**精神的和社会的）**一切**现象和过程具有矛盾着的、**相互排斥的**、对立的倾向”。[②] 毛泽东也特别强调：“按照辩证唯物论的观点看来，矛盾存在于一切客观事物和主观思维的过程中，矛盾贯串于一切过程的始终”[③]，“没有什么事物是不包含矛盾的，没有矛盾就没有世界”。[④] 从这个意义上可以说，矛盾也是事物联系的一种基本形式，要把握事物的联系及其规律，不仅要研究系统运动的规律，而且要研究

① 《列宁选集》第 2 卷，人民出版社 2012 年版，第 412 页。

② 《列宁选集》第 2 卷，人民出版社 2012 年版，第 557 页。

③ 《毛泽东选集》第 1 卷，人民出版社 1991 年版，第 336 页。

④ 《毛泽东选集》第 1 卷，人民出版社 1991 年版，第 305 页。

矛盾运动的规律。

按照唯物辩证法的矛盾观点，同处于一个矛盾体的对立双方既相互排斥、相互斗争，又相互联结、相互依存，并且还会在一定条件下相互转化。马克思曾指出："两个相互矛盾方面的共存、斗争以及融合成一个新范畴，就是辩证运动。"[①]恩格斯在《自然辩证法》一书中对此作了专门的分析："辩证法根据我们直到目前为止的自然经验的结果，已经证明了：所有的两极对立，都以对立的两极的相互作用为条件；这两极的分离和对立，只存在于它们的相互依存和联结之中，反过来说，它们的联结，只存在于它们的分离之中，它们的相互依存，只存在于它们的对立之中。"[②]他以磁石为例，指出"硬要使一条磁石的北极和南极互相抵消"，或者"把一条磁石从中间切断，硬要使一段只有北极而没有南极，使另一段只有南极而没有北极"，[③]都是不可能的。列宁把"对立面的统一"看作是"辩证法的核心"，[④]并特别关注了对立面的转化问题，指出"**辩证法**是一种学说，它研究**对立面**怎样才能够**同一**，是怎样（怎样成为）**同一的**——在什么条件下它们是相互转化而同一的"。[⑤]毛泽东结合中国革命的实际对矛盾问题作了全面系统的研究，涉及矛盾的普遍性和特殊性、主要矛盾和次要矛盾、矛盾的主要方面和次要方面、矛盾的统一性和斗争性等一系列重要问题，并将矛盾的普遍性和特殊性亦即"共性个性、绝对相对的道理"，看作"关于事物矛盾的问题的精髓"。[⑥]唯物辩证法的矛盾观点具有十分丰富的内容，它所揭示的矛盾运动规律，对于认识和把握事物的普遍联系具有特殊重要的意义。

系统观点和矛盾观点是唯物辩证法关于事物普遍联系的两个基本观点，二者的逻辑定位和侧重点各有不同，但却相互联结、相互支持，形成一种互补关系。需要指出的是，讨论中存在一种不正确的看法，即将系统观点和矛

---

① 《马克思恩格斯选集》第1卷，人民出版社2012年版，第225页。

② 《马克思恩格斯选集》第3卷，人民出版社2012年版，第954页。

③ 《马克思恩格斯选集》第3卷，人民出版社2012年版，第955页。

④ 《列宁选集》第2卷，人民出版社2012年版，第412页。

⑤ 《列宁专题文集　论辩证唯物主义和历史唯物主义》，人民出版社2009年版，第132页。

⑥ 《毛泽东选集》第1卷，人民出版社1991年版，第320页。

盾观点对立起来，以为既然有了系统观点，就不再需要矛盾观点，矛盾观点过时了，可以丢弃了。之所以会有这种看法，是因为没有真正理解系统观点和矛盾观点，不了解二者之间的区别和联系，同时也与一种单纯求新求异、而不肯实事求是的浮躁学风有关。唯物辩证法的这两个观点与马克思主义哲学的其他原理一样，都是对世界的本质及其最一般规律的科学揭示，只要这些规律还存在，它们就不会过时。事物的普遍联系既是以系统的形式存在，也是以矛盾的形式存在，这两种形式同时存在，并相互交融；而系统观点和矛盾观点作为分别研究这两种联系形式的基本原理，也同样是相辅相成、不可或缺的。对于二者之间的这样一种关系，必须有一个正确的理解。

既然唯物辩证法的系统观点和矛盾观点分别从不同的角度揭示了事物普遍联系的一般规律，那么我们在领导工作的实践中就应该给予充分的重视，将二者结合起来加以把握，并以此为指导去认识所遇到的复杂联系，应对和处理存在于这些联系之中的复杂问题。从系统观点看，既然事物都是以系统的形式存在着的，那么领导者就要充分重视和把握这种联系形式，注重从事物所处的多个层次的系统构成着眼，处理好系统内部和外部的各种关系。要弄清事物所在的系统是一种什么性质的系统，其内在机制和运行方式是怎样的，进而按照这一机制和方式去制定措施、解决问题。这一点十分重要，直接关系到相关工作的实际成效；如果所采取的措施与系统运行的客观机制不相适合，实行起来必定会步履艰难，或者根本不可能付诸实施。在一些时候，相关工作开展不起来，解决问题的努力事倍而功半，往往就是因为不了解系统运行的内在机制，或者虽然了解但却没有按照这一机制去做。应当认识到，一个事物的存在状况是要受到其所在系统的制约的，一定要从系统整体的高度考虑问题，把事物真正当作系统整体中的一个部分去对待。不仅如此，在此前提下，还应进一步研究所在系统的内部结构，弄清楚与相关事物同时存在于一个系统之中的还有其他哪些事物，这些事物的性状以及在系统中的地位和作用如何，它们之间以及与其他相关事物之间又是怎样联结的，然后有针对性地采取措施，分门别类地加以应对。特别是对于一些处于特殊地位和关键环节的重要事物，更要充分重视，重点施策，把工作做细、做实、做到位，确保这些事物有效发挥积极作用，推动所在系统的运行朝着有利的方向展开，促进相关问题的解决。当然，除了研究和把握相关事物所在系统的各项要求之外，还要充分重视系统的层次性，统筹协调各级系统之间的关系。要把握事物自身的系统存在，协调好这一系统内部的各种要素；要关注事物所在系统与更高层次系统之间的隶属关系，了解这些方面的新情况和新变化，以及可能发生的作用和影响，并及时做出反应，修正方案、调整对策。

从矛盾观点来看，既然事物都是在矛盾中存在着的，矛盾无处不在、无时不在，那么领导者就应认真研究和把握事物联系的这种形式，处理好事物内部和外部的各种矛盾关系。不论在何种时候和何种条件下，都要坚持“两点论”，反对“一点论”，注意从正反两方面看问题，防止片面性和绝对化。在看到好的方面的同时，也要看到不好的方面；在看到有利方面的同时，也要看到不利的方面；在看到优点方面的同时，也要看到缺点的方面；在看到成绩方面的同时，也要看到问题的方面；在看到获得方面的同时，也要看到付出的方面；在看到积极方面的同时，也要看到消极的方面；在看到进步方面的同时，也要看到落后的方面；如此等等。只有把矛盾的两个方面都观察到了，将它们综合起来进行研判和分析，才能达到真正清醒的、符合实际的认识。在此基础上，应进一步考察这些矛盾的统一性和斗争性，了解矛盾的双方是怎样相互依赖和相互联结，又是怎样相互作用和相互冲突，而在什么条件下会发生相互转化，然后根据实际工作的需要制定出相应的措施，切实有效地解决好这些矛盾。而在这样做时，还要按照矛盾观点的一系列相关要求，对事物的矛盾关系做出进一步的分析。要将矛盾的普遍性和特殊性统一起来，从具体实际出发去认识这些矛盾，依照它们的不同情况而采取不同的措施，决不能泛泛地一概而论，搞“一刀切”；更不能机械地照抄照搬，教条化地“削足适履”。在众多的矛盾关系中，要善于抓主要矛盾，以主要矛盾的解决带动次要矛盾的解决，而不能主次不分、平均用力；但又要防止只抓一点、不及其余，搞单打一，造成脱节。就矛盾本身而言，也要注意区分矛盾的主要方面和次要方面，首先要重视抓好主要方面，同时也要注意协调好次要方面。毛泽东在谈到党委会的工作方法时，曾形象地提出“学会‘弹钢琴’”，“十个指头的动作要有节奏，要互相配合”。[①] 领导者应努力掌握这一方法，切实处理好主要矛盾和次要矛盾、矛盾的主要方面和次要方面之间的关系，要能够统筹兼顾，以点带面，使各方面工作配套推进。

这里需要注意的是，在运用矛盾观点把握事物的联系时，一定要正确理解和把握唯物辩证法的基本原理，防止出现认识上的偏差。例如，要注意矛盾分析的客观性问题。我们说矛盾是事物存在的基本形式，领导者要善于分析和解决矛盾，都是以矛盾本身的客观性为前提的。就是说，所要分析的是客观存在的、真实的矛盾关系，而不是主观想象出来的虚假的矛盾关系，更不能人为地“设定”一个对立的方面来“拼凑”一种矛盾关系。这方面我们过去曾有过深刻的教训，“社会主义改造基本完成了，还是‘以阶级斗争为纲’”[②]，甚至认为“资产阶级就在共产党内”，上上下下大抓“走资派”和“资产阶级代理人”，结果造成阶级斗争严重扩大化，最终酿成了“文化大革命”那场全国性内乱。这样的历史教训，必须认真吸取。当然，在实际工作中，更常见的情况是矛盾分析中一些具体环节的偏差，对矛盾各个方面的了解和把握不准确、不到位，甚至出现某种程度的错位，这同样会妨碍我们真正有效地认识和解决矛盾，在工作中造成不利的影响。因此，在矛盾分析过程中，一定要努力实现这个客观性要求，这是确保唯物辩证法的矛盾观点能够有效发挥其方法论作用的根本前提。

再如，要注意区分两种不同的关系，即“事物之间所存在的矛盾”和“存在着矛盾的事物”。这两种关系密切相关并相互交织，很容易被混为一谈，但实际上却存在很大的差异，需要区分开来加以对待。应该看到，辩证法所说的矛盾，本身并不是一种以独立形态存在着的现实事物，而是作为事物的一种特殊属性而存在。例如人们经常提到的上与下、左与右、前与后等矛盾关系，其中所谓上、下、左、右、前、后等就不是什么独立事物，而只是相关事物在其所处的空间位置上表现出来的特殊属性；一旦这些事物的空间位置发生变化，其所具有的相关属性也会发生变化，即不再是原来的上、下、

① 《毛泽东选集》第 4 卷，人民出版社 1991 年版，第 1442 页。

② 《邓小平文选》第 3 卷，人民出版社 1993 年版，第 141 页。

左、右、前、后等。可以说，所谓矛盾着的事物只是某种矛盾关系的实际承担者，而我们所说的认识和解决矛盾，也只是针对事物之间所具有的这种矛盾关系而言。区分这两种不同的关系十分重要，如果将他们混淆起来，就会导致各种偏差和谬误。例如，我们说矛盾双方相互依存，没有上就没有下，没有左就没有右，没有前就没有后，这只是说事物所具有的这种属性是在相互联结中存在的，而绝不是说具有这种属性的两个事物本身必须同时存在和消亡。好比两军交战，形成敌我双方的矛盾关系；如果敌方军队被消灭，原有的敌我关系自然也就随之终结，但这并不意味着我方军队也一定要随着敌方军队一起灭亡。而且即使从敌方军队来看，也并不是只有被消灭这一条途径，有多种方式可以结束双方的敌对状态，从而使原有的矛盾关系发生改变。区分“事物之间所存在的矛盾”和“存在着矛盾的事物”这两种不同的关系，是正确认识和把握唯物辩证法矛盾观点的重要扭结，在领导工作的实践中，应该给予充分的注意。

以上我们侧重讨论了唯物辩证法的系统观点和矛盾观点，以及它们在领导工作中的方法论意义。同时还应指出的是，除了这两个基本观点之外，唯物辩证法的其他原理也从不同的角度揭示了事物普遍联系的规律。例如，关于本质和现象之间联系的规律，关于内容和形式之间联系的规律，关于原因和结果之间联系的规律，关于必然和偶然之间联系的规律，关于可能与现实之间联系的规律，等等。在唯物辩证法看来，本质是隐藏在现象背后的深层次联系，而现象则是本质的多方面的具体显现，要透过现象看本质；任何内容都要通过一定的形式表现出来，而形式则要服务于一定的内容，内容和形式相互制约；一种结果有着一定的原因，而一种原因则会引起一定的结果，因果之间存在多种复杂联系；偶然性之中总是隐藏着一定的必然性，而必然性则要通过各种偶然性表现出来，应从偶然性中发现必然性；可能性是一种潜在的、有待实现的现实性，而现实性则是已经实现了的可能性，可能性和现实性之间能够相互转化。唯物辩证法的这样一些重要原理，对于我们在领导工作中更好地认识和把握事物的复杂联系，提升统筹协调、全面兼顾的能力，都具有重要的方法论意义。

3. 社会历史领域的多重联系及其规律

马克思主义哲学的唯物辩证法作为“关于外部世界和人类思维的运动的一般规律的科学”[①]，从世界观的高度揭示了事物的普遍联系及其最一般的规律，为我们提供了最根本的方法论指导。而马克思主义哲学的历史唯物主义，则进一步着眼于社会历史领域中的多重联系，揭示了这些联系所特有的规律。领导工作的实践都是在社会历史领域中展开的，在认识事物联系的最一般规律的基础上，进一步了解和把握历史唯物主义所揭示的社会历史领域中的联系规律，无疑也是十分必要的。

在历史唯物主义看来，社会历史领域中存在着的是“属于一定的社会形式的”[②]“现实的人”[③]，这种“现实的人”形成社会主体；与之相对应的是由经济、政治、文化等各个基本领域所构成的现实的社会结构体系，这种社会结构体系形成社会客体。社会主体与社会客体相互依赖、相互制约，而在价值关系上则具有目的和手段的不同意义。社会的发展进步，最终是为了人的发展；而人的发展又不能离开社会，必须以社会进步为条件。要认识社会历史领域中的联系，首先便要认识社会主体与社会客体之间的这种特殊关系。由此出发，历史唯物主义进一步考察了社会结构体系的内在联系，揭示了生产力与生产关系、经济基础与上层建筑之间矛盾运动的规律。正如马克思所指出的：“人们在自己生活的社会生产中发生一定的、必然的、不以他们的意志为转移的关系，即同他们的物质生产力的一定发展阶段相适合的生产关系。这些生产关系的总和构成社会的经济结构，即有法律的和政治的上层建筑竖立其上并有一定的社会意识形式与之相适应的现实基础。物质生活的生产方式制约着整个社会生活、政治生活和精神生活的过程。”[④]“社会的物质生产力发展到一定阶段，便同它们一直在其中运动的现存生产关系或财产关系（这只是生产关系的法律用语）发生矛盾。于是这些关系便由生产力的发展形式

---

① 《马克思恩格斯选集》第 4 卷，人民出版社 2012 年版，第 249—250 页。

② 《马克思恩格斯选集》第 1 卷，人民出版社 2012 年版，第 135 页。

③ 《马克思恩格斯选集》第 4 卷，人民出版社 2012 年版，第 247 页。

④ 《马克思恩格斯选集》第 2 卷，人民出版社 2012 年版，第 2 页。

变成生产力的桎梏。那时社会革命的时代就到来了。随着经济基础的变更，全部庞大的上层建筑也或慢或快地发生变革。……”[①] 生产力与生产关系、经济基础与上层建筑的矛盾属于社会基本矛盾，这一矛盾运动的规律集中体现了社会结构体系的内在联系机制，规定着社会结构体系存在和发展的状况。当然，就社会主客体关系而言，对于社会结构体系的这些研究主要着眼于社会客体方面的联系，而在这方面研究的基础上，历史唯物主义还对社会主体方面的联系做出了研究，科学地揭示了阶级、阶层以及各种社会群体之间的联系机制。

除了社会历史领域自身内部的各种联系之外，还应看到另一个方面的重要联系，这便是人类社会与自然界之间的联系。历史唯物主义认为，人类社会是在自然界长期发展的基础上产生的，它的存在和发展都有赖于自然界；如马克思所说:“自然界，就它自身不是人的身体而言，是人的**无机的身体**。人靠自然界**生活**。”[②] 而另一方面，人类社会的存在和发展，又会从各个方面对自然界发生影响；人作为一种能动的主体，能够“通过实践创造**对象世界**，**改造**无机界”，或者说“再生产整个自然界”。[③] 这种能动的实践在合理的范围内无疑是有着积极意义的，也是人类社会存在和发展所必需的；但若控制不当，超出了应有的限度，也会对自然环境造成破坏。而自然界环境遭到破坏，最终也将危及人类社会自身的存在。

历史唯物主义关于社会历史领域的多重联系及其一般规律的原理，为我们在领导工作中正确认识和处理这一领域的问题提供了更为直接的方法论指导。既然社会主体和社会客体构成社会历史领域中相互联系的两个基本方面，我们就应从总体上处理好这两者之间的关系。要从“现实的人”出发，把人的问题放在现实的社会发展进程中去解决；要重视社会主体的价值地位，把人的发展作为社会发展的最终目的，但又不能空泛地谈论人的问题，而是要脚踏实地地做出努力，扎扎实实地推动社会各领域的发展和进步，为人的发展创造现实条件。进一步说，既然人所存在于其中的社会结构体系是有着自

① 《马克思恩格斯选集》第 2 卷，人民出版社 2012 年版，第 2—3 页。

② 《马克思恩格斯选集》第 1 卷，人民出版社 2012 年版，第 55 页。

③ 《马克思恩格斯选集》第 1 卷，人民出版社 2012 年版，第 56—57 页。

己的内在联系和客观规律的，那么我们就要正确认识和把握这一联系，遵循社会基本矛盾运动亦即生产力与生产关系、经济基础与上层建筑矛盾运动的规律，统筹安排社会各领域的实践，促进社会发展的协调展开。要根据生产力发展的客观要求，及时调整和变革生产关系，使生产关系与生产力相协调；同时又要根据作为生产关系总和的经济基础的变革要求，推动上层建筑领域的相应变革，使上层建筑与经济基础相协调。在这一协调过程中，要突出强调生产力对生产关系、经济基础对上层建筑的决定作用，同时也要充分重视生产关系对生产力、上层建筑对经济基础的反作用。而与社会客体方面的统筹协调相对应，社会主体方面的各种联系也需要协调把握。要正确认识和处理阶级、阶层以及各种社会群体之间的关系，加强组织和引导，努力将各类主体的能动作用汇集到有利于社会发展进步的积极方向上来。最后，在统筹协调社会历史领域自身内部的各种联系的同时，还要清醒地认识和把握人类社会与自然界之间的联系，努力改进与自然界发生作用的方式，“合理地调节”“和自然之间的物质变换”[①]，在促进人类社会发展进步的同时有效地保护自然生态，尽可能减少对周边环境的污染和破坏，共同守护好“人类家园”。

应该说，在当代社会发展的实践中，对于社会历史领域中多重联系的观念已在越来越广泛的范围内得到认同。我们主张“以人为本”和“以人民为中心”的发展观，把实现人民对美好生活的向往作为社会发展的最终目标，要求将改革和发展的成果更多更公平地惠及全体人民；要求全面推进社会主义现代化建设，其总体布局由“三位一体”“四位一体”到“五位一体”[②]，包括经济建设、政治建设、文化建设、社会（狭义）建设、生态文明建设等各个方面，涵盖社会结构体系各领域之间的联系，以及人类社会与自然界的联系。我们应该以历史唯物主义的方法论为指导，从应有的理论高度深刻认识和把握这些重要理念和重大部署，并将其深入贯彻到现实实践中去。特别需要强调的是，对于“五位一体”总体布局，绝不能仅仅停留在简单化的理解

① 《马克思恩格斯选集》第2卷，人民出版社2012年版，第174页。

② 《中国共产党第十八次全国代表大会文件汇编》，人民出版社2012年版，第12页。

上，以为只要将这几个方面的建设都“兼顾”到了，各自都采取了措施加以推进，就算是达到“五位一体”的要求了。必须看到，社会历史领域的多重联系并不是一种机械的拼加，或是杂乱无章地随意堆积在一起，而是有着自己的内在机制和客观规律的。只有认识和了解这些机制和规律，并严格按照这些机制和规律的要求去做，才能真正把握社会历史领域的多重联系，也才能把经济建设、政治建设、文化建设、社会（狭义）建设、生态文明建设等各个方面的建设有机地统一起来，从而真正做到“五位一体”。否则，就有可能在工作中发生这样那样的偏差，包括某种形式的错位和脱节。

我们主张以马克思主义哲学的历史唯物主义为指导，把握社会历史领域的多重联系及其规律，而对于一些领导者来说，他们所从事的只是某个具体领域中某一方面的专门工作，似乎并不涉及其他领域。对于这样一种领导工作，是否也应提出同样的要求？答案无疑是肯定的。因为在社会历史领域中，无论哪一个具体领域，以及哪一方面的专门工作，都是这样那样地与其他领域、其他方面相联系的，都属于社会历史领域中多重联系的一个组成部分。从系统观点来看，任何部分都要受到系统整体的制约，同时又对系统整体发生影响。要做好这些专门工作，不能只是局限于其所在的具体领域，而必须要有全局观念，善于从系统整体的高度看问题。所谓“不谋全局者不足以谋一域”，讲的就是这个道理。所以，不论是哪一种范围的领导工作，都应该充分重视历史唯物主义的这些基本原理，并以此作为根本性的方法论指导，把自己的工作摆到应有的位置，使之与整个社会的发展协调统一起来。

三、考察与分析：继承发展、开拓创新的能力

我们在上一个专题的开篇引用了恩格斯关于事物普遍联系的经典论述，其中描述了这种联系“无穷无尽地交织起来的画面”。而这段论述到这里并没有结束。在此之后，恩格斯又紧接着继续写道：“……其中没有任何东西是不动的和不变的，而是一切都在运动、变化、生成和消逝。”①

这就是说，我们所要面对的客观实际，不仅是一个普遍联系的复杂体系，而且还是一个不断发展变化着的动态过程。这种运动、变化、发展的画面，与普遍联系的画面叠加在一起，便使得客观实际的存在状态更加生动、内容更加丰富，同时也为我们提出了新的更高要求。对于领导者来说，必须适应不断变化着的新的情况，在各方面做出积极的努力，将所在领域的发展进程持续向前推进。这就涉及我们所要考察的第三种能力，即继承发展、开拓创新的能力。

1. 能力要求与哲学方法论。唯物辩证法的发展观点

从一般意义上说，所谓继承发展、开拓创新的能力，就是要求领导者在工作实践中能够处理好继承与发展之间的关系，既要将已往的发展成果和好的传统继承下来，继续发扬光大，又要在现有的基础上进行新的开拓，努力取得新的进步和新的成果，从而推动相关领域的发展进程不断展开。

应该看到，在当代领导工作的实践中，开拓创新的要求更为显著地表现

① 《马克思恩格斯选集》第3卷，人民出版社2012年版，第790页。

出来。领导者必须具备相应的创新意识和进取精神，敢于担当、勇于作为；那种庸碌无为、不思进取，或者僵化停滞、因循守旧的领导者，不是一个合格的领导者，不能适合我们事业发展的需要。但是，要进行开拓创新，就必然会涉及与原有事物之间的关系；"布新"总是与"除旧"联结在一起的，新的局面的形成需要改变某些既定的存在方式和状态。那么，应如何处理这种关系？原有事物中哪些东西需要破除，哪些东西需要留下来，如何实现合理的继承？既存的东西在什么情况下可以改变，什么情况下不可以改变，如何区分和鉴别？而从"新"的一面来说，究竟应该在什么地方创"新"，创什么样的"新"，是否越"新"越好，只要是"新"的就是应该赞成和肯定的？在实际工作中，领导者必须正确回答和处理这样一些重要的问题，以确保相关领域的创新实践按照预期的目的顺利展开。而要真正做到这一点，同样不能只停留在直接经验和具体知识的层面，而必须借助哲学高度的理论思维。在这里，唯物辩证法关于事物发展的基本观点，以及其他一系列相关原理，可以为我们提供根本的方法论指导。

在有关事物联系问题的讨论中，我们已经对辩证法和形而上学这两种思维方式的差异做过考察。而在事物发展的问题上，这两种思维方式也同样存在根本的差异。所谓形而上学思维方式的基本特征，除了之前所说的孤立和片面地看问题这一条之外，还有一条便是静止和不变地看问题。正如恩格斯所指出的："旧的研究方法和思维方法，黑格尔称之为'形而上学的'方法，主要是把**事物**当做一成不变的东西去研究。"[①]"不是从运动的状态，而是从静止的状态去考察；不是把它们看做本质上变化的东西，而是看做固定不变的东西；不是从活的状态，而是从死的状态去考察。"[②]恩格斯还把形而上学思维方式的两个基本特征综合起来加以说明："在形而上学者看来，事物及其在思想上的反映即概念，是孤立的、应当逐个地和分别地加以考察的、固定的、僵硬的、一成不变的研究对象。""它看到一个一个的事物，忘记它们互相间的联系；看到它们的存在，忘记它们的生成和消逝；看到它们的静止，忘记它

① 《马克思恩格斯选集》第4卷，人民出版社2012年版，第251页。

② 《马克思恩格斯选集》第3卷，人民出版社2012年版，第396页。

们的运动；……它只见树木，不见森林。”[①] 这样一种形而上学的思维方式，如果被运用于领导工作的实践，那自然不会产生什么创新思维，而只能形成僵化死板的保守观念。既然一个个事物都是“固定的、僵硬的、一成不变的”，那么就不需要任何新的改变，只要维持现状、按部就班地进行运转就可以了。我们在现实中所看到的一些落后和消极的倾向，都在不同程度上与这种形而上学的思维方式有关。

辩证法的思维方式与形而上学有着根本的不同。它认为一切事物都是处于发展变化的过程之中的，因而必须以发展的眼光看问题。正如恩格斯所指出的：“要精确地描绘宇宙、宇宙的发展和人类的发展，以及这种发展在人们头脑中的反映，就只有用辩证的方法，只有不断地注意生成和消逝之间、前进的变化和后退的变化之间的普遍相互作用才能做到。”[②] 恩格斯曾对辩证法关于发展的观点作过一个经典的概括，并将其称为“一个伟大的基本思想”：“即认为世界不是既成**事物**的集合体，而是**过程**的集合体，其中各个似乎稳定的事物同它们在我们头脑中的思想映象即概念一样都处在生成和灭亡的不断变化中，在这种变化中，尽管有种种表面的偶然性，尽管有种种暂时的倒退，前进的发展终究会实现”。[③] 这个“伟大的基本思想”告诉我们，现实存在着的不是一成不变的既成事物，而是这些事物不断发展变化的动态过程；这些过程是沿着向上的方向展开的，是不断前进和上升的进步的过程。而正是这样一种过程，体现了发展的本质，以及它与一般意义上的运动和变化的区别。后者没有这种前进方向上的特殊规定，而发展的本质就在于它的进步性。它不是一般意义的运动和变化，而是那种由低级到高级不断前进和上升的特定的运动和变化。

辩证法关于事物发展的这样一种观点，在哲学史上有着丰富的思想资源。恩格斯曾指出，这种观点曾属于“古希腊哲学的世界观”，“而且是由赫拉克利特最先明白地表述出来的：一切都存在而又不存在，因为一切都在**流动**，

① 《马克思恩格斯选集》第 3 卷，人民出版社 2012 年版，第 396—397 页。

② 《马克思恩格斯选集》第 3 卷，人民出版社 2012 年版，第 398 页。

③ 《马克思恩格斯选集》第 4 卷，人民出版社 2012 年版，第 250 页。

都在不断地变化，不断地生成和消逝”。[①] 到了近代，辩证法的发展观点在德国古典哲学特别是黑格尔哲学中得到了进一步的提升，“黑格尔第一次——这是他的伟大功绩——把整个自然的、历史的和精神的世界描写为一个过程，即把它描写为处在不断的运动、变化、转变和发展中，并企图揭示这种运动和发展的内在联系”。[②] 但是，由于历史的局限，黑格尔只是从他的唯心主义立场出发去理解事物的发展，“在他看来，事物及其发展只是在世界出现以前已经在某个地方存在着的‘观念’的现实化的反映。这样，一切都被头足倒置了”。[③] 而只有在马克思主义哲学的唯物辩证法中，关于发展的观点才得到了真正科学的阐发。马克思和恩格斯从唯物主义的基本立场出发，将事物的发展看作是一种不依赖于人们的意识和观念等等而存在的客观的过程，支配着这一过程的是不依人的意志为转移的客观规律。而关于发展的这样一种全新的观点，便同关于联系的观点一样，被看作是唯物辩证法的最重要原理之一，二者一同被列为唯物辩证法的两大原则。

马克思主义经典作家对于唯物辩证法的发展观点作了许多重要的论述，并常常将它与唯物辩证法的联系观点结合起来一并加以阐述。如恩格斯指出的：“辩证法在考察事物及其在观念上的反映时，本质上是从它们的联系、它们的联结、它们的运动、它们的产生和消逝方面去考察的。”[④]而对于发展观点本身，马克思是这样讲的：“……辩证法在对现存事物的肯定的理解中同时包含对现存事物的否定的理解，即对现存事物的必然灭亡的理解；辩证法对每一种既成的形式都是从不断的运动中，因而也是从它的暂时性方面去理解；辩证法不崇拜任何东西，按其本质来说，它是批判的和革命的。”[⑤]恩格斯则进一步指出：“这种辩证哲学推翻了一切关于最终的绝对真理和与之相应的绝对的人类状态的观念。在它面前，不存在任何最终的东西、绝对的东西、神圣的东西；它指出所有一切事物的暂时性；在它面前，除了生成和灭亡的不断

① 《马克思恩格斯选集》第3卷，人民出版社2012年版，第395页。
② 《马克思恩格斯选集》第3卷，人民出版社2012年版，第398页。
③ 《马克思恩格斯选集》第3卷，人民出版社2012年版，第399页。
④ 《马克思恩格斯选集》第3卷，人民出版社2012年版，第397页。
⑤ 《马克思恩格斯选集》第2卷，人民出版社2012年版，第94页。

过程、无止境地由低级上升到高级的不断过程，什么都不存在。它本身就是这个过程在思维着的头脑中的反映。诚然，它也有保守的方面：它承认认识和社会的一定阶段对它那个时代和那种环境来说都有存在的理由，但也不过如此而已。”①

唯物辩证法关于事物发展的观点是极其深刻和全面的，正是这种发展观点，可以作为根本的方法论运用于领导工作中的创新实践。既然我们所面对的客观实际不是什么“既成事物的集合体”，而是一种“过程的集合体”，一切事物都是不断发展和变化着的，那么在领导工作中就不能满足现状、停滞不前，而必须适应事物发展的内在要求，不断进行开拓创新。既然事物的发展不同于一般的运动和变化，是一种由低级到高级不断前进和上升的过程，那么我们的创新实践也不能没有方向，而必须具有这样一种历史的进步性质，能够对事物的发展起到积极的促进作用。而从根本上说，既然事物的发展并不是某种抽象理念的具体体现，而是由客观规律所支配的现实的过程，那么我们的创新实践就必须从这一现实过程和事物自身的客观实际出发，依照这一过程本身的客观规律去进行，而不能以那些抽象理念为根据，更不能仅凭主观愿望随意进行“创造”。唯物辩证法的发展观点同它的联系观点一样，都是建立在唯物主义的基本立场之上的，只有自觉遵循这一根本的方法论要求，才能使我们的创新实践不至于发生大的偏差，从而才有可能走向成功。

将唯物辩证法的发展观点运用于领导工作中的创新实践，应特别强调它所具有的彻底精神，这一点在上面引用的经典作家的论述中可以十分清楚地看出来。马克思和恩格斯明确提出，“辩证法不崇拜任何东西”，其本质是“批判的和革命的”；“在它面前，不存在任何最终的东西、绝对的东西、神圣的东西”，“它指出所有一切事物的暂时性”。在这些论述中，马克思和恩格斯特别使用了“一切”“任何”“所有一切”等表述，其彻底性要求在字里行间充分地体现出来。因此，要运用唯物辩证法的发展观点指导实践，就必须坚持和贯彻这样一种彻底精神，像经典作家所要求的那样，勇于“推翻”“一切关于最终的绝对真理和与之相应的绝对的人类状态的观念”，冲破各种僵化意识、

① 《马克思恩格斯选集》第4卷，人民出版社2012年版，第223页。

教条观念以及种种迷信所造成的思想禁锢，大胆地试、大胆地闯，奋力推进各领域的创新发展。要创新，就要破除旧的事物，打破旧的格局，而这就要触及各种既有的利益关系，实践中难免会遇到各种困难和障碍，面临各种风险和压力。没有唯物辩证法所要求的彻底精神，就不可能取得最终的突破。

但是，突出这样一种彻底精神，要求敢于突破、敢于创新，“不崇拜任何东西”，是否意味着对于现存的一切事物都要无条件地“推翻”和改变呢？不是的。这就涉及唯物辩证法发展观点的另一个重要方面，即认为发展既是普遍的和永恒的，同时又是历史的和有条件的。这也就是恩格斯在上述论述中所指出的：唯物辩证法的发展观点“也有保守的方面”，“它承认认识和社会的一定阶段对它那个时代和那种环境来说都有存在的理由”。无论是现实的社会还是人们的观念、意识等，其存在和发展都不是随意的、没有任何限制的，而是要受到各种历史条件的制约。其在一定阶段上的存在和发展状态，是与当时的具体历史条件，亦即“那个时代”“那种环境”相联系的，因而是有着自己的“理由”的。无疑地，社会以及人们的认识最终都是要发展变化的，但这种发展只有在相关的历史条件发生改变，从而使原有的事物失去继续存在的“理由”时，才有可能真正实现。从历史唯物主义的立场来看，这个“理由”还应进一步从社会历史领域的客观规律去认识，这些规律体现为一种内在的必然性，社会以及人们认识发展的具体状况，在根本上都是为这些规律所决定的。因此，当我们进行创新实践的时候，一定要从当时所处的具体历史条件出发，依据社会历史领域的客观规律，对事物的存在状态做出正确的分析和判断。如果一个事物已经丧失了存在的“理由”，那就必须下决心加以改变；而若这个“理由”还继续存在，那就不能随意而为，只能历史地加以对待。随着时间的推移，既有的历史条件会一点点发生改变，“那个时代”“那种环境”逐渐被新的时代、新的环境所代替，到那时，新的发展任务才会最终提上日程。

2. 事物发展的内部根据和外部条件。辩证否定与“扬弃”

既然事物的发展不是偶然的和随意的，而是一种由客观规律所支配的客观过程，那么要真正了解和把握发展，提高在领导工作中开拓创新的能力，就必须进一步认识事物发展的相关规律。在这个层面上，唯物辩证法同样为我们提供了科学的方法论指导。其中，首先应该重视的便是唯物辩证法关于事物发展的内部根据和外部条件的原理。

在考察事物的联系问题时，我们曾对唯物辩证法的矛盾观点进行了讨论，认为矛盾是事物联系的一种基本形式，要把握事物的联系，就必须研究事物的矛盾。而在这里，我们则要进一步指出，矛盾不仅是事物联系的基本形式，而且还是事物发展的根本动因。正是事物内部的矛盾运动，推动着事物的不断发展。列宁曾深刻地指出："要认识在'**自己运动**'中、自生发展中和蓬勃生活中的世界一切过程，就要把这些过程当做对立面的统一来认识。发展是对立面的'斗争'。"[①] 他还由此出发，进一步指出了唯物辩证法的发展观与形而上学发展观的根本差别："有两种基本的（或两种可能的？或两种在历史上常见的？）发展（进化）观点：认为发展是减少和增加，是重复；**以及**认为发展是对立面的统一（统一物之分为两个互相排斥的对立面以及它们之间的相互关系）。"[②] "按第一种运动观点，**自己**运动，它的**动**力、它的泉源、它的动因都被忽视了（或者这个泉源被移到**外部**——移到上帝、主体等等那里去了）；按第二种观点，主要的注意力正是放在认识'**自己**'运动的**泉源**上。"[③] 我们已经说明，事物的发展不同于一般的运动和变化，它是一种由低级到高级不断前进和上升的特殊过程。而这样一种发展的过程又是怎样形成的呢？这就要从事物的内部去寻找原因，去认识事物内部的矛盾运动，亦即所谓"对立面的统一"。而形而上学的发展观不懂得发展的本质规定，将发展仅仅看作是同一种事物的数量增减，或是同一水平上的简单重复，从而也就不可能去探寻事物发展的内部动因。所以列宁指出："第一种观点是僵死的、平庸的、枯燥的。第二种观点是活生生的。**只有**第二种观点才提供理解一切现存事物的'自己运动'的钥匙，才提供理解'飞跃'、'渐进过程的中断'、'向

① 《列宁选集》第2卷，人民出版社2012年版，第557页。

② 《列宁选集》第2卷，人民出版社2012年版，第557页。

③ 《列宁选集》第2卷，人民出版社2012年版，第557页。

对立面的转化'、旧东西的消灭和新东西的产生的钥匙。”①

那么，事物的内部矛盾是如何推动事物发展的呢？按照唯物辩证法的观点，一个事物从产生开始，就内在地包含着两个相互矛盾的趋向或方面，一个是前进的、上升的趋向，另一个则是停滞的、保守的趋向。如果说前者代表着否定的方面，那么后者便是代表着肯定的方面。前者总是试图打破现状、超越现实，在事物内部催生各种新的因素，推动事物不断改变自己的形态，最终以新事物代替旧事物；而后者则是尽力维持事物的既定状态不被改变，排斥和抵制那些新的因素，力图使原有的事物继续存在下去。正像事物本身的存在具有多种具体形式一样，事物内部的这两种趋向也会以多种不同的形式表现出来，导致事物内部不断产生分化，形成两种相互冲突的现实的力量，所谓对立面的“斗争”便通过这些力量现实地表现出来。而这两种力量会有一个此消彼长的过程，代表新的前进趋向的力量一开始比较弱小，但它会不断生长壮大，最终战胜代表旧的保守趋向的力量，使新事物取代旧事物，从而使发展得到实现。作为一种客观规律，事物内部的这种矛盾运动是不以人的意志为转移的，它所推动的事物发展无论遇到怎样的困难和曲折，也最终是不可抗拒的。正如恩格斯所说的：“尽管有种种表面的偶然性，尽管有种种暂时的倒退，前进的发展终究会实现”。②

唯物辩证法把事物的内部矛盾看作事物发展的根本动因，那么事物所处的外部条件是否就不起作用了呢？当然不是。内部矛盾只是根本动因，而各种外部条件也会这样那样地影响到事物的存在和发展，应该将这两个方面结合起来进行认识。对此，毛泽东曾做过专门的阐释，他指出：“唯物辩证法的宇宙观主张从事物的内部、从一事物对他事物的关系去研究事物的发展，即把事物的发展看做是事物内部的必然的自己的运动，而每一事物的运动都和它的周围其他事物互相联系着和互相影响着。事物发展的根本原因，不是在事物的外部而是在事物的内部，在于事物内部的矛盾性。任何事物内部都有这种矛盾性，因此引起了事物的运动和发展。事物内部的这种矛盾性是事物

① 《列宁选集》第2卷，人民出版社2012年版，第557页。

② 《马克思恩格斯选集》第4卷，人民出版社2012年版，第250页。

发展的根本原因，一事物和他事物的互相联系和互相影响则是事物发展的第二位的原因。这样，唯物辩证法就有力地反对了形而上学的机械唯物论和庸俗进化论的外因论或被动论。”[①] 由此，他进而提出了那个广为人知的基本论断：“唯物辩证法认为外因是变化的条件，内因是变化的根据，外因通过内因而起作用。”[②] 例如，“鸡蛋因得适当的温度而变化为鸡子，但温度不能使石头变为鸡子，因为二者的根据是不同的”。[③]

唯物辩证法关于事物发展的内部根据和外部条件的原理，对于正确开展领导工作中的创新实践，具有重要的方法论意义。既然事物内部的矛盾运动是事物发展的根本动因和“变化的根据”，各种外部条件作为“外因”只能通过这一“内因”而起作用，那么我们在工作中首先就要认识和把握这一内部矛盾，通过这一矛盾运动的展开而推动所在领域的创新发展。要热情对待新生事物，鼓励和促进既定结构中新的因素的生长，支持和引领代表着事物前进和上升趋向的社会力量积极进行新的探索，并同停滞和保守的趋向作斗争，努力破除前进中的各种阻力，克服所遇到的困难和障碍，坚定不移地推进各个方面的发展和变革。而在这一过程中，又要充分考虑到本领域发展的外部条件，充分利用各种有利条件促进自身发展，同时尽可能排除那些不利条件的影响；要善于把握时机，在条件不利时稳住阵脚，沉着应对，当条件成熟时果断出击，及时取得新的突破。创新发展最终要从内部做起，要依靠自身的努力去开拓、去奋斗，但能否获得外部支持，为自己创造一个良好的外部环境，也具有十分重要的作用。领导者要善于把这两个方面的努力结合起来，在实践中统筹部署，协调运作。

事物发展的根据在于事物内部的矛盾运动，这是唯物辩证法告诉我们的基本道理。而在这一原理的运用中，还应该特别注意两点。第一，当我们确认事物的内部矛盾是事物发展的根本动因时，这里所说的矛盾仅仅是指那种体现着前进与保守这两种趋向或方面的矛盾，而不能泛化为事物内部所具有的一切矛盾。在现实中，有一些矛盾并不体现这样的趋向，本身没有什么进

① 《毛泽东选集》第 1 卷，人民出版社 1991 年版，第 301—302 页。

② 《毛泽东选集》第 1 卷，人民出版社 1991 年版，第 302 页。

③ 《毛泽东选集》第 1 卷，人民出版社 1991 年版，第 302—303 页。

步与落后之分，而只是同一个发展水平上的冲突和碰撞，这种矛盾并不会促进新的发展，而只能导致各种内耗，或者只是使事物存在的具体状态有所不同而已。还有一些矛盾具有更为消极的性质，它所代表的趋向可能是向后倒退，或是纯粹的破坏和损害。对于这样一些矛盾，必须保持高度的警惕，并采取有效措施加以防控。第二，即使是体现着前进与保守这两种不同趋向的矛盾，也并不是随便怎样做都能够起到积极的促进作用。新事物的产生和新的因素的生长不是任意的，而必须需要具备现实可能性，必须符合事物发展的客观实际。如果不符合，就不可能站住脚。代表前进和上升趋向的社会力量必须尊重这个实际，并由此出发确定适宜的目标，选择适宜的推进方式。否则，非但不能成功，还会造成十分不利的后果，妨害事物发展的正常进程。

要有效开展领导工作中的创新实践，必须正确认识和把握事物内部的矛盾运动，积极推动除旧布新，最终以新事物取代旧事物。但是在这一过程中，应该如何对待所在领域中原有的存在体系，处理好“新”与“旧”之间的关系？所谓“取代”，是否意味着对原有的事物来一个全盘否定，彻底推翻和抛弃，然后再重新开始，在一片废墟之上创造出全新的事物？这也是我们必须认真面对的问题。在这一问题上，也存在着各种错误和模糊的认识，而唯物辩证法的辩证否定观，对这一问题做出了真正科学的回答。

在形而上学的思维方式中，新事物与旧事物之间是完全对立、互不相容的，因而新事物要取代旧事物，只能是采取全盘否定的态度，将其完全抛弃。形而上学不承认事物的内部矛盾，不了解事物发展的内在根据，因而只能从事物的外部去寻找发展和变化的原因，并由此形成了对于否定问题的机械、绝对的理解。恩格斯曾具体分析过这种形而上学的否定观，他举例说：“如果我把大麦粒磨碎，我也就否定了大麦粒；如果我把昆虫踩死，我也就否定了昆虫；如果我把正数 a 涂掉，我也就否定了正数 a，如此等等。”[①]而这样一来，事物生长的正常过程也就被人为地打断了，从而不可能有真正的发展。这样一种机械的否定观，“同形而上学思维的狭隘性完全合拍”[②]。而辩证法的

① 《马克思恩格斯选集》第 3 卷，人民出版社 2012 年版，第 520 页。

② 《马克思恩格斯选集》第 3 卷，人民出版社 2012 年版，第 520 页。

思维方式则与此不同。它是从事物发展的内在根据出发去理解否定，把否定看作是事物"'自己'运动"和发展的一个环节，主张将肯定和否定统一起来去理解，将否定理解为一种辩证的"扬弃"。黑格尔就曾明确提出：辩证的否定是"扬弃否定、否定中包含肯定"。[①]马克思在考察黑格尔哲学时，特别分析了他的这一观点，指出"把否定和保存即肯定结合起来的**扬弃**起着一种独特的作用"[②]。恩格斯则进一步指出："在辩证法中，否定不是简单地说不，或宣布某一事物不存在，或用随便一种方法把它毁掉"；否定的结果要能够使发展得到实现，而"否定的方式在这里首先取决于过程的一般性质，其次取决于过程的特殊性质。……每一种事物都有它的特殊的否定方式，经过这样的否定，它同时就获得发展，每一种观念和概念也是如此"。[③]列宁在谈到这一问题时，也曾明确强调："辩证法的特征的和本质的东西不是单纯的否定，不是徒然的否定，……而是作为联系环节、作为发展环节的否定，它保持着肯定的东西。"[④]

事物的发展为什么不能采用形而上学的否定方式，而必须将肯定与否定结合起来，采取所谓"扬弃"的方式？这是因为，事物在其发展过程的每一个阶段上，都会形成一定的发展成果，这些成果便构成这一事物的存在根基和基本内容。但这些成果并不是完美无缺的，而是有着各种局限和不足，这些不足的方面会在之后的过程中逐渐显露出来，最终成为不适合的、过时的东西。要实现新的发展，就必须对这些东西进行清理和改造，该破除的破除，该抛弃的抛弃。而与此同时，原有成果中仍会有许多重要的内容依然具有合理的性质，能够继续适用于新的条件；对于这部分内容，则需要继续保留，而不能不加区分地一概丢掉。正是由于否定过程中存在这种肯定，才使得事物的存在和发展形成内在的连续性，而不至于发生夭折和中断，或者直接退回原地，一切从零开始。无疑地，对于既有成果的局限以及消极方面的克服是同各种新的因素的生长相伴随的，而这些新的因素与既有成果中的合理因

① 〔德〕黑格尔：《小逻辑》，贺麟译，商务印书馆1981年版，第81页。

② 《马克思恩格斯文集》第1卷，人民出版社2009年版，第214页。

③ 《马克思恩格斯选集》第3卷，人民出版社2012年版，第520—521页。

④ 《列宁全集》第55卷，人民出版社2017年版，第195页。

素融合在一起，便形成相应的新的成果。于是，事物的存在被注入新的内容，提升到一个新的层次和水平，事物的发展便进入到新的更高的阶段。而通常所谓新事物取代旧事物，也都应从这一意义上去理解。由此可以看出，“扬弃”作为辩证否定的基本方式，对于事物的发展具有一种至关重要的意义；只有这样一种否定方式，才能成为必不可少的“联系关节”和“发展环节”。

了解了唯物辩证法的辩证否定观，就要努力将这样一种观点和方法运用于我们的创新实践，防止和反对各种错误倾向和做法。这里最主要的便是处理好继承与发展之间的关系。要创新，自然就要打破所在领域中原有的存在状态，改变过去形成的某些具体做法，这也就是对既有事物的一种否定。但这种否定并不是要简单地推翻现存的一切，对原有的成果笼统地加以排斥，而是要从当时所处的具体条件出发，对本领域的状况作一个全面的梳理和分析，弄清楚既有的存在中哪些东西存在弊端，或是已经过时、不再适合新的需要；而哪些东西还有价值，具备相应的合理性，可以继续发挥作用。在此基础上，按照扬弃的要求分别采取措施，保留那些应该保留的合理的内容，将其纳入新的存在体系，由此形成历史的继承关系；同时又要果断抛弃那些应该抛弃的消极的东西，代之以新的更为积极的内容，推动实现相关方面的新的发展。在这里，继承与发展不能孤立地加以对待，而应统一起来认识和把握，要努力将发展中形成的新的内容与历史地继承下来的原有的内容融合在一起，形成一种更高水平上的新的成果。继承是发展中的继承，发展则是继承基础上的发展，二者相互联结，不可偏废。

但是，在这一原理的运用中，有时也会遇到这样的疑问：如果我们所面对的是一种特殊的情况，即原有的事物发生了比较严重的问题，出现了重大错误，这时是否还需要采取这样一种“扬弃”的方式，既有肯定又有否定？是否应该彻底否定，推倒重来？要回答这个问题，必须要明确一个前提，即这一事物本身是否还有继续存在和发展的必要。因为所谓彻底否定，就意味着发展过程的中断，以及这一事物的完结；即使重新来过，那也不再是同一个事物，其发展也不再是同一个过程。如果我们确认原有的事物已没有必要继续保留下去，那么对这一事物本身来说，的确不再需要什么“扬弃”。因为采用这一方法的前提是发展过程的延续，而现在这一前提已经没有了。但是，从更大的范围来看，这一事物并不是一个孤立的存在，而是归属于一个更高层次的存在体系；对于这一事物的彻底否定，往往只是更高层次上辩证否定的组成部分，它只是作为更高层次的事物发展过程中的消极因素被扬弃掉了。而反过来看，每一个事物的扬弃环节，也都内在地包含着对这一事物内部更低一个层次上的某些具体事物的彻底否定；所谓肯定和否定同时并存，这其中毕竟有一个否定的方面，总是要丢弃一些东西的。而从总体上看，事物发展过程中的否定只能是一种辩证的否定；要想促进发展，就必须借助扬弃的方式来实现，舍此别无他途。

3. 被误读的黑格尔："存在"即"合理"？

在讨论唯物辩证法的发展观点以及其他相关原理时，还有一个特殊问题需要一并加以探讨，这便是如何理解黑格尔的一个重要命题。

在许多场合，我们都可以听到这样的说法：存在即合理。也就是说，凡是现存的，都是合理的。这个说法从何而来呢？据说是从黑格尔那里来的，它被当作黑格尔的命题而四处传播，流传甚广。讨论中，许多人认同这一观点，当然也有一些人表示异议和质疑。而我们在这里首先需要做的，便是替200年前的黑格尔做出澄清：这个所谓的"黑格尔命题"其实并不存在，黑格尔根本没有讲过这样的话。这完全是一种谬传。

这或许会使人感到惊讶，但事实的确如此。在众多学科领域中，都有不少以讹传讹的事例，更不要说相比之下更为抽象的哲学领域了。不过，这个说法之所以能够广泛流传，也并不是空穴来风，它确实与黑格尔的一个重要命题有着直接的关系，也可以说是对这一命题的严重误读。这个命题原本是黑格尔在《法哲学原理》一书的序言中提出的，其表述为："凡是现实的东西都是合乎理性的，凡是合乎理性的东西都是现实的。"[①]从字面上看，这个表述似乎与流传的那个"存在即合理"的说法有一定的相似性，也难怪被人们混为一谈。但是，如果真正读懂了黑格尔这一命题的深刻含义，就会发现它与那个流行说法相去甚远，二者根本不是一回事。

---

① 〔德〕黑格尔：《法哲学原理》，范扬、张企泰译，商务印书馆1961年版，第2页。

有意思的是，黑格尔本人当年就遇到了对他的这一命题的质疑和争议，其中包括各种曲解和误读。对此，他曾专门进行了说明和回应。他在后来出版的《小逻辑》一书的导言里写道:《法哲学原理》中所讲的“这两句简单的话”，“曾经引起许多人的诧异和反对”；“……但是当我提到‘现实’时，我希望读者能够注意我用这个名词的意义，因为我曾经在一部系统的《逻辑学》里，详细讨论过现实的性质，我不仅把现实与偶然的事物加以区别，而且进而对于‘现实’与‘定在’、‘实存’以及其他范畴，也加以准确的区别。”①

黑格尔的意思很明确，要正确理解“凡是现实的东西都是合乎理性的，凡是合乎理性的东西都是现实的”这一命题，首先要注意这里所说的“现实”这个概念，弄清楚它的真正含义。他还提到自己的相关著作，希望人们能够依据他的逻辑来理解他的观点。众所周知，黑格尔虽然建立了一个典型的唯心主义哲学体系，但他却在这一体系的框架中，对事物存在和发展的辩证规律做了比较深入的探索。在黑格尔看来，事物的存在有着多种不同的规定性，这些规定性是按照既定的逻辑逐层展开的。他使用了一系列概念来说明这些规定性的展开过程，所谓“定在”“实存”“现实”等则分别体现着这一过程的不同阶段，各自有着不同的含义。其中所谓“现实”决不是泛指所有各种现存的东西，而是特指那种体现着事物的内在本质、同时又具有“直接的外部的实存”的东西，它是“本质与实存或内与外所直接形成的统一”；②而这种现实的事物是同必然性相联系的，“……现实性在它的开展中表明它自己是必然性”。③这样一种特定含义的“现实”，当然不同于一般意义上的“现存”。针对人们的误解和混淆，黑格尔特地做出了说明:“……从逻辑的观点看，就定在一般说来，一部分是**现象**，仅有一部分是现实。”“在日常生活中，任何幻想、错误、罪恶以及一切坏东西、一切腐败幻灭的存在，尽管人们都随便把它们叫做现实，但是，甚至在平常的感觉里，也会觉得一个偶然的存在不配享受**现实**的美名。因为所谓偶然的存在，只是一个没有什么价值的、**可能的**

① 〔德〕黑格尔:《小逻辑》，贺麟译，商务印书馆 1980 年版，第 43—44 页。

② 〔德〕黑格尔:《小逻辑》，贺麟译，商务印书馆 1980 年版，第 296 页。

③ 〔德〕黑格尔:《小逻辑》，贺麟译，商务印书馆 1980 年版，第 300 页。

存在，亦即可有可无的东西。”①

了解了“现实”这一概念在黑格尔哲学中的含义，他的上述命题就不难理解了。所谓“凡是现实的东西都是合乎理性的”，决不是什么“存在即合理”，而是说，只有那些符合必然性的、真正属于现实的东西，才是“合乎理性”的。而所谓“理性”，在黑格尔那里也不单是指人们头脑中的理念，而是体现为一种“绝对观念”或“绝对精神”。这个“理性”与“现实”是一致的，是能够在现实中实现出来的，所以也可以反过来说，“凡是合乎理性的东西都是现实的”。黑格尔特别强调：“现实就其有别于仅仅的现象，并首先作为内外的统一而言，它并不居于与理性对立的地位，毋宁说是彻头彻尾地合理的。任何不合理的事物，即因其不合理，便不得认作现实。”②

从这些内容来看，黑格尔的这一命题无疑体现了他的辩证法思想，但由于他是从唯心主义的立场出发去进行抽象的逻辑推演，因而也不可避免地带有历史的局限。马克思主义经典作家批判地吸收了黑格尔哲学的思想内核，并在唯物主义基础上对其进行了提升和改造。而黑格尔提出的这一重要命题，也同样引起了他们的关注，恩格斯就曾对此进行了专门的考察，并对相关问题做出了进一步的阐发。

恩格斯对这一命题的考察，首先也是从它在当时引起的重大争议谈起的。在恩格斯看来，这种情况并不是偶然的，而是黑格尔哲学所特有的两面性的典型表现。所以恩格斯便打算以此为例，具体地分析黑格尔哲学所包含的辩证法思想与他的唯心主义体系之间的深刻矛盾。

恩格斯写道：“正像在18世纪的法国一样，在19世纪的德国，哲学革命也作了政治变革的前导。但是这两个哲学革命看起来是多么不同啊！……在这些教授后面，在他们的迂腐晦涩的言词后面，在他们的笨拙枯燥的语句里面竟能隐藏着革命吗？那时被认为是革命代表人物的自由派，不正是最激烈地反对这种使人头脑混乱的哲学吗？”③由此，恩格斯进而提出：“举个例子来说吧。不论哪一个哲学命题都没有像黑格尔的一个著名命题那样引起近视的

① 〔德〕黑格尔：《小逻辑》，贺麟译，商务印书馆1980年版，第44页。

② 〔德〕黑格尔：《小逻辑》，贺麟译，商务印书馆1980年版，第296页。

③ 《马克思恩格斯选集》第4卷，人民出版社2012年版，第220—221页。

政府的感激和同样近视的自由派的愤怒，这个命题就是：‘凡是现实的都是合乎理性的，凡是合乎理性的都是现实的。’这显然是把现存的一切神圣化，是在哲学上替专制制度、警察国家、专断司法、书报检查制度祝福。”[①]

如果是这样，那当然是一个十分严重的问题。但事实果真如此吗？恩格斯接下来便依据黑格尔哲学自身的逻辑，对这一命题进行了分析。他指出：“在黑格尔看来，决不是一切现存的都无条件地也是现实的。在他看来，现实性这种属性仅仅属于那同时是必然的东西；‘现实性在其展开过程中表明为必然性’”，而“必然的东西归根到底会表明自己也是合乎理性的”[②]。这便是黑格尔这一命题中隐藏着的内在逻辑。而按照这个逻辑，这一命题的应用结果就会与人们从字面上所理解的大不相同了。恩格斯据此指出：“因此，黑格尔的这个命题应用于当时的普鲁士国家，只是意味着：这个国家只在它是必然的时候是合乎理性的，是同理性相符合的。如果说它在我们看来终究是恶劣的，而它尽管恶劣却继续存在，那么，政府的恶劣可以从臣民的相应的恶劣中找到理由和解释。当时的普鲁士人有他们所应得的政府。”[③]这也就是恩格斯之后在阐述辩证法的发展观时所说的：“它承认认识和社会的一定阶段对它那个时代和那种环境来说都有存在的理由。”[④]这个理由并不在于它的存在本身，而在于这个存在是否具有必然性。这才是问题的关键。如果具有必然性，它就是现实的、合理的；如果不具有必然性，那就是不现实、不合理的，尽管它还是现存的东西。而对于当时的普鲁士国家，也只能按照这一方法来评判。

不仅如此，恩格斯接下来又继续做出了进一步的阐释：“但是，根据黑格尔的意见，现实性决不是某种社会状态或政治状态在一切环境和一切时代所具有的属性。……在发展进程中，以前一切现实的东西都会成为不现实的，都会丧失自己的必然性、自己存在的权利、自己的合理性；一种新的、富有生命力的现实的东西就会代替正在衰亡的现实的东西——如果旧的东西足够理智，不加抵抗即行死亡，那就和平地代替；如果旧的东西抗拒这种必然性，

① 《马克思恩格斯选集》第 4 卷，人民出版社 2012 年版，第 221 页。
② 《马克思恩格斯选集》第 4 卷，人民出版社 2012 年版，第 221 页。
③ 《马克思恩格斯选集》第 4 卷，人民出版社 2012 年版，第 221 页。
④ 《马克思恩格斯选集》第 4 卷，人民出版社 2012 年版，第 223 页。

那就通过暴力来代替。”[①] 他举出了历史上的一系列实例：“罗马共和国是现实的，但是把它排斥掉的罗马帝国也是现实的。法国的君主制在1789年已经变得如此不现实，即如此丧失了任何必然性，如此不合理性，以致必须由大革命（黑格尔总是极其热情地谈论这次大革命）来把它消灭。所以，在这里，君主制是不现实的，革命是现实的。”[②]这就是辩证法的基本观点，即认为一切都是发展变化的，而不是静止不变的。所谓现实性也同样如此，它只能在一定阶段和一定条件下存在，条件变化了，它也会相应地发生改变，而这种改变的背后，便是必然性的丧失。

那么，从这样一种分析中，我们最终会获得什么认识呢？恩格斯十分深刻地指出：“这样一来，黑格尔的这个命题，由于黑格尔的辩证法本身，就转化为自己的反面：凡在人类历史领域中是现实的，随着时间的推移，都会成为不合理性的，就是说，注定是不合理性的，一开始就包含着不合理性；凡在人们头脑中是合乎理性的，都注定要成为现实的，不管它同现存的、表面的现实多么矛盾。”[③] 恩格斯据此做出结论：“按照黑格尔的思维方法的一切规则，凡是现实的都是合乎理性的这个命题，就变为另一个命题：凡是现存的，都一定要灭亡。”[④]

这无疑是一个与当时流行的看法完全不同的、相当“革命”的结论。似乎有些不可思议，但这一结论的确是内在地包含在黑格尔的命题之中的，只不过需要借助黑格尔的辩证方法去理解和阐发罢了。不懂得这个方法，自然只能停留在这一命题的表面去望文生义，而不能真正理解它的本义。而这也就是恩格斯所说的，当时的许多人都没有看到，在这些“迂腐晦涩的言词”后面，在这些“笨拙枯燥的语句里面”，“竟能隐藏着革命”[⑤]。

当然，这也不能仅仅归咎于当时的人们。就连黑格尔本人，也并没有能够将他的辩证法贯彻到底，并运用它得出应有的结论。正如恩格斯所讲的：

① 《马克思恩格斯选集》第4卷，人民出版社2012年版，第222页。
② 《马克思恩格斯选集》第4卷，人民出版社2012年版，第222页。
③ 《马克思恩格斯选集》第4卷，人民出版社2012年版，第222页。
④ 《马克思恩格斯选集》第4卷，人民出版社2012年版，第222页。
⑤ 《马克思恩格斯选集》第4卷，人民出版社2012年版，第220—221页。

"但是这里确实必须指出一点：黑格尔并没有这样清楚地作出如上的阐述。这是他的方法必然要得出的结论，但是他本人从来没有这样明确地作出这个结论。"[①] 相反，无论是在理论方面还是在实践方面，他的结论都是十分保守的。为什么会这样？"原因很简单，因为他不得不去建立一个体系"[②]，一个以绝对观念为本原的僵死的唯心主义体系；而"这样一来，革命的方面就被过分茂密的保守的方面所窒息"。[③] 这便是黑格尔哲学所特有的内容与体系之间的矛盾。当然，形成这样一种自相矛盾的学说体系，是与当时特殊的社会历史背景相联系的。对此，恩格斯也做出了客观的分析，指出："单是体系的内部需要就足以说明，为什么彻底革命的思维方法竟产生了极其温和的政治结论。这个结论的特殊形式当然是由下列情况造成的：黑格尔是一个德国人，而且和他的同时代人歌德一样，拖着一根庸人的辫子。"[④]

马克思主义经典作家所做的深刻分析和批判性阐发，为我们正确理解黑格尔的命题提供了遵循。令人感叹的是，当年黑格尔在世时就已经遇到的对这一命题的误读和曲解，在 200 年后的今天依然存在。这一事例也反过来提醒我们，哲学理论的学习和研究一定要有严肃认真的科学态度，特别是要重视读原著，依据第一手材料真正弄清问题，而不能道听途说、人云亦云。在这方面，恩格斯对黑格尔这一命题的研究，也为我们做出了很好的示范。

① 《马克思恩格斯选集》第 4 卷，人民出版社 2012 年版，第 224 页。
② 《马克思恩格斯选集》第 4 卷，人民出版社 2012 年版，第 224 页。
③ 《马克思恩格斯选集》第 4 卷，人民出版社 2012 年版，第 224 页。
④ 《马克思恩格斯选集》第 4 卷，人民出版社 2012 年版，第 225 页。

四、考察与分析：灵活机动、促进转化的能力

之前几个专题的讨论，已从不同角度涉及矛盾问题。矛盾是事物联系的基本形式，同时也是事物发展的内在根据；在领导工作的实践中，只有正确处理和解决所遇到的各种矛盾，才能推动相关工作的开展和既定目标的实现。而我们所遇到的矛盾往往会有各种不同的情况，一些矛盾表现得十分复杂，处理起来很不容易。如果方式不当，不仅难以取得预期的效果，甚至还有可能适得其反，使问题更加严重。那么，究竟应该怎样去做呢？这就涉及我们所要考察的第四种能力，即灵活机动、促进转化的能力。

1. 能力要求与哲学方法论。矛盾的转化及其限定

从一般意义上说，所谓灵活机动、促进转化的能力，就是要求领导者在面对矛盾的时候，不能简单机械、生硬死板地去处理，把事情搞得很绝对；而应采取灵活机动的工作方式，有针对性地采取措施，尽力促使矛盾朝着有利的方向转化，最终实现矛盾的解决。

一般的要求是如此，而在遇到某种复杂矛盾的情况下，这样一种灵活机动的工作方式就显得更为必要。在这些矛盾中，对立双方的力量往往相对均衡，僵持不下，状态胶着，有时甚至是保守的、消极的方面占据优势，而进步的、积极的方面处于劣势。这时，要想解决矛盾，不利的因素较多，阻力较大，而有利的因素较少，支持的力度不够。所谓矛盾的转化，就是要打破这样一种困难的局面，使矛盾双方的地位朝着相反的方向转变。而对于这些

问题，唯物辩证法做出了专门的研究，揭示了矛盾转化的客观机制，这方面的基本原理为我们提供了根本的方法论指导。

在唯物辩证法看来，矛盾的转化体现了事物矛盾运动的内在逻辑，是对立统一规律的重要构成内容。恩格斯曾将“两极对立的相互渗透和它们达到极端时的相互转化”列为辩证法的“主要规律”之一[①]，他指出：“一切在两极对立中运动的逻辑范畴”，“只是在非常有限的领域内才具有绝对的意义”；“如果我们企图在这一领域之外把这种对立当做绝对有效的东西来应用，那我们就会完全遭到失败；对立的两极都向自己的对立面转化”。[②] 他还进一步做出阐述：“经分析证明，一极已经作为核内的东西存在于另一极之中，到达一定点一极就转化为另一极，整个逻辑都只是从这些前进着的对立中展开的。”[③]我们在前面的专题中已经提到，列宁在研究辩证法以及作为它的“核心”的对立统一规律时，对矛盾转化问题给予了特别的关注，认为“**辩证法**是一种学说，它研究**对立面**怎样才能够**同一**，是怎样（怎样成为）**同一的**——在什么条件下它们是相互转化而同一的”。[④] 毛泽东也十分重视矛盾的转化问题，并对此做出了进一步的阐述。他指出：“客观事物中矛盾着的诸方面的统一或同一性，本来不是死的、凝固的，而是生动的、有条件的、可变动的、暂时的、相对的东西，一切矛盾都依一定条件向它们的反面转化着。”[⑤] 在他看来，“一切矛盾着的东西，互相联系着，不但在一定条件之下共处于一个统一体中，而且在一定条件之下互相转化，这就是矛盾的同一性的全部意义。”[⑥]他还特别强调：“事情不是矛盾双方互相依存就完了，更重要的，还在于矛盾着的事物的互相转化。这就是说，事物内部矛盾着的两方面，因为一定的条件而各向着和自己相反的方面转化了去，向着它的对立方面所处的地位转化了去。”[⑦]

马克思主义经典作家的这些论述，清楚地阐明了矛盾转化在事物矛盾运

① 《马克思恩格斯选集》第3卷，人民出版社2012年版，第841页。

② 《马克思恩格斯选集》第3卷，人民出版社2012年版，第467页。

③ 《马克思恩格斯选集》第3卷，人民出版社2012年版，第892页。

④ 《列宁专题文集　论辩证唯物主义和历史唯物主义》，人民出版社2009年版，第132页。

⑤ 《毛泽东选集》第1卷，人民出版社1991年版，第330页。

⑥ 《毛泽东选集》第1卷，人民出版社1991年版，第330页。

⑦ 《毛泽东选集》第1卷，人民出版社1991年版，第328页。

动中的重要地位。在这种运动中，对立的两极之间不仅相互依存，而且还相互渗透、相互贯通，进而可以相互转化。优势与劣势、有利与不利、主动与被动，以及积极与消极、进步与落后、正确与错误、真理与谬误等，各种矛盾的对立无不是如此。它们的区分和对立并不是绝对的、固定不变的，而是相对的、有可能发生改变的；而由于一个事物的性质是由矛盾的主要方面所决定的，所以矛盾双方的转化也必然会导致事物性质的改变。这样一种转化，被看作矛盾同一性的“更重要的”方面，这无疑是十分正确的。也正是在这一方面，辩证法与形而上学这两种思维方式的分歧突出地表现出来。正如恩格斯所指出的：形而上学“在绝对不相容的对立中思维”，“他们的说法是：‘是就是，不是就不是；除此以外，都是鬼话。’在他们看来，一个事物要么存在，要么就不存在；同样，一个事物不能同时是自身又是别的东西”。[①]而辩证法“不承认什么僵硬和固定的界线，不承认什么普遍绝对有效的‘非此即彼！’，它使固定的形而上学的差异互相转移，除了‘非此即彼！’，又在恰当的地方承认‘亦此亦彼！’，并使对立的各方相互联系起来”。[②]

唯物辩证法承认事物矛盾运动中的相互转化，而需要进一步探究的是：这种转化是怎样发生的？是否所有的矛盾都必然会发生这种转化，而不论其具体情况如何？事情当然不是这样简单。如果我们仔细研读一下上面所引用的经典作家的论述，就会发现他们在讲到矛盾转化问题时，都不是泛泛而论，而是做出了明确的限定。恩格斯所做的限定是“领域内”和“领域外”，即在特定的领域内，矛盾双方的对立“具有绝对的意义”；而一旦超出了这一领域，来到“这一领域之外”，转化就会发生。列宁则在自己的论述中更加明确地指出，辩证法并不是一般地研究“对立面的同一”，而是要研究“对立面怎样才能够同一”，亦即“是怎样（怎样成为）同一的”。并且为了讲清楚问题的关键，他还用破折号进一步做出说明：这也就是要研究“在什么条件下它们是相互转化而同一的”。在这里，他明确提出了转化的条件问题。而在毛泽东的论述中，这一点又得到了进一步的强调，他反复说明“矛盾着的诸方面

① 《马克思恩格斯选集》第3卷，人民出版社2012年版，第396页。

② 《马克思恩格斯选集》第3卷，人民出版社2012年版，第909—910页。

的统一性或同一性”本来就是“有条件的”，它们“在一定条件之下共处于一个统一体中”，同时又“在一定条件之下互相转化”。转化不是随意的，不是随便什么时候都能发生的，而是有条件的，只有当所需要的条件具备时，才有可能发生。认识这一点，是理解矛盾转化问题的关键，也是在实践中切实解决好这方面问题的关键，不能不给予充分的重视。

将唯物辩证法关于矛盾转化的原理运用于领导工作的实践，我们就应以一种鲜活的、可变动的眼光去看待所遇到的各种矛盾，而不是把他们看作僵死的、一成不变的东西。要充分利用矛盾的同一性，通过积极的努力，促进对立双方的相互转化。所谓灵活机动的工作方式，就具体地体现在这一环节上。特别是面对那种比较复杂的矛盾，更不能只是停留在对矛盾的既有状态的固化的理解上，机械、被动地去应付，而是要采取积极和有效的措施，着力打破既有的关系格局，改变矛盾双方所处的地位，促使优势和劣势发生转换，使正面的力量得到增强，负面的力量受到抑制，有利的因素不断生长，不利的因素不断减少，最终克服各种阻力，推动矛盾得到解决。而在这样做时，又必须牢牢把握唯物辩证法关于条件的观点，在解决矛盾转化所需要的条件上下功夫。要努力改变使矛盾的原有状态得以存在的那些条件，创造出新的、能够形成一种更为有利的矛盾状态的具体条件，促使矛盾的转化得以实现。当然，在实际过程中，这个条件问题的解决往往需要花费很大的气力，做出多方面的努力；但若做不到这一点，不能创造出所需要的条件，那么什么转化也不会发生，一切都是空话。所以，这里所需要的是克服困难的勇气和坚忍不拔的毅力，而领导者的聪明才智也会在这一过程中得到充分的发挥和展示。

在讨论矛盾转化问题时，我们特别引用了毛泽东的有关论述。应该说，他的这些论述决不只是一般性的逻辑推论，而是在总结中国革命实践经验的基础上进行的深刻理论思考。我们党在开始的时候力量很弱小，与反动势力相比处于明显的劣势。如果这个时候把工作的重心放在敌人统治力量集中存在的城市，试图通过城市暴动或者首先攻占大城市来夺取革命的胜利，是不大可能的。但当时的一些领导者并没有正确地认识到这一点，在指导方针上发生了“左”的错误，使革命事业遭受了严重挫折和损失。以毛泽东为代表的中国共产党人认真总结和吸取了这些经验教训，转而将武装斗争的重心转向敌人统治力量相对薄弱的农村，在农村建立和开辟革命根据地，逐步发展壮大革命的力量，从而走出了一条“以农村包围城市、最后夺取城市”的独特道路，最终战胜了强大的敌人，取得了中国革命的胜利。这条道路的成功，就在于面对中国革命的复杂矛盾，不是简单机械地应对，而是利用中国经济社会发展不平衡性，先从外围着手，积极创造条件，促使矛盾双方的优势和劣势发生转化，然后再集中力量彻底解决矛盾。

不仅在道路的选择上是如此，唯物辩证法的这一原理还被有效地运用到革命战争的具体策略上。毛泽东等领导人在领导中央苏区根据地“反围剿”斗争中总结出来的“十六字诀”，即“敌进我退、敌驻我扰、敌疲我打、敌退我追”，就是积极创造条件、促进矛盾转化的又一范例。敌人大举出动对根据地进行“围剿”，兵力远超于我，这时如果简单应对，被动抵御，是不可能取胜的。而“十六字诀”的核心要义，就是要避免在不利条件下与敌人接触，在敌人到来时主动后退，将自己的力量隐蔽起来，有计划地引诱敌人分兵深入、四处奔波，然后寻找有利时机，集中优势兵力，实行分割包围、各个击破。这样一个动态的运作过程，就是改变不利条件而创造有利条件的过程，是化解敌之优势而将我之劣势转化为优势的过程。对此，毛泽东在《中国革命的战略问题》一文中曾作过详细的说明。他指出，“十六字诀包举了反‘围剿’的基本原则，包举了战略防御和战略进攻的两个阶段，在防御时又包举了战略退却和战略反攻的两个阶段”；[①] 而要从战略退却转入战略反攻，关键就是“选择和造成有利于我不利于敌的若干条件，使敌我力量对比发生变化”。[②] 至于这些条件究竟是什么，他结合长期斗争实践的经验，从“积极援助红军的人民”“有利作战的阵地”“红军主力的全部集中”“发现敌人的薄弱部分”“使敌人疲劳沮丧”“使敌人发生过失”等多个方面进行了说明[③]。他特别强调，要“将敌军对我军的战略上的优势，改为我军对敌军的战役或战斗上的优势。将战略上处于强者地位的敌军，使之在战役或战斗上处于弱者的地

① 《毛泽东选集》第 1 卷，人民出版社 1991 年版，第 204—205 页。

② 《毛泽东选集》第 1 卷，人民出版社 1991 年版，第 206 页。

③ 《毛泽东选集》第 1 卷，人民出版社 1991 年版，第 207 页。

位。同时，将自己战略上的弱者地位，使之改变为战役上或战斗上的强者的地位”。[①] 在他看来，“这即是所谓内线作战中的外线作战，‘围剿’中的围剿，封锁中的封锁，防御中的进攻，劣势中的优势，弱者中的强者，不利中的有利，被动中的主动”。[②] 正是由于有这样一种正确的方法论指导，中央苏区连续粉碎了敌人的多次围剿，取得了重要的战果。而后来临时中央的负责人到达根据地并直接掌握了战争的指挥权后，错误地抛弃了这套灵活机动的战略战术，改为消极防御的作战方针，声言“御敌于国门之外”，“不放弃根据地一寸土地”，同优势的敌人拼阵地战、消耗战，结果遭到惨重失败，将好不容易建立起来的中央革命根据地全部丢失。

在我们党的历史经验中，成功运用这一原理的实例还有很多，被列为“三大法宝”之一的统一战线也是其中一个。从一般意义上讲，所谓统一战线也就是不同的社会政治力量在一定的历史条件下为了实现某些共同利益而组成的政治联盟。而在我们党的历史实践中，这一概念却被赋予了更多丰富的内涵。它意味着我们要在开展革命斗争的过程中，尽可能团结一切可以团结的力量，最大限度地孤立和削弱敌对的力量；包括利用敌方内部的矛盾，尽可能地分化和瓦解敌人。用毛泽东的话说，就是要“争取一切可能的同盟者”，[③]“利用矛盾，争取多数，反对少数，各个击破”。[④] 从矛盾运动的角度来说，这本身就是一种促进矛盾转化的重要方法，通过这样一种努力，使己方的力量不断壮大，而敌方的力量不断减弱，从而为最终解决矛盾创造条件。不仅如此，这个统一战线还是一个动态的存在，随着形势的发展和条件的改变，统一战线的构成方式也需要做出相应的调整，其中原有的敌对关系和同盟关系，都有可能发生变化。在国内革命战争时期，国共两党曾由同盟关系转变为敌对关系，而中日战争爆发之后，双方又在“停止内战、共同抗日”的口号下开始了新的合作，我们的统一战线也由原先的构成方式转变为新的“抗日民族统一战线”。这样一种动态的演变，正是体现了矛盾转化原理在不

---

① 《毛泽东选集》第 1 卷，人民出版社 1991 年版，第 224 页。

② 《毛泽东选集》第 1 卷，人民出版社 1991 年版，第 224 页。

③ 《毛泽东选集》第 1 卷，人民出版社 1991 年版，第 192 页。

④ 《毛泽东选集》第 2 卷，人民出版社 1991 年版，第 763 页。

同条件下的灵活运用。

当然，我们现今所处的时代已经不同于以往，社会发展已进入新的历史阶段。但唯物辩证法关于矛盾转化的原理，在当代领导工作的实践中同样具有重要的方法论意义。我们所面临的矛盾在具体内容上虽然不同于以往各个阶段，但矛盾的复杂性依然存在，并会表现出各种新的特点。这些矛盾的处理同样需要采用灵活机动的工作方式，而积极创造条件、促进矛盾的转化，无疑是我们应当选择的基本路径。

2. 转化过程中的相关问题。唯物辩证法与诡辩论

我们强调以唯物辩证法关于矛盾转化的原理为指导，采取灵活机动的工作方式解决领导工作中的复杂矛盾；但在实际过程中，又会遇到一些特殊的情况和问题，需要我们及时做出研判，正确地加以应对。

一种可能的情况是，尽管我们做出了各种努力，试图通过改变条件去促进矛盾的转化，但实际效果却并不理想，难以达到预期的目的。遇到这样的情况，又应该如何对待？

回答这个问题，首先需要明确一个重要的前提，即矛盾转化中同样有一个主观与客观的关系问题。按照唯物辩证法的基本原理，矛盾双方在一定条件下可以相互转化，我们应积极创造条件，努力促进这个转化。但是，这是不是意味着，只要我们做出努力，就一定能够创造出所需要的条件，从而实现矛盾的转化呢？当然不是。因为在这里，我们的主观努力会遇到客观存在的制约。客观存在是第一性的，而主观意志是第二性的，主观归根到底要服从客观。我们可以通过自己的努力去改变矛盾存在的条件，但究竟能改变到什么程度，最终还是要看客观实际是否允许。如果客观上不具备可能性，那么一切努力都会失去前提。所以，在遇到上述问题的时候，我们首先需要做的，便是使自己的头脑冷静下来，从总体上对正在做的事情做出反思，看一看原有的部署和安排是否符合事物存在和发展的客观实际。如果发现不符合，那就要及时做出改变，该放弃的放弃，该纠正的纠正。在这里，最根本的还是要强调事物自身存在和发展的客观规律以及由它所决定的内在必然性，我

们所有的决策和部署都应建立在这一客观根据之上，离开了这一根据，就不可能取得成功。这是整个马克思主义哲学的基本立场，而唯物辩证法矛盾转化原理的运用，也必须坚持这一立场。

但同时也应看到，在许多时候，工作中出现问题的原因并不涉及这个根本前提，而是在具体方式上存在不足。应该说，在遵循客观规律的前提下，留给我们自主选择的余地还是很大的，关键看我们如何发挥自己的聪明才智，找到最为有效的解决方式。如果对矛盾的研究不到位，对各方面条件的把握不准确，所制定的措施不得当，那么实行起来自然不会有好的结果。在这种情况下，只能认真总结经验，进一步加深认识，找准问题的症结所在，切实改进工作方式，完善具体措施，以锲而不舍的精神继续做出新的探索，努力克服所遇到的困难，最终创造出新的有利条件，使矛盾的转化得以实现。

此外，我们把创造条件、促进转化看作解决复杂矛盾的基本路径，但需要注意的是，这一转化的实现还不等于就是矛盾的解决。通过转化，使正面的力量得到增强，负面的力量受到抑制，从而使矛盾的解决具有了现实可能性；但具体如何解决这一矛盾，还要从实际出发选择适宜的方式。在一般情况下，应尽可能采取相对平和的、非强制的方式，最大限度地减少各方面的成本和代价；但若这种方式不能取得应有的效果，那就需要采用更大力度的、强制性的方式，确保既定目标的正常实现。在这里，矛盾转化的程度和效果，直接影响到矛盾解决方式的选择，转化得越彻底、越充分，矛盾的解决就越顺利，付出的成本和代价就越小，反之就会遇到较多的困难，付出较大的代价。所以，我们应尽力将工作做在前面，将矛盾的转化尽可能推进到位。

对于事物矛盾运动中的转化问题，上面的讨论主要是着眼于它的积极意义，研究如何借助这一机制促进矛盾的解决。但是，在实际过程中，这一机制还有另一方面的表现，也需要引起我们的注意。

应该说，就矛盾转化的一般原理而言，这个转化本身并不必然具有积极的意义。也就是说，所谓矛盾的转化，除了如上面所讨论的那样表现为朝着积极方向的转化之外，同时还有可能表现为朝着消极方向的转化。这也就是通常所说的，坏事可以变成好事，而好事也可以变成坏事。同样地，劣势可以转化为优势，而优势也可以转化为劣势；不利的、被动的地位可以转化为有利的、主动的地位，而反过来，有利的、主动的地位也有可能转化为不利的、被动的地位。领导工作的实践中不乏这样的实例，有时候本以为胜券在握，志在必得，但稍有不慎，就有可能前功尽弃、满盘皆输。或者之前的工作已经取得明显成效，好不容易换来一个良好的局面，但如果不加珍惜，掌控不当，同样也可能发生逆转，变得一团糟。如果说前面那种朝着积极方向的转化是正向的转化，那么后面这种朝着消极方向的转化就是反向的转化。正向的转化能够促进矛盾的解决，而反向的转化则会使矛盾越来越复杂化，解决的难度也越来越大。这样一种转化，自然是我们不愿意看到的。因此，我们所应该做的，便是及时采取措施，尽力防止和消除这种转化的可能，不能让它变成现实。这样，在矛盾转化问题上，领导者的责任就是双重的：一方面要积极促进正向的转化，另一方面还要努力防止反向的转化，后者同前者一样，也是重要的和不容忽视的。

那么，这样一种消极意义的反向转化，又是怎样发生的？要防止发生这种转化，我们又应如何去做？在讨论唯物辩证法的矛盾转化原理时，我们曾特别强调，矛盾的转化并不是随意的，而是有条件的。只有当矛盾存在的原有条件发生改变，出现了新的、为转化所需要的具体条件时，转化才有可能发生，否则就不可能。这一限定无疑具有普遍的意义，既适用于之前所讨论的正向转化，也适用于这里所说的反向转化。正向的转化需要条件，反向的转化也同样需要条件，只不过各自的条件互不相同，并且正好相反，这是由两种转化本身所具有的相反的性质决定的。要使一对矛盾向好的、积极的方向转化，就需要形成能够使代表这一方向的积极力量不断生长、阻碍这一方向的消极力量不断削弱的各种条件；而要使这一矛盾向不好的、消极的方向转化，所需要的条件则恰好相反，即能够使阻碍这一方向的消极力量不断强化、而代表这一方向的积极力量受到抑制。至于这些条件的具体内容，自然取决于矛盾双方的具体实际，因而也只能依照这一实际具体地加以认识。

既然存在这样一种条件限定，那么要防止反向转化的发生，同样应该在相关条件上下功夫。只不过这里所要做的与讨论正向转化问题时所要求的恰好相反：在前一种情况下，我们所需要做的是努力改变既有的条件，创造出新的、为矛盾的转化所需要的有利条件，使这个转化得以实现；而在这里，所需要做的则是努力维护和保持各种既有的条件，并使之不断巩固和完善，尽可能消除发生反向转化的可能性。当然，这里所说的维护和保持，也并非形而上学意义上的凝固和停滞，而是一个根据各种新的情况不断进行调整和平衡的动态过程。按照唯物辩证法的观点，世界上没有什么东西是一成不变的，矛盾存在的条件也同样是如此。这些条件的具体状况总是要这样那样地发生新的变化，我们所能做的，就是在这种变化中寻求总的平衡，使得既有的良好格局和有利态势不被改变。在有的时候，我们还会遇到某些比较重大的变化，既有条件中一些至关重要的部分由于不以人的意志为转移的客观原因而发生改变，如果不能做出相应的调整和应对，就会严重影响整体格局。这时，就必须及时采取措施，促进形成足以弥补这一缺失的新的条件，从而达到一种新的平衡，使既有的格局和态势得到维护。

唯物辩证法关于矛盾转化的基本原理，充分展示了事物矛盾运动的内在活力和变幻多样的生动图景，为增强领导工作中的灵活性和机动性提供了重要遵循。但是，这里又可能引起这样的疑问：唯物辩证法反对将矛盾着的事物看作是固定不变的存在，而认为对立面之间也可以相互转化；不赞成只是讲“非此即彼”，而同时还承认“亦此亦彼”；这样做是否会导致认识上的模糊和混乱？由此还提出一个辩证法与诡辩论的关系问题，因为辩证法讲转化，诡辩论也讲转化，二者是不是一回事，应如何加以区分？

如果只是片面、肤浅地了解唯物辩证法的这一原理，泛泛地谈论矛盾的转化，的确容易产生这样的疑问。似乎一切事情都是不确定的，可以说是，也可以说否；既可以这样，也可以那样。无论遇到什么难题，只要一讲“转化”，便都会烟消云散。这样一种认识和看法，当然很值得怀疑。但问题在于，这难道就是我们所讲的辩证法吗？不是的。它貌似辩证法，其实却是对辩证法的片面的、不正确的解读和理解。

我们在上面已经一再说明，辩证法对于矛盾转化的理解，从来不是模糊的、随意的，而是有着明确的条件限制的。转化只有在“一定条件下”才有可能发生，没有相应的条件，什么也转化不了。一切离开条件奢谈转化的做法，都是与辩证法的基本原理相背离的，是错误的和荒谬的。对于马克思主义哲学的唯物辩证法来说，更是突出强调了条件的客观性，要求主观服从客观，严格遵循事物自身存在和发展的客观规律和内在必然性，而绝不能主观随意地对待转化问题。认识这一点，是正确理解和把握唯物辩证法矛盾转化原理的关键，也是澄清有关疑问、防止发生误读和曲解的关键。

人们常常将辩证法与诡辩论作比较，二者从表面上看的确有一些相似之处，突出表现在矛盾转化问题上。在诡辩论那里，也会讲对立面之间的“转化”，以及“亦此亦彼”等。然而，当它这样做时，却丢掉了一个关键的因素，即实现转化的条件。它同辩证法、特别是唯物辩证法的根本区别正是在这里显现出来。诡辩论讲转化，讲“亦此亦彼”，都只是从自己的主观意志出发，只要它需要，什么都可以改变，正也好，反也好，想怎样讲就怎样讲，并不考虑有什么条件的限制，更不去管什么主观与客观。这种所谓的“理论”，看上去热闹花哨，但都是一些虚假的认识，如果真的拿去指导实践，必定会在实践中碰壁。更何况在大多数时候，诡辩论主要被当作论辩的方式，目的只是为了支持某种既定的观点，压根就不打算对实践负责。对于这样一种荒谬的做法，唯物辩证法当然是坚决反对的，它与我们所讲的矛盾转化原理有着本质的不同，绝不能混为一谈。

就基本特征而言，这种诡辩论具有明显的相对主义倾向，它与形而上学一道属于思维方式上的两个极端。形而上学是一种绝对主义，它用僵死的、不变的眼光看问题，只看到事物矛盾的绝对性的一面，否认其同时具有的相对性的一面；而诡辩论则与之相反，它用主观随意的态度对待矛盾，只看到事物矛盾的相对性一面，否认其同时具有的绝对性的一面。形而上学“在绝对不相容的对立中思维”，[①] 只承认“非此即彼”，不承认“亦此亦彼”；而诡辩论则随意抹煞既有的界限和区别，只承认“亦此亦彼”，不承认“非此即彼”。在唯物辩证法看来，这两种极端的倾向都是错误的、有害的。事物的矛盾既有绝对性的一面，又有相对性的一面；既有“非此即彼”的一面，又有“亦此亦彼”的一面；这两个方面的规定性同时并存，不可或缺，因而必须统一起来加以把握，而不能将它们割裂开来，只讲其一，不讲其二。无论丢掉哪一个方面，都会走向极端，并在实践中造成危害。而要真正把握好二者的

① 《马克思恩格斯选集》第3卷，人民出版社2012年版，第396页。

统一，最关键的还是要认识事物矛盾运动的条件限制，无论是绝对性的一面，还是相对性的一面，都是同一定的条件相关联的，条件不同，二者的表现也就不同。而我们所说的通过改变条件促进矛盾的转化，也只能从这个意义上去理解。

3. 老子的观点和主张：“反者道之动”

同西方哲学的情况相类似，在中国传统哲学中，也有着丰富的辩证法思想内容。而在矛盾转化问题的认识上，最具有代表性的当属道家学派的创始人老子。

应该说，作为一个崇尚辩证思维的思想家，老子对于事物的矛盾运动进行了相当深入的研究和思考。尤其难能可贵的是，他不仅认识到矛盾双方的相互依存和相互联结，做出了“有无相生，难易相成，长短相较，高下相倾，音声相和，前后相随”[①]等一系列具体论述，并且还进一步探索了矛盾双方的相互转化，提出了一个著名的命题：“反者道之动。”[②]虽然老子所说的“道”在本体论上带有神秘主义和客观唯心主义特征，但他的这一命题却十分深刻，体现了辩证思维方式在传统哲学中的发展水平。

就基本含义而言，所谓“反者道之动”，就是说“道”的运动和变化是朝着相反的方向转化。老子在他的主要著作《道德经》中，对这一命题进行了具体的阐释。他以“福”与“祸”这对范畴为例做出分析：“祸兮，福之所倚，福兮，祸之所伏。孰知其极？其无正也。”[③]就是说，“福”与“祸”看起来是两种完全相反的现象，但实际上却是相互蕴涵、彼此贯通的，福祉当中可能隐藏着祸端，而祸端也可能反过来导向福祉；这中间并没有绝对不可逾越的界限，究竟是好事还是坏事难以确定，正所谓“塞翁失马，焉知非福”。老子还补充说：“正复为奇，善复为妖，人之迷，其日固久。”[④]正常的东西变成不

---

① 《道德经》第二章。

② 《道德经》第四十章。

③ 《道德经》第五十八章。

④ 《道德经》第五十八章。

正常的东西，有益的东西变成有害的东西，这样的事情一直使人们感到困惑。而在老子看来，这正是“道”自身运动和变化的普遍规律。与之相似的现象还有很多，如书中所提到的：“曲则全，枉则直；洼则盈，敝则新；少则得，多则惑。”[①] 如此等等。

从这一观点出发去看待自然界，老子认为：“天长地久。天地所以能长且久者，以其不自生，故能长生。”[②]而在天地之间，老子赞赏的是水的品格：“上善若水。水善利万物而不争，处众人之所恶，故几于道。”[③]“天下莫柔弱于水，而攻坚强者莫之能胜，以其无以易之。”[④]在老子看来，这一道理同样适合于人与万物的存在：“人之生也柔弱，其死也坚强。万物草木之生也柔脆，其死也枯槁。故坚强者死之徒，柔弱者生之徒。”[⑤]他还进一步引申说：“是以兵强则不胜，木强则兵。强大处下，柔弱处上。”[⑥]正因为“柔弱”具有这样一种不同寻常的意义，老子在提出“反者道之动”的同时，还特别说明“弱者道之用”，[⑦]认为“道”的特性正是通过这些看似柔弱的东西体现出来的。

值得注意的是，除了以上这类现象之外，老子在书中还列举了其他一些相关的现象，并将其看作“反者道之动”的另一种表现。其特征在于，当事物发展到一定程度时，虽然不是真的转化为相反的东西，但却会以相反的形式表现出来。例如他说：“明道若昧，进道若退，夷道若纇。上德若谷，广德若不足，建德若偷，质真若渝。”[⑧] 当我们观察和选择道路的时候，常常可以看到这样一些表面上显得相反的景象，而在考察德行时也会发现同样的情况。在老子看来，这样一种矛盾的现象，在各个领域广泛存在，他在书中多处谈道：“大白若辱，大方无隅，大器晚成，大音希声，大象无形，道隐无名”；[⑨]

① 《道德经》第二十二章。

② 《道德经》第七章。

③ 《道德经》第八章。

④ 《道德经》第七十八章。

⑤ 《道德经》第七十六章。

⑥ 《道德经》第七十六章。

⑦ 《道德经》第四十章。

⑧ 《道德经》第四十一章。

⑨ 《道德经》第四十一章。

“大直若屈，大巧若拙，大辩若讷，大赢若绌”；[①]“信言不美，美言不信；善者不辩，辩者不善；知者不博，博者不知”。[②]

既然肯定了“反者道之动”，确认“道”的运动和变化规律是朝着相反的方向转化，那么从中又能够得到什么启示呢？老子由此提出了他的基本主张，这就是“圣人之道，为而不争”，[③]由此达到“无为而无不为”[④]。老子对这一主张作了详尽的阐发，他说：“是以圣人抱一，为天下式。不自见故明，不自是故彰，不自伐故有功，不自矜故长。夫唯不争，故天下莫能与之争。古之所谓曲则全者，岂虚言哉！诚全而归之。”[⑤]他一再说明：“是以圣人处无为之事，行不言之教，万物作焉而不辞，生而不有，为而不恃，功成而弗居。夫唯弗居，是以不去。”[⑥]“是以圣人后其身而身先，外其身而身存。非以其无私邪？故能成其私。”[⑦]“是以圣人终不为大，故能成其大。”[⑧]“是以圣人方而不割，廉而不刿，直而不肆，光而不耀。”[⑨]在老子看来，“为学日益，为道日损。损之又损，以至于无为，无为而无不为。”[⑩]所以他主张：“知其雄，守其雌，为天下溪”；“知其白，守其黑，为天下式”；“知其荣，守其辱，为天下谷”。[⑪]这样一些主张和做法，便是老子所说的“圣人之道”，他认为只有按照这些要求去做，才能够立于不败之地，使自身得到保全，同时也才能“无为而无不为”，最终成就自身。

老子不仅把这种“为而不争”的做法看作安身立命的根本，而且还把它当作一种攻坚克难的谋略。遇到矛盾和冲突，老子的主张不是迎上前去，直接面对，而是向后一步，以退为进。他的说法是：“将欲歙之，必固张之；将

① 《道德经》第四十五章。
② 《道德经》第八十一章。
③ 《道德经》第八十一章。
④ 《道德经》第四十八章。
⑤ 《道德经》第二十二章。
⑥ 《道德经》第二章。
⑦ 《道德经》第七章。
⑧ 《道德经》第五十八章。
⑨ 《道德经》第六十三章。
⑩ 《道德经》第四十八章。
⑪ 《道德经》第二十八章。

欲弱之，必固强之；将欲废之，必固兴之；将欲夺之，必固与之。是谓微明。”[①] 老子认为，只要采用这样一种办法，就能够实现“柔弱胜刚强”。[②] 在他看来，“善为士者不武，善战者不怒，善胜敌者不与，善用人者为之下。”[③] 这样一些做法，看上去与通常的表现相反，但却是符合“道”的特性的，从而能够最终取得成功。

老子关于“反者道之动”的一系列观点和主张，在传统思想史上有着重要的地位，可以说影响深远。那么，对于这样一些既有的认识成果，我们应该怎样评价和对待呢？它与唯物辩证法关于矛盾转化的原理又是怎样的关系呢？

首先应该肯定，老子的这一命题体现了对事物矛盾运动中转化机制的认识，与唯物辩证法关于矛盾转化的原理是相通的。对于其中所包含的合理成分，应该充分重视，并认真加以吸收。老子肯定对立面之间可以相互转化，并对这种转化的具体表现进行了细致的考察，在这一点上，与唯物辩证法是一致的，总体上是可以成立的。他不仅注重原理方面的研究和探索，而且还很重视相关原理的方法论意义，力求将所获得的认识成果运用于解决实践中的问题；他提出的抱朴守拙、韬光养晦等处事原则，以及以退为进、以弱胜强等谋略思想，与唯物辩证法的方法论要求也具有一致性，是有着积极作用的。研究老子的这些思想，可以使我们更加深入地认识和把握唯物辩证法关于矛盾转化的原理，有助于提高主体的自身修养，以及相应的领导能力。

但是另一方面，我们也要看到，老子的观点和主张并不是像一些论者所认为的那样完美无缺，而是有着特定的认识局限，与唯物辩证法关于矛盾转化的原理之间还存在较大差异。这首先表现在它的本体论前提上，即所谓“道”的设定。唯物辩证法的矛盾转化原理是建立在唯物主义的立场上的，它认为事物的矛盾运动是一个客观过程，矛盾的转化则是事物矛盾运动的客观规律，这一规律可以为人们认识和把握。而老子却把矛盾关系的存在以及矛盾的转化归结为“道”的特性，而这个“道”又是神秘的、难以捉摸

① 《道德经》第三十六章。

② 《道德经》第三十六章。

③ 《道德经》第六十八章。

的。“有物混成，先天地生”，“吾不知其名，强字之曰‘道’”；[①]“道可道，非常道”，[②]“道之为物，惟恍惟惚”。[③]这样一种具有客观唯心主义性质的本体论，从根本上限制了对矛盾转化规律的科学认识，使之同样具有了某种神秘的性质。其次，老子虽然看到了对立面之间可以相互转化，并对这种转化给予了充分的重视，但却忽略了其中至关重要的一点——转化所需要的条件。对立的双方会发生转化，但是为什么会发生转化，转化的具体情况如何，都需要从相关条件入手去认识。如前所述，唯物辩证法关于矛盾转化的原理，突出强调了转化得以实现的条件，认为只有在特定的条件下，才有可能发生矛盾的转化；不具备这样的条件，就没有转化的可能。而正是在这个条件问题上，显现出老子思想的重大局限，以及与唯物辩证法的明显差异。

应该看到，忽视矛盾转化的条件问题，就难免会造成一种模糊和错误的认识，似乎对立双方朝着相反方向的转化无论在什么情况下都一定会发生，这一结果是无法掌控、不可改变的。也就是说，好事一定会转化为坏事，坏事也一定会转化为好事；“福”一定会转化为“祸”，而“祸”也一定会转化为“福”；“兵强”就一定“不胜”，“木强”就一定被“兵”，“强大”就一定“处下”，“柔弱”就一定“处上”；“曲”一定会“全”，“枉”一定会“直”，“洼”一定会“盈”，“敝”一定会“新”，“少”一定会“得”，“多”一定会“惑”；如此等等。这样一种理解显然是不能成立的。从客观实际来看，这里并不存在什么“一定”，而恰恰是某种“不一定”；就是说，矛盾的转化只是一种可能性，它有可能发生，也有可能不发生；而最终的结果如何，关键还是要看条件。条件具备了，它就发生；条件不具备，它就不发生。离开条件讲转化，必然导致一种简单化和绝对化的错误理解，严重偏离矛盾转化的客观规律。

也正是由于在认识上存在这样一种偏差，老子所提出的应对之策也就不可能不发生问题。所谓“知其雄，守其雌”，“知其白，守其黑”，“知其荣，守其辱”，从韬光养晦的角度讲虽然有一定的道理，但如果认为只要积极作为就会招致祸端，所以只能消极“无为”、不求进取，那就是错误的了。应该看

① 《道德经》第二十五章。

② 《道德经》第一章。

③ 《道德经》第二十一章。

到，积极作为虽然有可能发生相关的问题，但这些问题并不是一定会发生，只要在具体条件上采取措施，就有可能防止其发生。要干事就会有风险，但不能因为有风险就不干事，而是要积极采取措施，有效防控风险。反过来说，如果以为只要“无为”就一定可以“无不为”，似乎什么也不用做就能够自然而然地取得成功，那就更是一种幻想。这种“无为”向“有为”的转化，只能在特定意义上去理解，而且只有在某种有限的条件下才有可能实现。离开了这个条件泛泛地讲“无为”，那就只能是一事无成了。

同样的道理，老子提出的“柔弱胜刚强”的谋略思想，也不能简单化、绝对化地去理解。所谓“将欲歙之，必固张之”，“将欲弱之，必固强之”，“将欲废之，必固兴之”，“将欲夺之，必固与之”，所有这些都只是在一定条件下才具有合理性，离开了这个条件，就不一定适用。在事物的矛盾运动中，如果己方的力量足够强大，占据明显的优势地位，能够以有效的方式解决矛盾，那就应该果断出手，及时采取行动，而不能畏首畏尾、退缩不前。这时所需要的是“正西风落叶下长安”和“宜将剩勇追穷寇”，而不是什么“必固强之”“必固兴之”“必固与之”。反过来，如果己方的力量相对较弱，处于劣势地位，那么这时确实有一个以退为进、以弱胜强的问题，这就需要实现矛盾的转化，使己方的力量不断增强，对立面的力量不断削弱，最终劣势转化为优势，优势转化为劣势。但即使是在这种情况下，也必须明白，矛盾的转化仅仅靠消极等待是等不来的，也不能只是简单地“强之”“兴之”“与之”，指望对立面自生自灭；而是要通过积极的努力，改变矛盾存在的既有条件，创造出新的、更为有利的条件，促进矛盾转化的实现。“柔弱”并不是注定就能战胜“刚强”，只有在一定的条件下才有可能做到；不懂得这一点，就必定会在实践中碰壁。

五、考察与分析：循序渐进、适时突破的能力

在领导工作的实践中，要真正做成一件事情，特别是比较重大的事情，往往需要一个逐步推进的过程，而不是一蹴而就、立时可成。这个过程形式多样，长短不一，展开的时间和速度也各不相同。要想取得预期的成果，当然需要积极大胆地开展工作，而不能瞻前顾后、裹足不前；但若掌控不当，操之过急，则又可能适得其反，欲速不达。那么，怎样才能处理好这方面的关系？这就涉及我们所要考察的第五种能力，即循序渐进、适时突破的能力。

1. 能力要求与哲学方法论。发展进程中的量变和质变

从一般意义上说，所谓循序渐进、适时突破的能力，就是要求领导者在实际工作中合理掌控事物发展的具体进程，区分不同阶段和步骤，积极稳妥地加以推进。该谨慎时要谨慎，需要渐进时只能渐进，不能急于求成；而一旦时机成熟，则要及时采取措施，迅速打开局面，最终取得实质性突破。

要达到这些要求，也同样必须具备一个基本的前提，即这里的各项研判和决策，都不能仅靠领导者自己的主观臆断，而必须深入了解事物发展的客观进程，把握这一进程本身所固有的客观规律，并以此为依据制定出相应的工作方案。那么，这个客观进程究竟是怎样的，具体应该如何认识和把握呢？在这个问题上，唯物辩证法关于质量互变的原理，可以为我们提供根本的方法论指导。

在唯物辩证法看来，任何事物的存在都包含着质和量这两种基本的规定

性。所谓质是事物自身存在的直接体现，是一事物区别于他事物的内在规定性；而所谓量则是规模、程度、速度等可以用数量表示的规定性，也同样是事物自身所固有的。质的规定性使一事物成为该事物，如果质发生变化，一事物就变成他事物；而量的规定性则不同，一事物可以有不同的量，一定范围的量的变化并不影响一事物成为该事物。然而，事物的质和量这两种规定性又是相互联系、不可分割的，任何质都是一定量的质，而任何量都是一定质的量，没有质就没有量，没有量也没有质。质与量的统一集中表现为度，这个度便是一事物保持自己质的数量界限。在这个界限内，量的变化不会改变事物的质，而超出这个界限，事物的质就会发生改变。如黑格尔所说的："尺度是有质的定量"，[①]"如果某一种质量统一体或尺度中的量超出了某种界限，则和它相对应的质也就随之被扬弃了"。[②]黑格尔还特别提出，对于这个度的界限，"我们可以用交错线（Knotenline）作为比喻来帮助了解"。[③]

与质和量这两种基本的规定性相对应，量变和质变便成为事物发展变化的两种基本形态。量变是事物在数量上的增加和减少，而质变则是事物的根本性质的改变，二者在展开过程中表现出不同的特点：前者是一种逐渐发生、并不显著但却是连续不断的变化，而后者则是"渐进过程的中断"[④]，是在较短的时间内迅速发生的突变，是从一种质向另一种质的"飞跃"。[⑤]正如事物的质和量本身是相互联结的一样，量变和质变也是密切联系着的：一方面，量变最终会引起质变，质变是量变的必然结果；另一方面，质变又引起新的量变，为新的量变开辟道路。事物的发展变化总是从量变开始，通过一个逐渐展开和不断积累的过程，形成根本性质的改变即质变。而从量变过渡到质变的关键环节，亦即"飞跃"最终得以发生的关节点，正是对体现着质与量的统一的度的超越。这便是恩格斯所说的，"在量变的一定点上骤然发生质变"。[⑥]

① 〔德〕黑格尔:《小逻辑》，贺麟译，商务印书馆1980年版，第234页。

② 〔德〕黑格尔:《小逻辑》，贺麟译，商务印书馆1980年版，第238页。

③ 〔德〕黑格尔:《小逻辑》，贺麟译，商务印书馆1980年版，第238页。

④ 《列宁选集》第2卷，人民出版社2012年版，第557页。

⑤ 《列宁选集》第2卷，人民出版社2012年版，第557页。

⑥ 《马克思恩格斯选集》第3卷，人民出版社2012年版，第504页。

恩格斯曾多次论及这个“黑格尔的度量关系的关节线”，[①]指出“在这里纯粹量的增多或减少在一定的关节点上引起**质的飞跃**，例如，把水加热或冷却，沸点和冰点就是这种关节点，在这种关节点上——在标准压力下——完成了进入新的聚集状态的飞跃，就是说，在这里量就转变为质”。[②]

马克思在写作他的巨著《资本论》时，曾对质量互变规律做过许多具体的阐述。例如在考察货币向资本的转化时，就曾明确指出：“……不是任何一个货币额或价值额都可以转化为资本。相反地，这种转化的前提是单个货币占有者或商品占有者手中有一定的最低限额的货币或交换价值。”“货币或商品的占有者，只有当他在生产上预付的最低限额大大超过了中世纪的最高限额时，才真正变为资本家。在这里，也像在自然科学上一样，证明了黑格尔在他的《逻辑学》中所发现的下列规律的正确性，即单纯的量的变化到一定点时就转变为质的区别。”[③]在这句话后面，马克思还特意加了一个注：“现代化学上应用的、最早由洛朗和热拉尔科学地阐明的分子说，正是以这个规律作基础的。”[④]对于马克思的这一论述，恩格斯后来在《反杜林论》中又做了专门的阐释，同时还对马克思在注释中所举的例子进行了具体的考察。他指出：在“碳化物的同系列”中，“我们看到了由于元素的单纯的数量增加——而且总是按同一比例——而形成的一系列在质上不同的物体”，而“这几个系列仅仅是特别明显的例子；在化学中，差不多在任何地方，例如在氮的各种氧化物中，在磷或硫的各种含氧酸中，都可以看到‘量转变为质’”。[⑤]

恩格斯进一步指出：“马克思《资本论》的整个第四篇——《相对剩余价值的生产》，就在协作，分工和工场手工业，机器和大工业的领域内，谈到无数关于量变改变事物的质和质变同样也改变事物的量的情况，……量转化为质，质转化为量。例如谈到了这样的事实：许多人协作，许多力量融合为一个总的力量，用马克思的话来说，就产生‘新力量’，这种力量和它的单个力

① 《马克思恩格斯选集》第3卷，人民出版社2012年版，第420页。

② 《马克思恩格斯选集》第3卷，人民出版社2012年版，第420—421页。

③ 《马克思恩格斯选集》第2卷，人民出版社2012年版，第197页。

④ 《马克思恩格斯选集》第2卷，人民出版社2012年版，第197页。

⑤ 《马克思恩格斯选集》第3卷，人民出版社2012年版，第505—506页。

量的总和有本质的差别。"[①]此外，恩格斯还举出拿破仑的例子，谈到当年拿破仑所描述的"骑术不精、但有纪律的法国骑兵和当时无疑地最善于单兵格斗、但没有纪律的骑兵——马木留克兵之间的战斗"，指出"在拿破仑看来，要使整体队形和有计划行动中所包含的纪律的力量显示出来，而且要使这种力量甚至胜过马匹较好、骑术和刀法较精、至少同样勇敢而人数较多的非正规骑兵，就必须有一定的最低限度的骑兵的数量"。[②] 在这里，质与量之间的相互转化同样清楚地表现出来。

认识了事物发展变化中量变和质变这两种基本形态及其相互转化的规律，我们在领导工作的实践中就应以这方面原理为指导，科学把握及合理调控事物发展的具体进程。面对一个现实的事物，首先要弄清楚它的质和量这两种基本的规定性是怎样的，既要有定性分析，也要有定量分析，包括规模、程度、速度等，力求对其有一个全面、准确的了解；进而研究这一事物发展中可能发生的量的变化，以及这种量变可能引起的质的变化；研究这种量变需要一个怎样的逐渐展开过程，以及在什么情况下才会向根本性的质变转化，弄清楚实现这一转化的"关节点"即度的界限在哪里。只有在这样一种认识的基础上，才有可能制定出正确的工作方案，推动事物的发展进程有序展开。在事物发展的量变阶段，要能够沉得住气，有足够的韧性和耐心，扎扎实实地做好前期各项工作，为质变阶段的到来做好准备，而不能急躁冒进，仓促行事。而当这些工作进行到一定程度，量的变化逐渐累积起来，最终达到既定的关节点时，向质变阶段转化的时机就成熟了；这时就要果断决策，迅速出击，全面展开相关部署，集中力量取得实质性突破，完成从一种质向另一种质的"飞跃"。当然，事物的发展是不会停止的，原有的事物通过量变到质变的过程最终转变成一种新的事物，而新的事物仍需要继续发展，这时新的量变到质变的过程又会接着展开。领导工作中也同样是如此，在达到既定的目标之后，又要继续向下一个目标迈进，推动各项工作不断取得新的进步。

要了解唯物辩证法关于质量互变的原理在领导工作中的运用，不妨读一

① 《马克思恩格斯选集》第 3 卷，人民出版社 2012 年版，第 504—505 页。

② 《马克思恩格斯选集》第 3 卷，人民出版社 2012 年版，第 507 页。

读毛泽东的《论持久战》。这篇发表于抗日战争时期的重要著作，在历史上曾产生过深刻影响。当时战争已经全面爆发，日本帝国主义对中国本土大举进攻，中国军民奋起抵抗，与侵略者展开殊死搏斗。但是，究竟如何看待这场战争，战争的结局将会如何，而战争的过程又会怎样展开？人们对这些问题的见解各异，出现了失败主义的“亡国论”和盲目乐观的“速胜论”等错误观点。毛泽东的《论持久战》正是针对这些重大问题进行了深入的研究，并做出了科学的回答；而唯物辩证法关于质量互变的原理，在这里得到了很好的运用。

毛泽东在这篇著作中指出，要正确认识中日之间的战争，就必须采用客观的和全面的观点，对“中日战争互相矛盾着的基本特点”做出具体分析。他说：“战争就是这些特点的比赛。这些特点在战争过程中将各依其本性发生变化，一切东西就都从这里发生出来。”①他强调：“只有依据全部敌我对比的基本因素，才能得出正确的回答。”②通过分析，毛泽东深刻地指出：中日之间在国力上的确存在“强弱对比”，这是事实；但同时又要看到，两国之间“还有小国、退步、寡助和大国、进步、多助的对比”。将这两方面的因素综合起来看，“强弱对比虽然规定了日本能够在中国有一定时期和一定程度的横行，中国不可避免地要走一段艰难的路程，抗日战争是持久战而不是速决战；然而小国、退步、寡助和大国、进步、多助的对比，又规定了日本不能横行到底，必然要遭到最后的失败，中国决不会亡，必然要取得最后的胜利”。③

著作中进而分析了敌我双方强弱优劣的相对性，指出“只要我能运用正确的军事的和政治的策略，不犯原则的错误，竭尽最善的努力，敌之不利因素和我之有利因素均将随战争之延长而发展，必能继续改变着敌我强弱的原来程度，继续变化着敌我的优劣形势。到了新的一定阶段时，就将发生强弱程度上和优劣形势上的大变化，而达到敌败我胜的结果”。④依照敌我力量此消彼长的基本趋势，可以对中日战争的可能进程做一个总体的描述：“这种持

① 《毛泽东选集》第2卷，人民出版社1991年版，第450页。

② 《毛泽东选集》第2卷，人民出版社1991年版，第459—460页。

③ 《毛泽东选集》第2卷，人民出版社1991年版，第452—453页。

④ 《毛泽东选集》第2卷，人民出版社1991年版，第461页。

久战，将具体地表现于三个阶段之中。第一个阶段，是敌之战略进攻、我之战略防御的时期。第二个阶段，是敌之战略保守、我之准备反攻的时期。第三个阶段，是我之战略反攻、敌之战略退却的时期。”毛泽东强调，“客观现实的行程将是异常丰富和曲折变化的，谁也不能造出一本中日战争的‘流年’来；然而给战争趋势描画一个轮廓，却为战略指导所必需。”[①]

毛泽东在《论持久战》中所做的这些分析和研判，被实践证明是完全正确的。后来的战争进程也正是按照他的预测一步步渐次展开，中国人民经过不屈不挠的艰苦斗争，促使战争的态势从量变到质变不断转化，最终赢得了这场战争的胜利。

在当代中国社会发展的实践中，体制改革 40 多年的推进过程，也充分体现了唯物辩证法所揭示的质量互变规律。中共十一届三中全会之后开始的这场改革，是一场十分深刻的社会变革，被称作“中国的第二次革命”[②]。当然，这场“革命”不是要改变中国的社会主义基本制度，而是要变革作为社会主义基本制度实现形式的具体体制；但它又不是对旧体制的细枝末节的修补，而是要从根本上革除那种“经过几十年的实践证明是不成功的”旧体制[③]，代之以一种更为适合、更有活力的新体制。这场“革命”性质的改革涉及社会的经济、政治、文化等各个领域，是一项复杂的系统工程；对此，作为“改革总设计师”的邓小平讲得很清楚：“改革是全面的改革，包括经济体制改革、政治体制改革和相应的其他各个领域的改革。”[④]那么，这样一场深度和广度上都不同寻常的重大改革，又应如何推进呢？我们党正确地分析了当时的形势和各方面社会条件，决定采用一种分层次分步骤逐渐推开、最终取得突破的渐进式战略；而这样一种战略的应用，正是契合了质量互变规律的客观要求。

应该看到，在当时的情况下，改革的推进方式遇到了多项重要条件的限制。就改革本身而言，虽然以新体制取代旧体制这一总的方向已经明确，但

① 《毛泽东选集》第 2 卷，人民出版社 1991 年版，第 462 页。

② 《邓小平文选》第 3 卷，人民出版社 1993 年版，第 113 页。

③ 《邓小平文选》第 3 卷，人民出版社 1993 年版，第 237 页。

④ 《邓小平文选》第 3 卷，人民出版社 1993 年版，第 237 页。

新的体制究竟应该如何建构，并不是从一开始就很清楚，不可能一下子拿出一个成熟、完整的设计方案，而只能边实践、边认识，“摸着石头过河”。而从社会发展的整体进程看，在耽误了几十年的时间之后，我们好不容易实现了工作重点的转移，把经济建设确定为中心任务，这时必须像邓小平所强调的那样，“横下心来”“扭着不放”，[①]“其他一切任务都要服从这个中心，围绕这个中心，决不能干扰它，冲击它”。[②]所谓“其他一切任务”，当然包括体制改革。此外，我们刚刚从“文化大革命”的内乱中走出来，人心思安，社会心理拒斥新的不稳定的可能性，体制改革如果不能顺应这一普遍愿望，就不会得到广大群众的拥护和支持。而且，如果不能保持稳定，经济建设以及社会各个领域的发展都不能得到保证；如邓小平所指出的：“如果没有一个稳定的环境，中国什么事情也干不成。”[③]在这样一种特殊的背景下，我们所要进行的这场改革几乎别无选择，采取渐进式战略是唯一明智和可行之举。

在具体部署上，中国改革的渐进式战略有以下几个特点。第一，虽然改革是涉及社会各个领域的“全面的改革”，但各领域改革并不是齐头并进、同时展开，而是首先从经济领域入手，以经济体制改革为切入点，政治体制、文化体制等其他领域的改革则随着经济体制改革的不断深化而逐步跟上。经济体制属于生产关系的范畴，首先进行经济体制改革，有助于解决当时最为迫切的经济发展问题，为经济建设这一中心任务提供支持；而对于政治体制和文化体制来讲，经济体制又具有基础的意义，这方面改革搞好了，可以为政治体制和文化体制的改革提供支点。第二，即使是经济体制改革本身，也同样不是一下子全面铺开，而是先从农村开始，走一条新的“农村包围城市”的道路。如邓小平所说：“改革首先是从农村做起的，农村改革的内容总的说就是搞责任制，抛弃吃大锅饭的办法，调动农民的积极性。”[④]在农村改革取得显著成效的基础上，中共中央才做出《关于经济体制改革的决定》，将改革的重点转向城市。而“城市改革实际上是整个经济体制的改

① 《邓小平文选》第2卷，人民出版社1994年版，第249页。

② 《邓小平文选》第2卷，人民出版社1994年版，第250页。

③ 《邓小平文选》第3卷，人民出版社1993年版，第348页。

④ 《邓小平文选》第3卷，人民出版社1993年版，第117页。

革"[①]，由此"经济体制的全面改革逐步展开"[②]。第三，以城市改革为重点的全面经济体制改革展开后，又经历了一个逐步探索的过程，才最终确立了社会主义市场经济新体制的目标模式。在改革的初期，只是小心翼翼地向计划经济体制注入市场机制的因素，提出"以计划经济为主，市场调节为辅"；[③]之后开始探索"公有制基础上的有计划的商品经济"，[④]接下来又提出"社会主义有计划商品经济的体制"是"计划与市场内在统一的体制"；[⑤]直到1992年邓小平南方谈话之后，围绕计划经济和市场经济的思想禁锢才终于被打破，中共十四大最终确认："我国经济体制改革的目标是建立社会主义市场经济体制。"[⑥]第四，在建立社会主义市场经济新体制的过程中，也是本着先易后难的原则从各方面循序展开。社会主义市场经济体制的构成包括市场主体、市场体系、宏观调控体系、社会保障体系等各个方面，而所有这些方面的改革都涉及许多复杂问题。我们没有急于求成，而是充分考虑到问题的成熟程度，由易到难、由浅入深地逐渐展开。包括所谓"体制内改革"和"体制外改革""存量改革"和"增量改革"等特殊关系的处理，也都是体现了这样一种战略考虑。

经过几十年的不懈努力，中国的体制改革已取得了一系列重大成果。而在各项改革成功推进的同时，有效地维护了社会稳定，没有发生大的社会震荡；我们始终坚持以经济建设为中心，保持了较快的发展速度，生产力水平和人民生活水平大幅提高。实践结果表明，改革所采取的渐进式战略总体上是成功的。当然，这场改革迄今尚未完结，仍处于攻坚期和深水区，在新的阶段上，还有不少难点问题需要进一步探索和解决。我们应在认真总结已有经验的基础上，以"更大的政治勇气和智慧"[⑦]将改革推向前进，确保改革的各项目标最终得以实现。

---

① 《邓小平文选》第3卷，人民出版社1993年版，第130页。

② 《邓小平文选》第3卷，人民出版社1993年版，第142页。

③ 《三中全会以来重要文献选编》(下)，人民出版社1982年版，第1057页。

④ 《十二大以来重要文献选编》(中)，人民出版社1986年版，第568页。

⑤ 《十三大以来重要文献选编》(上)，人民出版社1991年版，第26页。

⑥ 《十四大以来重要文献选编》(上)，人民出版社1996年版，第18—19页。

⑦ 《十八大以来重要文献选编》(上)，中央文献出版社2014年版，第14页。

2. 量变和质变的复杂性。多种情况及表现形式

事物的发展变化表现为量变和质变这两种基本形态，量变引起质变，质变又会引起新的量变。而进一步的考察告诉我们，无论量变还是质变，在实际过程中都会有多种不同的表现形式，而事物发展变化的这两种基本形态也不是简单机械地依次展开，而是错综复杂地交织在一起。对于这种复杂性，应该给予足够的关注，并在实际工作中妥善应对和把控。

如前所述，所谓量变一般说来便是事物在数量上的增加和减少。然而在实际过程中，这种数量上的变化又会表现出多种不同的情况。一种情况是，该事物的构成成分或要素本身发生变化，数量上有所增加，或者有所减少。这种数量变化达到一定规模，便使得事物的性质发生改变。例如马克思在《资本论》中所分析的，货币占有者或商品占有者手中所持有的货币达到一定数额时，便开始向资本转化。与之不同的第二种情况则是，事物的构成成分或要素本身并没有增加或者减少，但它们各自的性能却有所改变，增强或者减弱，提升或者降低。这也是量变的一种形式，到一定程度时也会引起事物的质变。例如一个工作团队，虽然其组成人员的数量没有变化，但通过学习和训练使人员素质和能力得到提高，这同样会改变整个团队的工作状态，并影响到相关进程的结果。在实际工作中，这两种不同形式的量变都有其特定的意义，应统筹考虑、综合利用。而就其基本特征而言，前一种形式的量变与通常所说的外延式发展相关联，后一种形式的量变则与所谓内涵式发展的要求相一致；随着发展进程的展开，内涵式发展的要求往往会越来越突出地表现出来，需要给予更多的重视。

然而还不仅如此。除了以上两种情况之外，事物的量变还会有第三种情况，即它的构成成分或要素在数量上没有增减，各自的性能也没有改变，而只是这些成分或要素的组合方式或结构形式发生了变化，最终也会对事物的性质和状态产生影响。在这方面，化学中所谓的同分异构体就是典型的例子。一些化合物的分子式相同，分子中所包含的原子及其数量都一样，只是由于这些原子的排列顺序不同，其结果就形成了不同的化合物。在社会活动中，此类情况更是常见，即使人员数量相同，人员的素质和能力也相同，只是他

们相互之间发生联系及形成组合的方式不同，活动的结果也往往会很不相同。这不仅是指同一团体内部的人员组合，也包括不同团体之间的力量调配。“田忌赛马”这一典故，所讲述的就是将参赛马匹按照不同的方式进行组合从而得到不同结果的故事。

事物构成成分或要素的组合方式或结构形式的变化，涉及它们相互之间的数量关系，包括空间位置的远近、时间顺序的先后、关联程度的松紧、相互作用的强弱等，所以也应该属于量变的范畴。这种量变形式从表面上看不像前两种形式那样直接，因而常常被人们所忽视，但它在事物发展进程中却有着特殊重要的作用。过去的一个时期中，我们对于生产力的认识还主要集中在生产力的构成要素上，以为要促进生产力的发展，只是从这些要素入手就可以了。改革开放之后，随着社会主义现代化建设的不断展开，我们才越来越清楚地认识到，管理也是生产力。能否提高管理水平，使生产力的各种要素在生产过程得到科学配置，以合理的方式运转起来，对于生产力的发展有着极其重要的作用。也正是从这时开始，经济管理才成为经济领域中的一个热门学科。

与量变方面的情况相对应，事物发展中的质变也存在多种不同的情况。质变从一般意义上说便是事物的根本性质的改变，是从一种质向另一种质的“飞跃”。而这个“飞跃”又往往有两种不同的形式：一种是爆发式飞跃，一种是非爆发式飞跃。所谓爆发式飞跃表现为比较剧烈的外部冲突，旧的质在冲突中被彻底打破，新的质则在冲突中得到确立。所谓非爆发式飞跃则与之不同，它不需要经历这种剧烈冲突，而是可以通过相对平和的方式得到实现。无论是自然领域和社会领域，这两种质变形式都普遍存在，需要根据实际条件具体认识和对待。从历史上看，一些根本性的重大变革往往都会引发剧烈的外部冲突，需要通过爆发式飞跃来完成。从一种社会形态过渡到另一种社会形态的社会革命是如此，同一种社会形态内部的变革也是如此。究其原因，无非是这种变革在较深层次上触及了原有的利益格局，不同社会集团的根本利益严重对立，社会矛盾无法调和，只能通过这种方式来解决。但在特定的条件下，社会变革也可以不发生这种剧烈的外部冲突，而是采取某种和平的方式，实现非爆发式飞跃。新中国成立后，我们通过“社会主义改造”实现了从新民主主义向社会主义的过渡，就是一个很好的例子。而在改革开放的进程中，我们又采取了渐进式的推进战略，力求最大限度地减少社会冲突，在不发生大的社会震荡的前提下将改革一步步推向前进，从而为实现非爆发式飞跃创造了条件。

一般说来，爆发式飞跃在通过剧烈的外部冲突促使质变得以实现的同时，也会造成一定的损失和破坏，使社会付出更多的成本和代价。而非爆发式飞跃则显得更为稳妥，负面作用相对较小。所以，在可能的情况下，应首先考虑非爆发式飞跃的质变形式。对于领导者来说，可以在这一方面起到引领和促进作用，包括制定切实可行的推进方案，积极稳妥地组织实施等。当然，如果条件不允许，只能采取爆发式飞跃的形式，某种比较剧烈的外部冲突无法避免，那就要勇于面对，做好充分准备，坚决果断地解决问题。而从领导工作的具体实际来看，通常所面对的更多地是社会各领域的某些相关进程，所涉及的也主要是部分群体和社会成员的局部利益。在这个层面上，应该说如果把控得当，实现非爆发式飞跃的几率还是比较大的，关键是要把前期各项工作做细、做实、做到位。要综合考虑各种复杂因素，统筹协调各项政策措施，尽可能兼顾各方利益诉求，力求化解矛盾、凝聚共识、形成合力。在这一过程中，应充分重视宣传引导和信息交流等方面的工作，努力让更多的人了解真实情况，消除由于信息不畅而产生的误解和疑虑。

所谓爆发式飞跃和非爆发式飞跃，只是从特定角度对事物的质变形式所做的区分，除此之外还可以从其他不同的角度或方面去区分。而且不论爆发式飞跃还是非爆发式飞跃，各自还会有多种更为具体的表现形式。在这个问题上，数学领域中的“突变论”做出了独特的研究，它用数学模型来考察事物由一种结构稳定态向另一种结构稳定态的突然跃迁过程，亦即所谓突变过程，具体地描述了这一过程在相关变化因素的作用下所呈现出的多种几何图形，如折叠型、尖角型、燕尾型、蝴蝶型、双曲型、椭圆型、抛物线型等。研究表明，如果变化因素超出设定范围，这些图形还将变得更为复杂。从哲学上看，这里所说的突变过程也就是事物的质变过程，“突变论”的研究很好地说明了事物质变形式的多样性。由于不同事物的质变过程所涉及的具体因素不同，其具体展开方式也自然会表现出多种不同的情况；无论自然领域还是社会领域，都同样是如此。领导者在处理此类问题时，应在把握质量互变的一般规律的前提下，从不同事物的具体实际出发，引导其质变过程以最为适合的具体形式顺利展开。

事物发展中量变和质变的复杂性不仅表现在这两种变化形态自身形式的多样性，而且还表现为二者的相互贯通和相互交织。事物发展的总体进程是由量变到质变，但质变并非只是到最后才出现，量变过程中也包含着质变，这便是通常所说的部分质变。所谓部分质变也会有两种不同的情况：一种情况是，事物的性质从根本上说仍继续保持，但与以往相比已有明显不同，在一定程度上发生了改变，事物的发展因此而呈现出阶段性特点。这样一种变化，可以说是阶段性的部分质变。另一种情况则是事物的性质从整体上看仍继续保持，但其中某些构成部分的性质却已经发生了改变，事物的发展因此呈现出不平衡的状况。这样一种变化，则可以说是局部性的部分质变。当然，部分质变的这两种形式也是相互联结着的，局部性的部分质变也会在历时态意义上表现为一种特殊的阶段性。而无论阶段性部分质变还是局部性部分质变，都是部分地改变了事物的性质，使事物的发展朝着最后的质变显著地前进了一步。在领导工作的实践中，这种部分质变可以作为把握事物发展总体进程的重要扭结，同时也是梳理和总结已经取得的阶段性成果、继而向新的阶段性目标进发的过渡性平台和立脚点，应充分认识，并合理地加以利用。

毛泽东在谈到中国革命的历史进程时，就曾对这种量变过程中的部分质变做过具体阐述。他指出："在一个长过程中，在进入最后的质变以前，一定经过不断的量变和许多的部分质变。……打垮蒋介石，这是一个质变。这个质变是通过量变完成的。例如，要有三年半的时间，要一部分一部分地消灭蒋介石军队和政权。而这个量变中，同样有若干的部分质变。在解放战争期间，战争经过几个不同的阶段，每个新的阶段同旧的阶段比较，都有若干性质的区别。"[①]应该说，不仅是这里所讲的解放战争时期，中国革命的各个时期也都是如此，都分别经历过若干具有部分质变性质的具体阶段，一个阶段一

① 《毛泽东文集》第 8 卷，人民出版社 1999 年版，第 107—108 页。

个阶段地向前推进。而这些不同的历史时期又在更大的范围内构成了中国革命总体进程中的一些主要阶段，展现出中国革命一步步走向成功的历史脉络。

在当代，我们党在领导人民开展社会主义现代化建设的过程中，也很好地利用了这种量变过程中的部分质变。众所周知，我国的现代化建设是在一个相对落后的基础上起步的；新中国刚成立时，国家的经济体系中虽然已有一些现代工业的成分，但总体上还是一个落后的农业国。经过几十年的艰苦努力，我们在各方面取得了一系列重要成果，但同时也遭遇了重大曲折。党的十一届三中全会之后，我们拨乱反正，全面实行改革开放，使社会主义现代化建设进入到一个全新的时期。针对这一时期的具体实际，我们党制定了“三步走”的推进战略：第一步是从 1980 年到 1990 年，用 10 年的时间实现国民生产总值翻一番，解决人民的温饱问题；第二步是从 1990 年到 2000 年，再用 10 年时间，使国民生产总值再翻一番，人民生活达到“小康”水平；第三步则是从 21 世纪初到世纪中叶，再用 50 年左右的时间，使人均国民生产总值达到中等发达国家的水平，基本实现现代化。应该说，这是一个充满智慧的战略设计，既着眼长远，又脚踏实地，既有明确的方向，又有合理的布局，对几个重要时间节点的把握也比较适当。以“三步走”的方式将我国社会主义现代化建设的总体进程划分为三个阶段，前两个阶段都属于部分质变的性质，而第三个阶段则将最终完成发展中的质变。

实践证明，这个“三步走”的现代化战略是符合客观规律要求的。在全社会的共同努力下，到 20 世纪末，第一步和第二步战略目标均已顺利实现，国民生产总值“翻两番”，人民生活总体上达到了“小康”水平。由此，社会主义现代化建设如期进入第三个基本阶段。而在这一历史节点上，我们党认真总结了已有的实践，对“三步走”战略做出了进一步的规划和安排，提出要在 21 世纪的头 20 年“全面建设惠及十几亿人口的更高水平的小康社会”，并把“全面建设小康社会”作为“实现现代化建设第三步战略目标必经的承上启下的发展阶段”。[①] 这又是一项重大的战略设计，它在第三个大的阶段中又划分出一个更为具体的新的阶段。如今，这一阶段的任务也已按期完成，

① 《中国共产党第十六次全国代表大会文件汇编》，人民出版社 2002 年版，第 17—18 页。

全面建设小康社会圆满收官。于是，我们党又对2020年到本世纪中叶的现代化建设做出了新的部署，将其再次划分为两个阶段：一是“从二〇二〇年到二〇三五年，在全面建成小康社会的基础上，再奋斗十五年，基本实现社会主义现代化”；二是“从二〇三五年到本世纪中叶，在基本实现现代化的基础上，再奋斗十五年，把我国建成富强民主文明和谐美丽的社会主义现代化强国”。[①] 这样，原有的“三步走”战略中的第三个基本阶段，便先后被划分成三个具体的发展阶段：一个20年，两个15年。这一层次上的阶段划分，对于其所在的大的阶段来说也同样具有部分质变的性质；而正是在这些部分质变的基础上，才能最终完成根本性、整体性的质变，实现社会主义现代化的宏伟目标。

如果说部分质变的存在表明量变过程中包含着质变，那么从另一方面看，质变过程中也同样包含着量变，这通常表现为这一阶段上特有的大规模的量的扩张。任何质都表现为量，旧质的消解和新质的形成，也都要通过量的转换表现出来。当事物的发展由量变阶段进入质变阶段，并不是说不再有量的变化，而只是量的变化方式由量变阶段那种相对缓慢的、渐进的方式转变为快速的、集中爆发的方式。因此，在这一阶段，同样要注意量的规定，要在对事物的质变有一个总体掌控的前提下，继续关注各方面量的变化，除了做好涉及事物质的规定的全局性工作之外，也要认真细致地做好体现着事物量的规定的各项具体工作，确保事物的质变过程按要求充分展开。

3. 其他相关问题。方法论的双向应用

唯物辩证法所揭示的质量互变规律，为我们科学掌控事物发展的具体进程提供了客观依据。而从领导工作的实际来看，要使这方面原理真正有效地得到应用，还有一些相关问题需要进一步做出说明，并澄清某些不正确的认识。

如前所述，量变和质变作为事物发展变化的两种不同形态，在展开过程中表现出不同的特点。量变是逐渐发生的，所需的时间相对较长；而质变则

① 《中国共产党第十九次全国代表大会文件汇编》，人民出版社2017年版，第23页。

是一种突变，能够在较短时间内迅速完成。但在实际工作中，究竟如何掌控这两种变化的时间，还需要根据事物本身的实际情况以及各方面具体条件来确定，而不能简单化地去理解。在事物的量变阶段，固然需要安排适足的时间，不能过于匆忙、急于求成，但并不是说时间越长越好，可以无限拖延，更不意味着原地徘徊、裹足不前。在可能的条件下，还是要尽量加快进度，力争在有限的时间内做更多的事情。在受到内部和外部相关因素的制约、可掌控的时间并不充裕的情况下，更是需要提高效率，抓紧完成相关工作任务。那种将量变阶段的渐进性特点简单化、绝对化地加以理解，以消极和被动的态度加以对待，甚至以此为借口放弃责任，不努力、不作为的倾向和做法，是错误的和有害的。与此相对应，在事物的质变阶段，固然需要果断出手，尽快取得突破，不能优柔寡断、坐失良机，但也并不等于盲目求快、草率行事，更不能毫无章法地一哄而上，而应在认真做好前期准备的基础上，按照既定的方案合理调配力量，统筹安排，全面协调，促使整个质变过程有序展开。在快速推进和大规模扩张的同时，要确保各项工作扎实有效，该做的事情一定要做到位，尽可能防止和减少疏漏，排除隐患。那种以为质变阶段的突破属于水到渠成、自然而然就能实现的观点和看法，同样是错误和有害的。

量变和质变作为事物发展变化的两种基本形态，在历时态的意义上构成事物发展过程的两个基本阶段；二者前后相继、相互联结，对于事物的发展变化来说不可或缺。在实际工作中，绝不能将二者割裂开来，只讲量变、不讲质变，或者只讲质变、不讲量变，这都违背了质量互变的客观规律，是不可能成立的。例如，在谈到中国改革的渐进式战略时，应防止一种不正确的观点，这便是把渐进式战略简单地等同于“量变式”战略，似乎这一战略的实施只需要借助于量变，一步一步地慢慢向前推进，通过逐渐的累积就能够达到目的。这种观点实际上便是将量变与质变割裂开来，只讲量变、不讲质变，试图以量变取代质变。须知发展中的量变只是为质变进行必要的条件准备，当量变积累到一定程度，达到“度量关系的关节线”时，事物的发展就将进入一个新的阶段，通过质变的方式实现从一种质向另一种质的转换。如果这个质变的阶段不能正常展开，事物发展变化的整体过程就不能最终完结。

同时，如前所述，即使是在量变阶段，也需要有一系列的“部分质变”，这些部分质变当然也不同于纯粹的量变。在我们的改革实践中，渐进式的推进战略虽然突出强调了“渐进”的要求，但同样需要兼顾量变和质变这两种不同的变化形态，既要推动量变，也要推动质变。这场改革任务艰巨，条件特殊，不可能一步到位，而只能分阶段、分步骤地逐渐展开，但最终要在整体的高度实现整合，将改革的成果拓展到全局，从而实现最后的“飞跃”和质变。在这一总体进程中，又会有各种局部性和阶段性的部分质变，同样需要我们把握时机，统筹安排，在做好前期准备的基础上果断推进，迅速打开局面，取得突破。绝不能单纯地讲“渐进”，始终四平八稳、波澜不惊，那样是不可能真正完成改革的既定任务的。

正如我们在一开始就已指出的，领导者在掌控事物发展的具体进程时，所应具备的是一种循序渐进、适时突破的能力。而这一能力本身就包含了两个方面的要求，既有“循序渐进”，又有“适时突破”。二者相辅相成，缺一不可，该渐进的时候要渐进，该突破的时候则要突破；渐进要“循序”，突破则要“适时”。这两个要求的提出，正是以事物发展进程中的量变和质变这两个基本阶段的特点为依据的，只有将它们统一起来全面理解和把握，才能有效推动事物发展进程的不断展开。

除了以上这些问题之外，还有一个特殊的问题也应引起我们的注意。在前面讨论事物矛盾运动中的转化机制时，我们曾遇到一个双向转化的问题：矛盾的转化既可以是正向的，也可以是反向的；前者是朝着积极方向的转化，而后者则是朝着消极方向的转化。对于领导者来说，一方面要积极促进正向的转化，另一方面还要努力防止反向的转化。而在这里，有关质量互变规律的认识和把握，也同样会遇到类似的情况：事物发展中的量变和质变，也有一个朝着不同方向变化的问题，因而也需要采取相应的对策。

按照质量互变规律，事物的发展变化总是从并不显著的量变开始，经过逐渐的累积而最终导致根本性的质变。从一般意义上说，这一规律是着眼于事物的发展过程，而所谓发展不同于一般的运动和变化，本身便是一种由低级到高级不断前进和上升的特殊过程。因此，质量互变规律所揭示的从量变到质变的过程，通常也是从这个意义上去理解，即认为它是朝着积极的、前进的方向展开的。但同时也需要指出，这个积极的、前进的方向并不是唯一的和确定不变的；通常从这个意义上去理解，并不意味着它只是在这个意义上存在着。在特定的条件下，从量变到质变的过程也有可能朝着相反的方向，亦即消极的、后退的方向展开。在实际工作中，常常可以看到这样一种情况，相关安排和部署由于在某些具体环节出现疏漏而没能及时弥补，结果问题由小到大，越来越严重，最后导致整个任务的失败。一个团队或个人发生问题，往往也是从小处开始，之后逐渐扩大和泛滥开来，终至彻底垮掉，难以挽回。有关廉政建设和反腐败斗争所涉及的大量案例，都很清楚地说明了这一点。所谓“千里之堤，溃于蚁穴”，细小的问题不注意，发展下去也可能酿成大患。这种情况所体现的，也同样是质量互变、量变引起质变的一般规律，只不过变化的方向不同而已。

而对于领导者来说，在充分重视唯物辩证法质量互变原理的正向应用，推动量变到质变的过程朝着积极方向展开的同时，也要重视这一原理的反向应用，防止和控制量变到质变的过程朝着消极的方向展开。这就要求我们保持足够的清醒和警惕，及时发现和堵塞漏洞，排除隐患，决不让小问题变成大问题，小缺欠引发大麻烦。所谓“防微杜渐、禁于未然”，也正是体现了这一要求。这里也有一正一反两个方面，一方面是积极促进和推动，另一方面则是严格控制和防范，所面对的是两种不同方向的变化过程。两个方面的工作同样重要，缺一不可；应以认真负责的态度统筹安排，切实抓好，而不能掉以轻心，顾此失彼。

六、考察与分析：远见卓识、审时度势的能力

一个事物的发展进程，不仅有一个具体展开方式的问题，而且还有一个最终走向何方、总的趋势和方向如何的问题。作为领导者，不能目光短浅、只看到眼前，而应该具备开阔的胸襟和视野，能够将当下的发展与长远的发展结合起来，认清事物发展的趋势，把握好前进的方向。只有这样，才能引领一种事业最终走向成功，而不至于发生大的偏差。这就涉及我们所要考察的第六种能力，即远见卓识、审时度势的能力。

1. 能力要求与哲学方法论。发展进程中的必然与偶然

从一般意义上说，所谓远见卓识、审时度势的能力，就是要求领导者能够深入了解和分析现阶段发展进程中的各方面具体情况，对时局做出正确的判断，看清楚当前存在的哪些东西是有根基的、能够最终生长起来并且可持续的，而哪些东西是没有根基的、暂时的和不可持续的，从而深刻认识和把握事物发展的基本趋势，并推动事物发展朝着正确的方向不断展开。

应该看到，事物发展的具体进程是一个丰富多彩的生动过程，其中包含着各种看上去杂乱无序、互不相关的具体事件。要从这些事件中理出头绪，弄清这一进程的基本趋势是怎样的，未来会朝着什么方向发展，仅靠某种经验的直观显然是不够的。特别是在社会历史领域中，人是能动的主体，每一个具体事件的发生都与作为主体的人的意识、观念、愿望等相关联，这就更是增加了发展进程中的不确定性，似乎主体方面的一个念头、一个想法，都

有可能改变事件的结果，从而对相关进程产生影响。各种因素的作用错综交织，各方面情况不断变化，事物发展的趋势和方向究竟如何判断，常常令人感到困惑。要解除这种困惑，就需要哲学层次的理论思维，而马克思主义哲学的一系列基本原理，特别是关于事物发展进程中的必然性和偶然性及其相互关系的原理，可以为我们提供根本的方法论指导。

按照唯物辩证法的观点，事物的发展进程从表面上看是由各种偶然性所构成的，但在这些偶然性的背后，却隐藏着内在的必然性。所谓必然性和偶然性是事物发展进程中两种不同的联系，前者是这一进程中不可避免、一定如此的确定的联系，而后者则是这一进程中可以出现也可以不出现、可以这样出现也可以那样出现的不确定的联系；二者之间相互区别，同时又相互联结、相互贯通。必然性总是要借助大量的偶然性表现出来，并通过这些偶然性为自己开辟道路，离开偶然性的纯粹的必然性是没有的；而偶然性背后总是隐藏着一定的必然性，它是必然性的表现形式和补充，离开必然性的纯粹的偶然性也是没有的。如恩格斯所指出的："被断定为必然的东西，是由纯粹的偶然性构成的，而所谓偶然的东西，是一种有必然性隐藏在里面的形式。"[①] 而正是由于在偶然性的背后隐藏着这种内在的必然性，便使得事物的发展并不像表面上看到的那样漫无头绪，而是在丰富和生动的表象之下保持着某种特定的方向和趋势。因此，要真正认识事物发展的相关进程，把握其基本趋势和方向，就不能仅仅停留在偶然性的层面，而应该更深入一步，认识和揭示隐藏在这些偶然性背后的必然性。

但是，既然必然性是隐藏着的内在的联系，那么如何才能认识这种必然性呢？唯物辩证法为我们指出了正确的路径，这便是以事物发展进程中的客观规律为依据，由这些规律出发去认识。因为事物发展的必然性正是由其自身所固有的客观规律所决定的，从某种意义上说，二者属于同一个序列的概念。各种事物的发展都有其自身的规律，这些规律不以人的意志为转移，从根本上支配着事物发展的相关进程。而客观规律起作用的结果，便体现为事物发展的内在必然性，即所谓不可避免、一定如此的确定的联系，这些联系

① 《马克思恩格斯选集》第4卷，人民出版社2012年版，第251页。

进而规定了事物发展的基本趋势和方向。因此，只有深入研究和把握事物发展的客观规律，并以此为依据分析和考察事物发展的相关进程，才能真正认识隐藏在这一进程之中的内在必然性，把握事物发展的趋势和方向。

在哲学思想史上，对于必然性和偶然性的关系曾有过各种不同的见解。一些哲学家将二者形而上学地割裂开来，要么只承认必然性而否认偶然性，要么只承认偶然性而否定必然性。黑格尔作为辩证法大师，对二者的辩证关系做了比较深入的阐释，但却把这对范畴理解为神秘的绝对精神的产物。马克思主义哲学的唯物辩证法从唯物主义的立场出发去揭示必然性与偶然性之间的关系，对这个问题做出了真正科学的解答。而特别需要指出的是，由于社会历史领域具有不同于自然领域的特殊复杂性，这个问题长期得不到正确的解决。唯心主义历史观从观念出发去解释历史，把社会历史发展的动因归结为人们的主观愿望和动机，否定这一领域中存在客观规律以及与之相应的历史必然性，于是社会历史进程只能被看作是偶然事件的杂乱堆积，或者是“想象的主体的想象活动”。[①] 马克思主义创始人在创立自己哲学的过程中，深刻地批判了这种唯心史观，从唯物主义立场出发对社会历史领域进行了深入的研究，最终突破了社会历史领域的特殊性给人们造成的认识上的障碍，揭示了这一领域中的客观规律，科学地阐明了社会历史发展中的必然性和偶然性及其相互关系。

我们在之前的讨论中已经提到，恩格斯在回顾他和马克思对这一问题的探索过程时，曾对社会历史领域与自然领域的不同特点做过比较分析。他指出，“在自然界中（如果我们把人对自然界的反作用撇开不谈）全是没有意识的、盲目的动力”，“在所发生的任何事情中，无论在外表上看得出的无数表面的偶然性中，或者在可以证实这些偶然性内部的规律性的最终结果中，都没有任何事情是作为预期的自觉的目的发生的”。[②] 而“社会发展史却有一点是和自然发展史根本不相同的”：“在社会历史领域内进行活动的，是具有意识的、经过思虑或凭激情行动的、追求某种目的的人；任何事情的发生都不

① 《马克思恩格斯选集》第1卷，人民出版社2012年版，第153页。

② 《马克思恩格斯选集》第4卷，人民出版社2012年版，第253页。

是没有自觉的意图，没有预期的目的的”。[1] 这的确是一个重要的差别，但在恩格斯看来，“不管这个差别对历史研究，尤其是对各个时代和各个事变的历史研究如何重要，它丝毫不能改变这样一个事实：历史进程是受内在的一般规律支配的。”[2] 为什么这样讲呢？恩格斯对此进行了具体的说明。

他首先指出：“尽管各个人都有自觉预期的目的，总的说来在表面上好像也是偶然性在支配着。”因为“人们所预期的东西很少如愿以偿，许多预期的目的在大多数场合都互相干扰，彼此冲突，或者是这些目的本身一开始就是实现不了的，或者是缺乏实现的手段的”。[3] 就是说，“行动的目的是预期的，但是行动实际产生的结果并不是预期的，或者这种结果起初似乎还和预期的目的相符合，而到了最后却完全不是预期的结果”。[4]“这样，无数的单个愿望和单个行动的冲突，在历史领域内造成了一种同没有意识的自然界中占统治地位的状况完全相似的状况”，使得“历史事件似乎总的说来同样是由偶然性支配着的”。[5]那么事情是否就此完结了呢？不是的。恩格斯由此进一步提出：“在表面上是偶然性在起作用的地方，这种偶然性始终是受内部的隐蔽着的规律支配的，而问题只是在于发现这些规律。”[6]

那么，怎样才能发现这些“内部的隐蔽着的规律”呢？恩格斯接着具体回答了这一问题。他说，对于人们活动的目的和动机，不能只是停留在它本身，而应该进一步深入到它的背后，弄清楚“在这些动机背后隐藏着的又是什么样的动力？在行动者的头脑中以这些动机的形式出现的历史原因又是什么？”[7] 他特别强调：“如果要去探究那些隐藏在——自觉地或不自觉地，而且往往是不自觉地——历史人物的动机背后并且构成历史的真正的最后动力的动力，那么问题涉及的，与其说是个别人物，即使是非常杰出的人物的动机，不如说是使广大群众、使整个整个的民族，并且在每一民族中间又是使整个

---

① 《马克思恩格斯选集》第 4 卷，人民出版社 2012 年版，第 253 页。

② 《马克思恩格斯选集》第 4 卷，人民出版社 2012 年版，第 253—254 页。

③ 《马克思恩格斯选集》第 4 卷，人民出版社 2012 年版，第 254 页。

④ 《马克思恩格斯选集》第 4 卷，人民出版社 2012 年版，第 254 页。

⑤ 《马克思恩格斯选集》第 4 卷，人民出版社 2012 年版，第 254 页。

⑥ 《马克思恩格斯选集》第 4 卷，人民出版社 2012 年版，第 254 页。

⑦ 《马克思恩格斯选集》第 4 卷，人民出版社 2012 年版，第 254—255 页。

整个阶级行动起来的动机；而且也不是短暂的爆发和转瞬即逝的火光，而是持久的、引起重大历史变迁的行动。”[①] 在恩格斯看来，“探讨那些作为自觉的动机明显地或不明显地，直接地或以意识形态的形式，甚至以被神圣化的形式反映在行动着的群众及其领袖即所谓伟大人物的头脑中的动因——这是能够引导我们去探索那些在整个历史中以及个别时期和个别国家的历史中起支配作用的规律的唯一途径”。[②] 而正是沿着这一途径，马克思和恩格斯最终揭示了社会历史领域中的一系列重要规律，特别是生产力与生产关系、经济基础与上层建筑矛盾运动的规律，阐明了隐藏在各种偶然性背后的内在必然性，指出了社会历史发展的基本趋势和方向。

马克思主义哲学突出强调偶然性背后的必然性及其对事物发展进程的支配作用，但与此同时，它也充分肯定了偶然性在相关进程中的作用和影响。恩格斯曾这样谈到社会历史领域中必然性与偶然性之间的关系：“这里表现出这一切因素间的相互作用，而在这种相互作用中归根到底是经济运动作为必然的东西通过无穷无尽的偶然事件（即这样一些事物和事变，它们的内部联系是如此疏远或者是如此难于确定，以致我们可以认为这种联系并不存在，忘掉这种联系）向前发展。”[③] 他还提出了著名的“历史合力论”，指出“历史是这样创造的：最终的结果总是从许多单个的意志的相互冲突中产生出来的，而其中每一个意志，又是由于许多特殊的生活条件，才成为它所成为的那样。这样就有无数互相交错的力量，有无数个力的平行四边形，由此就产生出一个合力，即历史结果”。[④] 他进一步分析道：“……这个结果又可以看做一个作为整体的、**不自觉地**和不自主地起着作用的力量的产物。因为任何一个人的愿望都会受到任何另一个人的妨碍，而最后出现的结果就是谁都没有希望过的事物。所以到目前为止的历史总是像一种自然过程一样地进行，而且实质上也是服从于同一运动规律的。但是，各个人的意志——其中的每一个都希望得到他的体质和外部的、归根到底是经济的情况（或是他个人的，或是一

① 《马克思恩格斯选集》第 4 卷，人民出版社 2012 年版，第 255—256 页。
② 《马克思恩格斯选集》第 4 卷，人民出版社 2012 年版，第 256 页。
③ 《马克思恩格斯选集》第 4 卷，人民出版社 2012 年版，第 604 页。
④ 《马克思恩格斯选集》第 4 卷，人民出版社 2012 年版，第 605 页。

般社会性的）使他向往的东西——虽然都达不到自己的愿望，而是融合为一个总的平均数，一个总的合力，然而从这一事实中决不应作出结论说，这些意志等于零。相反，每个意志都对合力有所贡献，因而是包括在这个合力里面的。”①

此外还应注意的是，马克思主义哲学的唯物辩证法不仅指出了必然性与偶然性之间的相互联结，而且还指出了二者关系的另一个重要方面，即它们在一定条件下的相互转化。恩格斯曾批评过那种将二者绝对对立起来的形而上学观点：“束缚形而上学的另一对立，是偶然性和必然性的对立。还有什么能比这两个思维规定更尖锐地相互矛盾呢？这两者怎么可能是同一的，偶然的东西怎么可能是必然的，而必然的东西怎么可能是偶然的？”② 其实，所谓必然性和偶然性，都是相对于一定的层次或范围而言的；在某个层次或某种范围属于必然性的东西，放在更高的层次或更大的范围看只能算是一种偶然性，而在某个层次或某种范围属于偶然性的东西，放在更低的层次或更小的范围看则应该属于必然性。同时，在事物发展的不同阶段上，其所包含的必然性和偶然性也是不断变化着的。原先是必然性的东西，有可能在新的阶段上成为一种偶然性；而原先是偶然性的东西，也有可能在新的阶段上成为一种必然性。之所以会发生这样的转化，是因为在不同的层次和范围，以及不同的发展阶段，事物自身及其各方面联系的状况是不同的，所涉及的客观规律及其发生作用的状况也是不同的。因此，必须从绝对性与相对性的结合上去认识事物发展进程中的必然性和偶然性，而不能把它们看作僵死的、凝固的、一成不变的东西。

总之，马克思主义哲学关于必然性和偶然性及其相互关系的原理，为我们在领导工作的实践中正确把握事物发展的基本趋势和方向，提供了根本的方法论指导。一个领导者要真正具备远见卓识、审时度势的能力，在复杂的条件下保持清醒的头脑和敏锐的目光，就必须深刻理解和把握这一基本原理，并将其运用到自己的工作当中去。应该认识到，我们在实际工作中所遇到的

① 《马克思恩格斯选集》第4卷，人民出版社2012年版，第605—606页。

② 《马克思恩格斯选集》第3卷，人民出版社2012年版，第916页。

各种复杂事物，只有那些体现了其所在进程的内在必然性、符合这一进程中的客观规律的东西，才是有根基的、能够持续下去并不断地生长起来的，是有希望和有前途的；而那些不具备这种必然性、不符合客观规律的东西，则是没有根基、不能长久，没有希望、没有前途的。一种事物，如果体现了必然性，符合客观规律，那么即使在开始的时候遇到各种艰难和挫折，但仍然会十分顽强地生长起来，最终不可阻挡；而若它不具备必然性，不符合客观规律，那么即使能够暂时地存在，甚至还有可能热闹一时，但最终是站不住的，迟早要被淘汰和破除。应当坚信，“尽管有种种表面的偶然性，尽管有种种暂时的倒退，前进的发展终究会实现”。[①] 明确了这一点，我们就能够对这些复杂的事物做出正确的研判，从而做出合理的决策和选择。

2. 发展途径和道路：关于否定之否定

要在领导工作的实践中正确认识和把握事物发展的趋势和方向，切实提升远见卓识、审时度势的能力，不仅要从总体上认识事物发展进程中的必然性和偶然性及其相互关系，而且还应进一步认识和解决一个与之密切相关的重要问题，即事物发展的途径和道路问题。

应该看到，任何一种发展进程的展开，都需要借助于一定的途径和道路；事物发展的趋势和方向，也是要在这个途径和道路中展现出来。从这个意义上可以说，不了解事物发展的途径和道路，就不能真正认识和把握其趋势和方向。而在现实实践中，事物发展的途径和道路并不是一条直线，而是表现出各种曲折和复杂的情况；这种曲折性和复杂性也常常会使人产生困惑，甚至迷失正确的方向。在这个问题上，唯物辩证法关于否定之否定的基本原理，可以为我们提供根本的方法论指导。

在前面的讨论中，我们曾谈到过唯物辩证法的辩证否定观，指出在事物发展的进程中，新事物代替旧事物需要通过一个辩证否定的环节，这个辩证否定不同于那种形而上学的绝对的否定，而是一种体现着肯定和否定有机统一的辩证的“扬弃”；它不是要打断和中止事物的发展，而是使事物的发展

① 《马克思恩格斯选集》第 4 卷，人民出版社 2012 年版，第 250 页。

在已有成果的基础上得到延续，并进入到一个新的更高的阶段。正是从对于否定环节的这种辩证理解出发，唯物辩证法进一步考察了各个不同的否定环节之间所形成的逻辑联系，从而揭示了事物发展的否定之否定规律。按照这一规律，事物发展进程中并不是只经历一次否定，而是要经历多次；每一次否定都会使事物的发展上升到一个新的更高的阶段，这些阶段依次展开，便形成事物发展的基本链条和脉络。而在通常的情况下，经过两次这样的否定，亦即否定之否定，便会形成一个相对完整的发展周期；因为辩证的否定会使事物朝相反的方向转化，而连续两次这样的否定，便使事物的发展看上去似乎又回到了原点，以往阶段上的某些特征又会重复出现；但这时发展已进入新的阶段，层次和水平都得到了新的提升。这便是列宁所说的，“在高级阶段重复低级阶段的某些特征、特性等等”，“仿佛是向旧东西的复归”。[①] 事物的发展就是按照这样的规律，一个周期接着一个周期地不断展开，从而形成一种独特的途径和道路，即所谓“波浪式前进”“螺旋式上升”。这样一种途径和道路，集中体现了发展进程中前进性和曲折性的统一。

唯物辩证法所揭示的否定之否定规律，可以使我们从总体上对事物发展的途径和道路有一个清楚的了解和把握。但是，在有关这一规律的讨论中，也常会遇到一些疑点问题，需要进一步明确和澄清。其中一个关键性的问题是：为什么辩证的否定会使事物朝着相反的方向转化，而不是别的什么方向？

我们在之前的讨论中已经指出，事物发展的内在根据和根本动因，是事物自身内部的矛盾运动；而作为发展的必要环节的辩证否定，就是由这种内部的矛盾运动引起的。矛盾是“对立面的统一”，是“统一物之分为两个互相排斥的对立面以及它们之间的相互关系”；[②] 而在事物的发展过程中，一开始就内在地包含着这样两个相互排斥的对立面，一个是前进和上升的趋向，另一个则是停滞和保守的趋向；这两种趋向以多种不同的形式表现出来，形成两种相互冲突的现实的力量。起初，停滞和保守的趋向占据主导地位，它作

① 《列宁选集》第 2 卷，人民出版社 1995 年版，第 412 页。

② 《列宁选集》第 2 卷，人民出版社 2012 年版，第 557 页。

为矛盾的主要方面规定着这一阶段的事物的性质，而前进和上升的趋向则处于从属的和次要的地位。但随着时间的推移，这两种趋向的地位和作用会逐渐发生改变，停滞和保守的趋向会逐渐减弱，而前进和上升的趋向则不断增强；这两种趋向的此消彼长达到一定的程度，辩证否定的环节就会到来了。在这个环节上，前进和上升的趋向转化为矛盾的主要方面，代表新的前进趋向的力量最终战胜代表旧的保守趋向的力量，促使旧事物向新事物转化。而由于这种新的前进趋向与原有的旧的保守趋向具有相互对立的性质，那么它所主导的新事物的性质自然也就与旧事物根本不同，而旧事物向新事物的转化也自然就表现为朝着相反的方向转化。这样，辩证的否定在通过“扬弃”而使事物的发展进入到一个新的更高阶段的同时，也由于矛盾运动的规律而使事物的发展转向相反的方向。也就是说，向新的更高阶段的迈进并不是继续保持原有的方向，而是通过向相反的方向转化实现的。这两个结果同时并存，是一个过程的两个方面，不能分割，更不可或缺。二者都是辩证否定的题中应有之义，作为它的两个基本特征表现出来。

但是这里需要注意两点。第一，我们说事物在辩证否定中朝着相反的方向转化，但辩证否定往往不是一次完成的，而是需要有一个逐步推进的过程；它最终要从根本上改变事物的性质，但这种根本改变又常常需要分步骤加以实施。这也就是之前讨论过的质量互变规律中质变与部分质变的关系，在整体上的质变到来之前，往往先要有一系列部分质变。而事物朝着相反的方向转化，只有在整体上发生质变时才会发生，之前的部分质变则做不到这一点，虽然它们也都会不同程度地起到促进这一转化的作用。第二，所谓朝着相反的方向转化，只是针对既定的事物而言的，超出这一事物的范围，就是不同的情况了。须知事物的存在是错综复杂的，不同层次的事物相互包含，每一个事物都归属于更高层次的更大的事物，而在它内部也会包含着更低层次的更小的事物。要正确理解事物的否定和转化的问题，必须明确所研究的事物究竟是什么，在什么层次上存在，而不能泛泛而论，将对特定事物的研究随意扩展到更大的范围中去。某一特定事物所发生的质变，是朝着相反方向的转化；但放在更大的范围来看，对这一事物所属的更大的事物来说，则不过是某个具体方面的局部变化而已。以上两个具体限定，对于正确理解和把握否定之否定规律至关重要，不懂得这样两个限定，对规律的理解就可能出现偏差。

对于否定之否定规律，马克思主义经典作家也曾做过一系列具体的阐述。马克思在《资本论》中考察生产方式演变的历史过程时，就曾特别说明了否定之否定规律在这一过程中的体现，指出："从资本主义生产方式产生的资本主义占有方式，从而资本主义的私有制，是对个人的、以自己劳动为基础的私有制的第一个否定。但资本主义生产由于自然过程的必然性，造成了对自身的否定。这是否定的否定。这种否定不是重新建立私有制，而是在资本主义时代的成就的基础上，也就是说，在协作和对土地及靠劳动本身生产的生产资料的共同占有的基础上，重新建立个人所有制。"① 恩格斯在《反杜林论》中引述了马克思的这一观点，并进一步指出："否定的否定究竟是什么呢？它是自然界、历史和思维的一个极其普遍的、因而极其广泛地起作用的、重要的发展规律"，②"是一个非常简单的、每日每地都在发生的过程"。③ 为说明这一点，恩格斯分别从各个不同领域入手进行了考察。

他首先从自然领域谈起："我们以大麦粒为例。亿万颗大麦粒被磨碎、煮熟、酿制，然后被消费。但是，如果一颗大麦粒得到它所需要的正常的条件，落到适宜的土壤里，那么它在温度和湿度的影响下就发生特有的变化：发芽；而麦粒本身就消失了，被否定了，代替它的是从它生长起来的植物，即麦粒的否定。而这种植物的生命的正常进程是怎样的呢？它生长，开花，结实，最后又产生大麦粒，大麦粒一成熟，植株就渐渐死去，它本身被否定了。作为这一否定的否定的结果，我们又有了原来的大麦粒，但不是一粒，而是加了 10 倍、20 倍、30 倍。谷类的种变化得极其缓慢，所以今天的大麦差不多和 100 年以前的一样。"④ 再比如 "一种可培育的观赏植物"，如大丽花或兰花："我们只要按照园艺家的技艺去处理种子和从种子长出的植物，那么我们得到的这个否定的否定的结果，不仅是更多的种子，而且是品质改良了的、

① 《马克思恩格斯选集》第 2 卷，人民出版社 2012 年版，第 299—300 页。

② 《马克思恩格斯选集》第 3 卷，人民出版社 2012 年版，第 519—520 页。

③ 《马克思恩格斯选集》第 3 卷，人民出版社 2012 年版，第 514 页。

④ 《马克思恩格斯选集》第 3 卷，人民出版社 2012 年版，第 514 页。

能开出更美丽的花朵的种子，这个过程的每一次重复，每一次新的否定的否定都向前推进这种完善化。”[①]植物界是如此，动物界也是一样：“像大麦粒的情形一样，这种过程也在大多数昆虫中，例如在蝴蝶中发生。蝴蝶通过卵的否定从卵中产生出来，经过各种变化而达到性的成熟，交尾并且又被否定，就是说，一旦繁殖过程完成而且雌蝴蝶产了很多卵，它们就死亡了。”恩格斯还具体地指出：“至于其他植物和动物，这个过程的完成并不是这样简单，它们在死亡以前，不只是一次而是多次地结子、产卵或生育后代，但是在这里，这对我们来说是无关紧要的；在这里，我们只是要说明，否定的否定**真实地发生**于有机界的两大界中。”[②]

包括植物界和动物界在内的有机界是如此，那么无机界的情况又是如何呢？恩格斯举出了地质学的例子。他说：“全部地质学是一个被否定的否定的系列，是旧岩层不断逐层毁坏和新岩层不断沉积的系列。起初，由于液态物质冷却而产生的原始地壳，经过海洋、气象和大气化学的作用而碎裂，这些碎块一层层地沉积在海底。海底的局部隆出海面，又使这种最初的地层的一部分再次经受雨水、四季变化的温度、大气中的氧和碳酸的作用；从地心冲破地层爆发出来的、然后冷却的熔岩也经受同样的作用。这样，在几万万年间，新的地层不断地形成，而大部分又重新毁坏，又变为构成新地层的材料。但是结果是十分积极的：造成了由各种各样的化学元素混合而成的、通过力学作用变成粉末状的土壤，这就使得极其丰富的和各式各样的植物可能生长起来。”[③]

此外，恩格斯还谈到数学方面的情况：“我们试取任何一个代数值，例如a，如果我们否定它，我们就得到 $-a$（负 a），如果我们否定这一否定，以 $-a$ 乘 $-a$，那么我们就得到 $+a^2$，就是说，得出了原来的正值，但是已经处在更高的阶段，即二次幂的阶段。”[④]他还通过演示进一步说明：“在高等分析中”，即“在普通人的语言中称为微积分的‘求无限小之和的运算’中，否定的否

① 《马克思恩格斯选集》第 3 卷，人民出版社 2012 年版，第 514—515 页。

② 《马克思恩格斯选集》第 3 卷，人民出版社 2012 年版，第 515 页。

③ 《马克思恩格斯选集》第 3 卷，人民出版社 2012 年版，第 515 页。

④ 《马克思恩格斯选集》第 3 卷，人民出版社 2012 年版，第 515 页。

定表现得更加明显”。[①]

从自然领域来到社会历史领域，恩格斯举出了生产资料所有制关系的历史演变。他指出：“一切文明民族都是从土地公有制开始的。在已经越过某一原始阶段的一切民族那里，这种公有制在农业的发展进程中变成生产的桎梏。它被废除，被否定，经过了或短或长的中间阶段之后转变为私有制。但是，在土地私有制本身所导致的较高的农业发展阶段上，私有制又反过来成为生产的桎梏——目前无论小地产还是大地产方面的情况都是这样。因此就必然地产生出把私有制同样地加以否定并把它重新变为公有制的要求。但是，这一要求并不是要重新建立原始的公有制，而是要建立高级得多、发达得多的共同占有形式，这种占有形式决不会成为生产的束缚，恰恰相反，它会使生产摆脱束缚，并且会使现代的化学发现和机械发明在生产中得到充分的利用。”[②]

在人类思维领域里，恩格斯谈到了唯物主义与唯心主义。“古希腊罗马哲学是原始的自发的唯物主义。作为这样的唯物主义，它没有能力弄清思维对物质的关系。但是，弄清这个问题的必要性，引出了关于可以和肉体分开的灵魂的学说，然后引出了这种灵魂不死的论断，最后引出了一神教。这样，旧唯物主义就被唯心主义否定了。但是在哲学的进一步发展中，唯心主义也站不住脚了，它被现代唯物主义所否定。现代唯物主义，否定的否定，不是单纯地恢复旧唯物主义，而是把2000年来哲学和自然科学发展的全部思想内容以及这2000年的历史本身的全部思想内容加到旧唯物主义的持久性的基础上。这已经根本不再是哲学，而只是世界观，这种世界观不应当在某种特殊的科学的科学中，而应当在各种现实的科学中得到证实和表现出来。因此，哲学在这里被‘扬弃’了，就是说，‘既被克服又被保存’；按其形式来说是被克服了，按其现实的内容来说是被保存了。”[③]

最后，为了更清楚地说明问题，恩格斯还提到了卢梭的“平等说”。他详细分析了卢梭从“没有语言的原始人的旧的自发的平等”到“文明社会”中

① 《马克思恩格斯选集》第3卷，人民出版社2012年版，第516页。

② 《马克思恩格斯选集》第3卷，人民出版社2012年版，第516—517页。

③ 《马克思恩格斯选集》第3卷，人民出版社2012年版，第517页。

的“不平等”，再到“更高级的社会契约的平等”的思想脉络，进而指出：“我们在卢梭那里不仅已经可以看到那种和马克思《资本论》中所遵循的完全相同的思想进程，而且还在他的详细叙述中可以看到和马克思所使用的完全相同的整整一系列辩证的说法：按本性说是对抗的、包含着矛盾的过程，一个极端向它的反面的转化，最后，作为整个过程的核心的否定的否定。”①

以上我们用较多的篇幅引述了恩格斯对于否定之否定规律的论述，是为了使我们能够更加准确地理解唯物辩证法有关这一规律的基本原理。而理解了这些原理，就应自觉地将其运用到领导工作的实践中去。既然事物的发展是按照否定之否定规律一个周期接着一个周期地展开的，是前进性和曲折性相统一的“波浪式前进”“螺旋式上升”，那么我们就应及时地对工作中所涉及的具体事物及其发展进程做出分析和研判，了解否定之否定的一般规律在这一事物的发展进程中将会如何具体地表现出来，从而形成怎样的具体途径和道路；而事物发展的基本趋势和方向又将怎样通过这一途径和道路得到实现，如何将二者统一起来加以把握。然后在这一认识的基础上，制定出相应的对策和工作方案，推动事物的发展沿着相应的途径和道路有序展开，通过“波浪式前进”“螺旋式上升”，一步步实现既定的目标。当然，如我们在上面已经指出的，在运用否定之否定的原理指导实际工作的过程中，要特别注意把握好既定事物的层次定位，明确这一规律的适用范围，防止出现认识上的偏离和错位；同时还要着眼于事物发展的完整过程，注意区分整体上的质变和发展过程中的部分质变，正确理解和划分否定之否定的运行周期，防止在事物转化的关节点上发生误判。只要我们严格遵循唯物辩证法关于否定之否定的基本原理及其方法论要求，就一定能够对事物发展的途径和道路有一个科学的认识，从而更好地把握其发展的趋势和方向。

3. 分歧和争议：历史决定论与非决定论

马克思主义哲学主张依据事物发展进程中的客观规律去揭示隐藏在偶然性背后的内在必然性，由此认识和把握事物发展的基本趋势和方向；同时通

① 《马克思恩格斯选集》第3卷，人民出版社2012年版，第519页。

过对否定之否定规律的进一步探索，了解实现这一趋势和方向的途径和道路。但是，这一主张并不是所有的哲学派别都会赞同的，哲学领域中还存在一些与之不同乃至根本对立的观点和主张，所谓非决定论便是其中之一。

一般说来，“非决定论”的基本观点便是否定事物发展的内在必然性，不承认发展进程中有什么确定不移的趋势和方向。而与之相反的、承认必然性及其所规定的发展趋势和方向的观点和主张，则被笼统地归属于“决定论”。按照这一区分，唯物辩证法的观点和主张自然可以说是一种决定论。但需要注意的是，所谓决定论的序列中又有各种不同的派别，其观点和主张也并不一致，甚至存在重大差异。例如黑格尔哲学所主张的也是一种决定论，它也承认事物发展的内在必然性，肯定“那认世界为必然性所决定的看法”，[①]认为“假如把以认识人类事变的必然性为历史哲学的课题的学说，斥责为宿命论，那实在是再谬误不过了”。[②]但是黑格尔的哲学终究是一种客观唯心主义学说，它的决定论也只是从这一唯心主义的立场出发，借助所谓“绝对精神”的逻辑推演去阐释必然性，因此不可能达到对必然性的真正科学的认识。而马克思主义哲学则是从唯物主义的基本立场出发，承认事物发展进程中有着不以人的意志为转移的客观规律，正是这些客观规律决定了事物发展的内在必然性，并进而规定了事物发展的基本趋势和方向。唯物辩证法所主张的决定论是彻底的唯物主义决定论，它与非决定论之间存在着根本对立，因而也是各种非决定论攻击的重点对象。

决定论与非决定论的争议和冲突，突出地表现在社会历史领域中。在马克思主义哲学看来，唯物辩证法所揭示的事物发展的内在必然性，不仅存在于自然领域，而且存在于社会历史领域。如前所述，由于社会历史领域具有不同于自然领域的特殊复杂性，对这一领域的认识长期以来一直是由唯心史观占据统治地位。唯心史观从观念出发去解释历史，把社会历史发展的动因归结为人们的主观愿望和动机，否定这一领域中存在客观规律以及与之相应的历史必然性，这无疑应属于非决定论。马克思主义哲学推翻了这种唯心史

① 〔德〕黑格尔:《小逻辑》，贺麟译，商务印书馆 1980 年版，第 307 页。

② 〔德〕黑格尔:《小逻辑》，贺麟译，商务印书馆 1980 年版，第 307 页。

观及其所主张的非决定论的观点，它从唯物主义立场出发对社会历史领域进行了深入的研究，揭示了这一领域中的客观规律以及由这些规律所决定的社会历史发展的必然性，从而确立了一种真正科学的历史决定论。

但是，社会历史领域中的决定论与非决定论之争并没有因此而完结。在现代哲学研究中，一些哲学派别继续主张非决定论，并提出了一些新的观点和论断。其中，英国哲学家卡尔·波普的观点具有一定的代表性，他的主要著作之一《历史决定论的贫困》曾引起较多关注，我们不妨稍微具体地做一些考察和分析。

波普在《历史决定论的贫困》一书中集中批评了历史决定论，阐述了他的“历史进程无规律论”。他认为，人类社会的“进化”过程，与生物进化过程一样，是不可能有什么规律存在的。他在书中写道：“能否有一条进化规律呢？……我相信这个问题的答案只能是否定的，而且，探求进化的‘不变秩序’的规律不能属于科学方法的范围，无论对生物学或社会学来说都是如此。”[①]

得出这样一个结论，依据是什么呢？波普对此做出了说明。他写道：“我的理由非常简单。地球上的生命进化或者人类社会的进化，只是一个单独的历史过程。我们可以认为，这样的过程是遵照各种因果规律（如力学定律、化学定律、遗传与变异规律，自然选择规律等等）进行的。然而，对进化过程的描述不是规律，而只是一个单纯的历史命题。”[②] 在他看来，“普遍的规律，就象赫胥黎所说的，是对某个不变秩序的断定，即对某一类的所有过程的断定。……可是，如果我们永远只限于观察一个独一无二的过程，那我们就不能指望对普遍性的假说进行验证，不能指望发现科学所能接受的自然规律”。[③] 他还引证历史学家 H. A. L. 弗赛尔对于“人类社会历史”的看法：“由于它是独一无二的，所以不可能加以概括。”[④]

仔细分析一下波普在这里以及全书各处所做的阐释，首先可以从中看

---

① 〔英〕卡尔·波普：《历史决定论的贫困》，杜汝辑、邱仁宗译，华夏出版社 1987 年版，第 85 页。

② 〔英〕卡尔·波普：《历史决定论的贫困》，杜汝辑、邱仁宗译，华夏出版社 1987 年版，第 85—86 页。

③ 〔英〕卡尔·波普：《历史决定论的贫困》，杜汝辑、邱仁宗译，华夏出版社 1987 年版，第 86 页。

④ 〔英〕卡尔·波普：《历史决定论的贫困》，杜汝辑、邱仁宗译，华夏出版社 1987 年版，第 86 页。

出一点，即波普并不是一般地否认社会历史领域中有规律存在，而只是否定“历史过程”或“进化过程”本身的规律。他认为“对进化过程的描述不是规律”，但对于制约这一过程的“各种因果规律”，却是承认的。所以他说：“我们可以认为，这样的过程是遵照各种因果规律……进行的。”他在书中还特别谈到“社会科学规律”，指出：“我想，社会科学规律或假说是存在的，它们与自然科学的规律或假说是相似的。”[①]为说明这一点，他还举出了不少具体的例子，并反驳了对这些“规律或假说”的怀疑。但是，在这样做时，波普又明确指出：这些“社会科学规律和假说”“不同于所谓‘历史规律’”，[②]不能将二者混为一谈。

应该说，试图将“社会科学规律”与“历史规律”区分开来，这个看法本身是有道理的。这两种“规律”确实有着不同的规定，分属于不同的范畴。从马克思主义哲学的观点来看，前一种规律所体现的是社会历史领域中有机联系的内在机制，如生产力与生产关系、经济基础与上层建筑之间矛盾运动的规律等；而后一种规律则是体现社会历史进程中的基本脉络，表明这一进程总体上如何展开，从低级阶段到高级阶段的历史演进如何实现。通常所谓社会历史发展的“一般进程”，也就是这个意义上的“历史规律”。这样一种规律，与上面讨论的发展途径和道路，应属于同一个序列的问题；所谓“历史规律”，也就是历史发展的途径和道路方面的规律。当然，这两种不同意义的规律是相互联系的，社会发展的历史进程要受到生产力与生产关系、经济基础与上层建筑之间矛盾运动规律的制约，其“历史规律”的形成也是以这些矛盾运动规律为基础的。但尽管有这样的联系，也不能将它们简单地等同起来，看作一回事。然而遗憾的是，在有关这方面问题的讨论中，这样一种混淆却相当普遍地存在，并由此形成了不少模糊和错误的认识。

在对“社会科学规律”与“历史规律”做了区分之后，波普将争议的焦点集中在后一个方面，即认为不存在所谓的“历史规律”。其理由如上所述，主要是认为规律应具有普遍性，并要经过普遍的验证；而社会发展的历史进

① 〔英〕卡尔·波普：《历史决定论的贫困》，杜汝辑、邱仁宗译，华夏出版社1987年版，第48页。

② 〔英〕卡尔·波普：《历史决定论的贫困》，杜汝辑、邱仁宗译，华夏出版社1987年版，第48页。

程却是一个“独一无二的过程”，因此谈不上什么“普遍性”，也无法加以验证。波普的这一套推论，从形式上看似乎很符合逻辑规则，但仔细推敲一下，就会发现它最终是难以成立的。因为社会发展的历史进程并不能被简单地看作是一个“独一无二的过程”，这里需要从不同层面做出分析。

如果将人类社会看作一个世界体系，把社会发展的历史进程作为统一的世界历史的进程去理解，那么这个进程当然可以说是“独一无二”的。但与此同时，我们又要看到，人类社会的这个世界体系是由许多不同的地区、国家和民族所构成的，而世界历史的统一进程则是由这些不同地区、国家和民族各自的历史进程汇聚起来的。这些不同的地区、国家和民族之间虽然这样那样地处于相互联系之中，但它们在世界体系中毕竟都有着相对独立的地位；它们各自的历史进程固然也是相互影响和相互联结着的，但同时又毕竟可以这样那样地加以区分，最终表现为一个个相对独立的特殊进程。从这个层面上看，社会发展的历史进程就不能说是“独一无二”的，而是有多个不同的进程存在。如果我们对这些不同的进程作一些研究和考察，就可以发现，它们虽然都具有这样那样的特殊性，但其中也都包含着一些共同的、具有普遍性的内容；将这些内容提炼和概括出来，便可以描绘出通常所说的一般进程。从这个意义上可以说，社会发展的历史进程也是有着自己的规律的，这些规律与“社会科学规律”一样，符合波普所说的普遍性、可验证性等基本特征。

当然，由于世界各个地区、国家和民族之间存在多种复杂的联系，它们的历史进程不可能不受到外部的制约和影响，其独立性只能具有相对的意义。而这些外部影响的存在使得各个地区、国家和民族的历史进程难以完全展现自己的内在逻辑，而是会出现各种曲折、偏离和变异；在某些特殊的历史条件下，还会发生不同地区、国家和民族的历史进程之间的深度交叉和融合，导致原有独立进程的中断和新的复合式进程的形成。因此，要对这些复杂多样的特殊进程做出正确的研究，并从中概括出具有规律性质的一般进程来，并不是一件容易的事。但这个一般进程是实实在在地存在着的，关键是要通过真正科学的研究将它揭示出来。

值得注意的是，波普本人也意识到，他的“历史进程无规律论”若要被推翻，首先就必须“否认我们所认为的进化过程是独一无二的论点”[①]。他在书中还对可能出现的异议进行了辩驳，例如所谓“文明的生命周期律可以用研究动物物种的生命周期的同样的分法进行研究”的观点。按照这种观点，“诞生、童年、青年、壮年、老年和死亡这种生命周期，不仅适用于单个的动植物，而且也适用于社会、种族，也许甚至可以适用‘整个世界’”。[②]但波普的辩驳显然找错了地方，他终究没能意识到在世界历史的长河中，各个不同地区、国家和民族的特殊历史进程既相互联系又相对区别的辩证关系，没能从这一层面正确地认识和探索社会历史进程的一般规律问题。

此外，波普在书中还进一步谈到了社会历史进程中的“趋势”问题。他承认，“在社会变化中，趋势的存在是毋庸置疑的”。[③]但是，他强调，“趋势不是规律”，[④]不能把趋势与规律等同起来。那么趋势是什么呢？在他看来，“趋势的假定通常是一种很有用的统计方法”，“每一个统计学家都可以计算出这类趋势”。[⑤]的确，趋势与规律是两个不同的范畴，波普试图将二者区分开来，这一点并没有错。但他却没有进一步探究二者之间的内在联系，而只是简单地将趋势理解为一种“统计方法”，这就十分不够了。所谓趋势固然可以在统计学意义上表现出来，可以通过“统计方法”去了解，但在它的背后隐藏着的却是事物发展进程本身的内在必然性，对于社会历史进程而言也同样是如此。如我们在上面已经指出过的，历史进程的内在必然性规定着这一进程的基本趋势和方向，而这种内在必然性又是由社会历史领域的客观规律所决定的。当然，这里所说的规律首先是指波普所说的“社会科学规律”，至于历史进程本身的规律，亦即波普所说的“历史规律”，则是这种内在必然性的实际体现。它作为社会历史发展的一般进程，表明了社会历史发展在既定条件下的展开方式和逻辑脉络，而社会历史发展的基本趋势和方向，则需要以此为基础进一步认识和把握。

---

① 〔英〕卡尔·波普：《历史决定论的贫困》，杜汝辑、邱仁宗译，华夏出版社 1987 年版，第 86 页。

② 〔英〕卡尔·波普：《历史决定论的贫困》，杜汝辑、邱仁宗译，华夏出版社 1987 年版，第 87 页。

③ 〔英〕卡尔·波普：《历史决定论的贫困》，杜汝辑、邱仁宗译，华夏出版社 1987 年版，第 91 页。

④ 〔英〕卡尔·波普：《历史决定论的贫困》，杜汝辑、邱仁宗译，华夏出版社 1987 年版，第 91 页。

⑤ 〔英〕卡尔·波普：《历史决定论的贫困》，杜汝辑、邱仁宗译，华夏出版社 1987 年版，第 91 页。

马克思主义哲学的历史决定论承认社会历史领域的客观规律及其所决定的历史必然性，并承认社会历史发展的一般进程，这是否意味着把社会历史发展看作一个既定的、不变的过程，从而导致历史宿命论？这也是讨论中常常会遇到的一种质疑。在波普这本书中，也同样提出了这个问题，他在说明该书的有关情况时写道："本书的基本论点是，历史命运之说纯属迷信，科学的或任何别的合理方法都不可能预测人类历史的进程。"[①]认为社会发展的历史进程是不确定的和不可预测的，这是非决定论的基本观点；而把历史决定论笼统地归结为"历史命运之说"，并斥之为"迷信"，则是一种流行的偏见和曲解。有关这方面问题，正是我们在下一个专题中所要讨论的。

① ［英］卡尔·波普：《历史决定论的贫困》，杜汝楫、邱仁宗译，华夏出版社1987年版，"历史的注解"页。

七、考察与分析：掌握主动、自觉实践的能力

在以上各个专题中，我们侧重讨论了马克思主义哲学彻底的唯物主义立场和唯物辩证法关于事物联系和发展的一系列基本原理，强调在领导工作中一定要坚持从实际出发，照客观规律办事；主张依据事物发展进程中的客观规律认识其内在必然性，从而科学地认识把握事物发展的趋势和方向，以及实现这一趋势和方向的途径和道路。那么，这是不是说，事物的存在和发展都是由客观规律规定好了的，人在必然性面前无能为力，只能被动地顺应必然、服从必然呢？当然不是。作为一个领导者，还必须在尊重客观规律的前提下，努力发挥好自己的主体作用，在相关领域中主动作为、建功立业。而这就要求领导者相应地具备一种重要能力，即掌握主动、自觉实践的能力。这也就是我们所要考察的第七种能力。

1. 能力要求与哲学方法论。主客体关系与实践问题

从一般意义上说，所谓掌握主动、自觉实践的能力，就是要求领导者将尊重客观规律与发挥人的主体作用结合起来，既要讲客观规律，又要讲主体作用，努力使自己保持一种主动地位，自觉进行能动的实践，创造性地开展工作。

对于一个领导者来说，这样一种能力的重要性是不言而喻的。如果不具备这种能力，不能有效地发挥主体作用，那他在工作中只能是被动应付和消极等待，根本不可能有什么作为，所谓领导也就成为空谈。但是，如果在发

挥主体作用的时候离开了尊重客观规律这一前提，不是按照客观规律的要求去做，而只是从自己的主观愿望出发，那又有可能走到主观主义的老路上去，最终因违背客观规律、背离事物发展的内在必然性而遭到失败。如何才能处理好这两个方面的关系，将二者很好地结合起来？要解决好这个问题，就需要深入了解和把握马克思主义哲学关于主客体关系的原理，特别是马克思主义哲学的实践观点，并以此作为根本的方法论指导。

如前所述，马克思主义哲学主张存在第一性、思维第二性，物质决定意识，主观服从客观；认为不论在自然领域还是在社会历史领域，都存在着不以人的意志为转移的客观规律，这些规律决定了事物发展的内在必然性。这些观点体现了马克思主义哲学彻底的唯物主义立场，是必须强调和坚持的。但是与此同时，我们又要看到，马克思主义哲学并不是机械地强调客观规律和必然性，而是在坚持唯物主义基本立场的前提下，充分重视人的主体性，重视主体的能动作用，主张将主体与客体辩证地统一起来，全面理解二者之间的相互关系。而正是在这一点上，显示出马克思主义哲学与以往旧唯物主义哲学的重大差别。

马克思在谈到这个问题的时候明确指出："从前的一切唯物主义（包括费尔巴哈的唯物主义）的主要缺点是：对对象、现实、感性，只是从**客体**的**或者直观**的形式去理解，而不是把它们当做**感性的人的活动**，当做**实践**去理解，不是从主体方面去理解。因此，和唯物主义相反，唯心主义却把**能动的**方面抽象地发展了，当然，唯心主义是不知道现实的、感性的活动本身的。"[①]在马克思主义哲学产生之前，旧唯物主义虽然承认外部世界的客观存在，在自然观上坚持了存在第一性、思维第二性的基本立场，但却将人与外部世界的关系简单地对立起来，机械地理解和看待作为客体的外部世界，不懂得人作为主体所具有的能动特性及其所进行的实践的意义，不了解主体与客体之间的相互作用和相互制约。因此，旧唯物主义不能真正正确地理解人与外部世界之间的相互关系。马克思在这里深刻地阐明了这一点，把这方面局限的存在看作旧唯物主义的"主要缺点"。

① 《马克思恩格斯选集》第1卷，人民出版社2012年版，第133页。

在批评旧唯物主义的同时，马克思主义哲学在这个问题上的观点和主张也已内在地包含在这一论述之中了。这便是对于“对象、现实、感性”，不能“只是从**客体**的**或者直观**的形式去理解”，而且还要“把它们当做**感性的人的活动**，当做**实践**去理解”，要“从主体方面去理解”。从总体上说，作为主体的人与作为客体的外部世界之间并不是互不相干、各自孤立地存在的，而是处于相互联系、相互作用之中的。一方面，人是生活于现实世界之中的现实的人，各方面都要受到作为客体的外部世界的影响和制约；所谓人的本质“是一切社会关系的总和”，[①]也正是从这个意义上说的。而另一方面，人作为主体，并不是只能被动地存在，而是可以主动作为，通过自觉的实践能动地认识和改造外部世界。马克思之所以强调不能只从客体的方面去理解，而且还要从主体方面去理解，就是因为我们所面对的这个外部世界并不是脱离人的存在、与人没有任何关系的纯自然，而是作为人的认识和改造对象、处处打着人的印记的“人化自然”，只有把客体方面和主体方面结合起来，才能有一个正确的理解。正如马克思和恩格斯在批评费尔巴哈的唯物主义时进一步指出的：“他没有看到，他周围的感性世界决不是某种开天辟地以来就直接存在的、始终如一的东西，而是工业和社会状况的产物，是历史的产物，是世世代代活动的结果。”[②]

人与外部世界之间的这种相互作用、相互制约，便形成“客体主体化”和“主体客体化”的双向互动过程。作为客体的外部世界作用于作为主体的人，客体方面的规定性向主体方面转化；作为主体的人作用于作为客体的外部世界，主体方面的规定性又向客体方面转化。这样一种双向互动的过程，自然不可能以“直观的形式”来完成，而只能是通过“感性的人的活动”亦即实践来完成。实践是连接主体与客体的桥梁，是人们认识和改造世界的途径。因此，马克思主义哲学十分重视实践的作用，主张在实践的基础上深入理解人与外部世界之间的主客体关系。在这一点上，它克服和超越了旧唯物主义的历史局限，形成了自己的鲜明特征。正如前面已经提到的，作为一种

① 《马克思恩格斯选集》第1卷，人民出版社2012年版，第135页。

② 《马克思恩格斯选集》第1卷，人民出版社2012年版，第155页。

不同于以往的“新唯物主义”，它既是辩证的唯物主义，又是历史的唯物主义，同时还是实践的唯物主义，是辩证唯物主义、历史唯物主义、实践唯物主义的有机统一。

关于实践的观点在马克思主义哲学中具有特殊重要的地位，正如列宁所指出的：“生活、实践的观点，应该是认识论的首要的和基本的观点。”[①] 围绕这一观点，经典作家曾做过多方面的论述。首先，实践是认识的基础，只有通过实践才能达到对世界的深层次的认识。毛泽东在他的《实践论》中强调指出：“无论何人要认识什么事物，除了同那个事物接触，即生活于（实践于）那个事物的环境中，是没有法子解决的。”[②] “如果要直接地认识某种或某些事物，便只有亲身参加于变革现实、变革某种或某些事物的实践的斗争中，才能触到那种或那些事物的现象，也只有在亲身参加变革现实的实践的斗争中，才能暴露那种或那些事物的本质而理解它们。”[③] 他写道：“你要有知识，你就得参加变革现实的实践。你要知道梨子的滋味，你就得变革梨子，亲口吃一吃。”[④]其次，实践是检验真理的标准，人们的认识是否正确，只有在实践中才能得到确证。马克思指出：“人的思维是否具有客观的［gegenständliche］真理性，这不是一个理论的问题，而是一个**实践的**问题。人应该在实践中证明自己思维的真理性，即自己思维的现实性和力量，自己思维的此岸性。”[⑤]恩格斯在批评不可知论的错误观点时也指出：“对这些以及其他一切哲学上的怪论的最令人信服的驳斥是实践，即实验和工业。既然我们自己能够制造出某一自然过程，按照它的条件把它生产出来，并使它为我们的目的服务，从而证明我们对这一过程的理解是正确的，那么康德的不可捉摸的‘自在之物’就完结了。”[⑥]毛泽东则指出：“实践是真理的标准”[⑦]，要解决“理论的东西之是否符合于客观真理性这个问题”，“只有把理性的认识再回到社会实践中去，应用

① 《列宁选集》第2卷，人民出版社2012年版，第103页。

② 《毛泽东选集》第1卷，人民出版社1991年版，第286—287页。

③ 《毛泽东选集》第1卷，人民出版社1991年版，第287页。

④ 《毛泽东选集》第1卷，人民出版社1991年版，第287页。

⑤ 《马克思恩格斯选集》第1卷，人民出版社2012年版，第134页。

⑥ 《马克思恩格斯选集》第4卷，人民出版社2012年版，第232页。

⑦ 《毛泽东选集》第1卷，人民出版社1991年版，第293页。

理论于实践，看它是否能够达到预想的目的”。[①] 最后，实践是人们改造世界以及改造自身的手段。在马克思主义哲学看来，认识世界的目的是为了改造世界，正如马克思所强调的，“哲学家们只是用不同的方式**解释**世界，问题在于**改变**世界。”[②]毛泽东指出：“马克思主义的哲学认为十分重要的问题，不在于懂得了客观世界的规律性，因而能够解释世界，而在于拿了这种对于客观规律性的认识去能动地改造世界。”[③]而要达到改造世界的目的，最终要借助于实践的手段。人们通过实践改造外部世界，同时也在这一过程中改造了自身；按照马克思的说法，“环境的改变和人的活动或自我改变的一致，只能被看做是并合理地理解为**革命的实践**。”[④]

在这些论述的基础上，毛泽东还从动态的角度对认识和实践的关系做出了概括说明。他指出：“社会实践中的发生、发展和消灭的过程是无穷的，人的认识的发生、发展和消灭的过程也是无穷的。根据于一定的思想、理论、计划、方案以从事于变革客观现实的实践，一次又一次地向前，人们对于客观现实的认识也就一次又一次地深化。客观现实世界的变化运动永远没有完结，人们在实践中对于真理的认识也就永远没有完结。……我们的结论是主观和客观、理论和实践、知和行的具体的历史的统一。”[⑤] 他写道，“通过实践而发现真理，又通过实践而证实真理和发展真理。从感性认识而能动地发展到理性认识，又从理性认识而能动地指导革命实践，改造主观世界和客观世界。实践、认识、再实践、再认识，这种形式，循环往复以至无穷，而实践和认识之每一循环的内容，都比较地进到了高一级的程度。”[⑥]

了解了马克思主义哲学关于主客体关系的原理和实践观点，我们在领导工作中就应以此为指导，解决好这方面的相关问题。既然作为主体的人与作为客体的外部世界之间是一种相互制约和相互作用的关系，主体在受到客体

① 《毛泽东选集》第1卷，人民出版社1991年版，第292页。

② 《马克思恩格斯选集》第1卷，人民出版社2012年版，第136页。

③ 《毛泽东选集》第1卷，人民出版社1991年版，第292页。

④ 《马克思恩格斯选集》第1卷，人民出版社2012年版，第134页。

⑤ 《毛泽东选集》第1卷，人民出版社1991年版，第295—296页。

⑥ 《毛泽东选集》第1卷，人民出版社1991年版，第296—297页。

制约的同时还可以能动地作用于客体，那么我们就应该进一步增强自己的主体意识，充分发挥这种主体作用。特别是作为一个领导者，更是要意识到自己的责任，积极主动地开展工作，使自己的主体作用更好地发挥出来。要根据所在领域的实际情况，进行认真的研究和思考，提出切实可行的意见和主张，并努力将其付诸实施。应该说，相关领域的运行和发展状况，固然与客体方面的因素相关联，从根本上说要受到客观规律的制约，但同时也与主体方面的因素相关联，特别是与领导者的主体作用密切相关。在这里，正像马克思所指出的那样，不仅要从客体方面去认识，而且还应从主体方面去认识。如果主体方面的表现出色，能够主动作为，各方面工作比较到位，那么这一领域的运行和发展就会得到有力的推动，取得较多的成果；而若主体方面表现不佳，消极被动，无所作为，那么这一领域的运行和发展就不可能有效展开，甚至会出现各种偏离。在这种情况下，就不能一味地强调客观原因，而应从主体自身去找原因。作为领导者，必须履行好自己的职责，完成好所承担的工作任务。

领导工作中要重视主体作用的发挥，而发挥主体作用又需要有正确的途径。既然实践是连接主体与客体的桥梁，是人们认识世界的基础和改造世界的手段，那么我们就应充分重视这一因素，自觉投入到相关领域的实践中去。要努力在实践中进行研究和探索，力求达到对相关领域的深层次认识，把握其内在联系和客观规律，并及时将所取得的认识成果运用到新的实践中去，以此为指导推进本领域的各项工作，解决所遇到的各种问题。正如邓小平所说的："世界上的事情都是干出来的，不干，半点马克思主义都没有。"[①] 马克思主义哲学的实践观点要求领导者真抓实干，查实情、办实事、求实效，切实把精力投入到实际工作中去，一步一个脚印地向前迈进，决不能只说不做，一味空谈，或者热衷于搞形式主义，做表面文章。当然，要在实践中真正干成一件事情，难免会遇到各种困难，这就要勇于面对，不退缩、不放弃，充分发挥自己的聪明才智，在奋发进取中攻坚克难。同时，要善于总结经验，加强学习，不断提高各方面素质，使马克思所说的"环境的改变和人的活动

---

① 《改革开放三十年重要文献选编》（下），中央文献出版社 2008 年版，第 1688 页。

或自我改变的一致”在自身的实践中得到实现。

既然实践不仅是认识的来源，而且还是检验真理的标准，那么领导者就要自觉坚持这一标准，让自己的认识在实践中接受检验。正确的就继续坚持，不正确的就及时修正。尤其应该注意的是，决不能因为所处的地位特殊，便闭目塞听、自以为是，将个人的见解当成绝对真理，容不得任何批评和反对意见，即使被实践证明是错了的东西，也不允许做出改变。这样做的结果，只能导致主观与客观的严重脱节，最终造成重大危害。在改革开放初期，“两个凡是”的僵化观念曾严重地禁锢着人们的头脑，在思想认识领域中造成很大困扰，阻碍了党的事业的创新发展。为打破这种思想障碍，我们党在全社会范围内开展了一场真理标准问题的大讨论，鲜明地提出“实践是检验真理的唯一标准”，任何思想和理论都必须接受实践的检验。这是一场影响深远的思想解放运动，对于打破“两个凡是”、重新恢复和确立“实事求是”的思想路线，起到了十分积极的作用，为拨乱反正、开启改革开放新时期提供了必要的思想条件。也正是遵循“实践是检验真理的唯一标准”这一马克思主义哲学的基本原理，我们党带领人民开始了新的历史条件下的新的探索，在新的实践中开辟出中国特色社会主义的新的道路。历史的经验值得注意，每一个领导者都应从中获得感悟，从而处理好自己所面对的问题。

我们主张以马克思主义哲学关于主客体关系的原理和实践观点为指导，充分发挥人的主体作用，通过自觉实践能动地认识和改造外部世界。但是，主体作用与客观规律之间的关系究竟应该怎样处理？一方面要尊重客观规律，另一方面又要发挥主体作用，这两个方面的要求究竟怎样才能很好地结合起来？这个问题很自然地摆在面前，需要我们进一步做出回答。

2. 主体作用与客观规律。根本前提和可能性空间

在一些持怀疑态度的人们看来，承认事物的发展有着不以人的意志为转移的客观规律，与发挥主体的能动作用，二者之间是相互对立、难以兼容的。似乎承认客观规律，承认有这些规律所决定的内在必然性，就意味着只能消极地顺应和服从这些规律和必然性，而不能有什么积极的作为；而若提出主

体问题，认为人作为主体应该积极作为、能动地发挥作用，那就不能讲什么客观规律和内在必然性，更不能说不以人的意志为转移，而是一切都要由人来掌控，按照人的意志来安排。这两个方面之间真的是一种互不相容的对立关系吗？这个“悖论”真的存在吗？从马克思主义哲学的观点来看，回答当然是否定的。

按照马克思主义哲学的观点，事物的发展固然有着不以人的意志为转移的客观规律，但这种客观规律本身并不是形而上学地、机械地存在着，而是辩证地、生动地存在着。它既有绝对性的一面，又有相对性的一面，其辩证性质就表现为绝对性和相对性这双重属性的统一。一方面，这些规律是客观的、确定的、最终不可违逆的，是一定要按照自身的逻辑向前推演并实现出来的，从这个意义上说是绝对的；但是另一方面，这些规律又要依据各种不同的条件，借助各种不同的载体，通过各种不同的方式具体地实现出来，这里存在着多种差异和可能性，表现出一定的弹性和不确定性，从这个意义上说又是相对的。前面的讨论中已经指出，规律是和必然性相关联的，客观规律起作用的结果体现为事物发展的必然性；而必然性又与偶然性相联系，它要通过各种偶然性表现出来，并在这些偶然性中为自己开辟道路。必然性与偶然性是相互依存、不可分割的，没有离开偶然性的纯粹的必然性，也没有离开必然性的纯粹的偶然性。而我们这里所说的客观规律自身所具有的辩证性质，亦即绝对性和相对性这双重属性的统一，正是通过必然性与偶然性之间的辩证统一关系具体地表现出来。其中，所谓绝对性的一面在事物发展进程中最终表现为必然性，亦即不可避免、一定如此的确定的联系；而所谓相对性一面则相应地表现为各种偶然性，亦即可以出现也可以不出现、可以这样出现也可以那样出现的不确定的联系。这两种属性之间的关系也同必然性与偶然性的关系一样，是相互依存、不可分割的，只有将二者统一起来，才能对事物发展的客观规律有一个全面和正确的了解，从而为认识和解决主体作用与客观规律的关系问题提供前提。

正是由于客观规律本身所具有的这种辩证性质，作为主体的人才有可能在与客体的互动过程中充分发挥自己的能动作用。这种能动作用不在于摆脱客观规律的限制随意而为，更不是要否定和背弃客观规律，而是在承认和尊重客观规律、肯定其辩证属性中绝对性一面的前提下，借助与这种绝对性同时存在的相对性一面，通过能动的实践对事物的存在及发展状况产生影响，将自身的意图、目的、愿望等等实现出来。当然，主体要有效发挥自己的能动作用，首先必须深刻认识和把握事物发展的客观规律，了解这些规律的辩证性质在特定条件下的具体表现，其绝对性方面的表现如何，而相对性方面的表现又如何；进而明确哪些事情可以做，哪些事情不可以做，从而制定出科学合理的行动方案。在这里，客观规律既对主体的能动作用形成了根本性的限定和制约，同时又为其提供了可以充分加以利用的可能性空间，人们要想在实践中取得成功，就必须以这两个方面的辩证统一为前提。

如果说客观规律的这种辩证性质在物质世界的各个领域都普遍存在，那么在社会历史领域中就更为显著地表现出来。因为这一领域不同于自然领域，在自然领域中活动着的是各种自然事物，而“在社会历史领域内进行活动的，是具有意识的、经过思虑或凭激情行动的、追求某种目的的人”。[①] 虽然正像恩格斯曾经指出的那样，这个差别的存在“丝毫不能改变这样一个事实：历史进程是受内在的一般规律支配的”；[②] 但恩格斯同时也指出，它“对历史研究，尤其是对各个时代和各个事变的历史研究”毕竟是十分“重要”的。[③] 在主客体关系中，自然领域的客观规律如同自然事物一样是以一种外在的形态与作为主体的人发生联系，主体的能动作用也是通过这种外在的联系得到实现。而社会历史领域中的客观规律不是别的，正是人们自己活动的规律，人本身就是这种规律的载体和承担者。可以说，在这一领域中，人既是主体，又是客体，既是“剧作者”，又是“剧中人”。而这样一来，人所具有的能动的特性，不仅可以从主体意义上自觉地表现出来，而且还从客体的意义上客观地表现出来，从而进一步凸显了客观规律的辩证性质，特别是为其相对性方面增添了更为丰富的内容。在这里，“无论历史的结局如何，人们总是通过每一个人追求他自己的、自觉预期的目的来创造他们的历史”，[④]而由于人们的

① 《马克思恩格斯选集》第 4 卷，人民出版社 2012 年版，第 253 页。

② 《马克思恩格斯选集》第 4 卷，人民出版社 2012 年版，第 254 页。

③ 《马克思恩格斯选集》第 4 卷，人民出版社 2012 年版，第 254 页。

④ 《马克思恩格斯选集》第 4 卷，人民出版社 2012 年版，第 254 页。

意识及其自身各方面具体因素的不同，这一过程中存在着比自然过程更多的不确定性。正如恩格斯曾指出的：“使人们行动起来的一切，都必然要经过他们的头脑；但是这一切在人们的头脑中采取什么形式，这在很大程度上是由各种情况决定的。”[①] 而正是由于社会历史领域中的客观规律具有这样一种显著的特点，便使得人的主体作用的发挥在这一领域中具有更大的可能性空间，人们完全可以以更多有效的方式充分利用这些规律的辩证性质，对相关事物的发展进程进行调控，使之更加适合于自己的需要。

马克思主义哲学关于客观规律的辩证性质以及主体作用与客观规律之间关系的原理，对于领导工作来说具有极其重要的指导意义。可以说，领导者作为相关领域中处于特殊地位的社会主体，其职责就是引领各类主体有效发挥自己的能动作用，积极开展各种实践活动，推动事物的前进和发展。而能否正确认识和把握主体作用与客观规律之间的关系，解决好这方面的具体问题，直接关系到相关领域中的实践活动能否顺利展开，各类主体的能动作用能否真正有效地得到发挥。主体能动作用的发挥当然要通过主体自身的自觉努力，作为领导者就更要有奋发向上的进取精神；但既然事物的发展有着自己的客观规律，这种客观规律从根本上说又有着绝对性的一面，是不可违背、必须遵循的，那么领导者的任何决策都必须以此为前提，绝不能仅从主观愿望出发，偏离客观规律的要求去行事，更不能把自己膨胀起来，搞长官意志那一套。一旦这一点把握不住，就必然会遭遇失败。而在这一前提下，领导者又必须深刻认识和理解客观规律所具有的辩证性质，在看到它的绝对性一面的同时，还要看到它的相对性一面；在这种相对性所允许的范围内，领导者可以做的事情有很多，发挥作用的空间足够大，他完全可以在这里展现自己的聪明才智，奋力进取，建功立业。一个成功的领导者，一定会有效利用他所能掌控的可能性空间，创造性地开展工作，以最为有利、最为合理的方式推动相关领域中事物的发展，最终取得预期的成果。综合起来说，领导者必须按照马克思主义哲学的方法论要求，将尊重客观规律与发挥主体的能动作用有机地结合起来，而真正的主动性和创造性，正是建立在这个结合之上。

---

① 《马克思恩格斯选集》第 4 卷，人民出版社 2012 年版，第 256 页。

关于这个有机结合的问题，毛泽东曾结合战争指导的具体实际，在总结长期经验的基础上进行了深入探讨。他一方面指出："我们反对主观地看问题，说的是一个人的思想，不根据和不符合于客观事实，是空想，是假道理，如果照了做去，就要失败。"[①] 另一方面又指出："但是一切事情是要人做的，……做就必须先有人根据客观事实，引出思想、道理、意见，提出计划、方针、政策、战略、战术，方能做得好。思想等等是主观的东西，做或行动是主观见之于客观的东西，都是人类特殊的能动性。这种能动性，我们名之曰'自觉的能动性'，是人之所以区别于物的特点。"[②] 那么，这种能动性与客观规律的关系应该如何把握呢？毛泽东进而做出了精辟的阐述："指导战争的人们不能超越客观条件许可的限度期求战争的胜利，然而可以而且必须在客观条件的限度之内，能动地争取战争的胜利。战争指挥员活动的舞台，必须建筑在客观条件的许可之上，然而他们凭借这个舞台，却可以导演出很多有声有色、威武雄壮的戏剧来。"[③]他强调："我们不赞成任何一个抗日战争的指挥员，离开客观条件，变为乱撞乱碰的鲁莽家，但是我们必须提倡每个抗日战争的指挥员变为勇敢而明智的将军。他们不但要有压倒敌人的勇气，而且要有驾驭整个战争变化发展的能力。指挥员在战争的大海中游泳，他们要不使自己沉没，而要使自己决定地有步骤地到达彼岸。作为战争指导规律的战略战术，就是战争大海中的游泳术。"[④]

这些论述虽然是讲战争指导的问题，但其中所蕴含的哲学方法论无疑具有普遍的意义。战争的指导是如此，其他方面的领导工作也同样是如此。在任何时候，领导者都不能"超越客观条件许可的限度"、背离客观规律的要求去做事情和期求成功，但却可以而且必须"在客观条件的限度之内"，借助客观规律的辩证性质所提供的可能性空间，能动地、创造性地开展工作，促进既定目标的实现。尽管所承担的任务和所处的条件不同，但领导者无疑都会有属于自己的舞台，就看他能否充分利用好这个舞台，导演出更多"有声有

---

① 《毛泽东选集》第2卷，人民出版社1991年版，第477页。

② 《毛泽东选集》第2卷，人民出版社1991年版，第477页。

③ 《毛泽东选集》第2卷，人民出版社1991年版，第478页。

④ 《毛泽东选集》第2卷，人民出版社1991年版，第478页。

色、威武雄壮的戏剧”来。我们强调以马克思主义哲学为指导，努力提升掌握主动、自觉实践的能力，其着眼点正在于此。

3. 分歧和争议：历史决定论与选择论

在上一个专题中，我们曾谈到有关历史决定论与非决定论的争议，它是围绕事物发展的客观规律及其内在必然性的问题产生的。而在这里，当我们讨论客观规律与主体作用的关系问题时，也同样会涉及一个重大的争议问题，这便是历史决定论与选择论的关系问题。

这一问题的提出，最初是源于对历史发展的复杂多样性的认识。一些论者认为，从人类社会历史发展的实际进程看，不同国家、不同地区、不同民族所走过的发展道路往往很不相同，有的还存在重大差异，这说明历史进程是“多线”的，而不是“单线”的；而之所以如此，只是由于这些不同国家、不同地区、不同民族的社会主体按照自己的意愿做出了不同的选择。由此似乎可以得出结论，并不存在什么由客观规律所决定的历史必然性，所谓历史决定论是不能成立的，应该以历史选择论代替历史决定论。

事实果真如此吗？首先应该承认，社会历史发展中的差异性和多样性是客观存在的，不同国家、不同地区、不同民族的确有着不同的发展道路。不承认这种差异性和多样性，不是唯物主义的态度。而在探寻这种差异性和多样性形成的原因时，看到并充分肯定社会主体在其中所起的作用，将不同的发展道路与主体选择联系起来，无疑也是有理由的；那种只讲客观规律和必然性、否定主体选择作用的倾向，是片面的和错误的。但是，如果只是因为看到了历史发展中的差异性和多样性，以及主体选择在历史发展中的作用，便以此否定历史发展的一致性和统一性，进而否定社会历史领域的客观规律及其所决定的历史必然性，否定历史决定论，那就走向了另一个极端，同样是片面的和错误的。

对于马克思主义哲学来说，承认社会历史领域的客观规律及其所决定的历史必然性，并由此去把握社会历史发展的基本趋势和方向，是我们得以正确认识历史发展进程的基本前提。如果将这一主张归入历史决定论的范畴，那么这种决定论无疑是应该继续维护和坚持的。但是另一方面，马克思主义哲学又认为，历史决定论与选择论并不是绝对对立的，而是可以也应该辩证地统一起来的。这主要是因为，马克思主义哲学所主张的决定论并不是形而上学的机械决定论，而是建立在唯物主义基础上的辩证决定论，这种决定论本身就为主体选择论提供了必要的合理性依据。如上所述，按照马克思主义哲学的观点，事物发展的客观规律本身就不是形而上学地、机械地存在着，而是辩证地、生动地存在着；其辩证性质具体地表现为绝对性和相对性这双重属性的统一。而正是由于客观规律本身的这种辩证存在，人作为主体便有可能在与客体的互动过程中充分发挥自己的能动作用。在社会历史领域中，由于主客体关系的特殊构成，客观规律的辩证性质会更为突出地表现出来，从而为主体能动作用的发挥提供了更大的可能性空间。社会历史领域的客观规律决定了历史发展的必然性，但这种必然性是与丰富多样的偶然性相互联结而存在的；在这些偶然性当中，主体自身的各种因素及其能动选择无疑有着重要的作用，在很大程度上影响着社会历史发展的具体进程，以及历史必然性的具体实现方式。由于不同的社会主体所具有的素质和条件不同，他们对客观规律和必然性的认识不同，所做出的决策和制定的方案不同，最终付诸实践的情况和结果不同，社会历史发展的具体进程也就不同。我们所看到的不同国家、不同地区、不同民族历史发展的差异性和多样性，很大程度上便是由此形成。

客观规律所决定的内在必然性与主体选择之间的这样一种辩证统一关系，可以用图 7—1 做出示意。

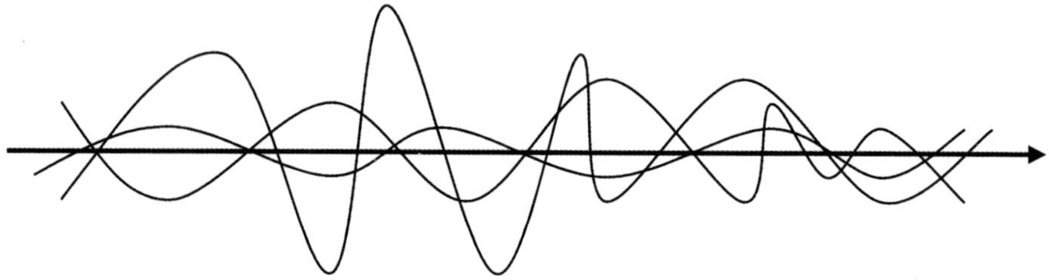

图 7—1　客观规律所决定的内在必然性与主体选择

图 7—1 中带箭头的直线代表客观规律所决定的内在必然性，曲线则代表主体选择的多种不同结果。在现实的历史实践中，我们直接看到的并不是这条直线，而是各种不同的曲线；然而直线却贯穿在这些曲线当中，通过曲线实现出来。曲线围绕直线上下波动，就像价格围绕价值上下波动一样。

但是，这里也会存在某种疑问。从图示来看，这些曲线是否一定要围绕直线展开？有没有可能离开直线越走越远，最终与直线完全脱离？也就是说，既然我们肯定了主体选择在历史发展中的作用，那么这种主体选择有没有可能突破客观规律和历史必然性的限制，从根本上改变社会历史发展的基本进程？对于这一质疑，回答只能是否定的。因为从客观规律的辩证性质来看，其相对性一面终究是要以绝对性一面为前提；这个相对性所提供的可能性空间不是无限的，而是有一定限度的。主体选择只能在这个限度内发挥作用，超出了这个限度，就会从根本上背离客观规律的要求，从而不可能取得成功，甚至还会为此付出代价，受到客观规律的惩罚。而从主体方面讲，这样做的结果十分不利，最终会使得他们的根本利益受到损害。因此，它会迫使这些主体对自己的行为做出调整，改变那些违背客观规律的错误做法，重新回到符合客观规律要求的活动方式上来。正是这样一种调节机制，将社会历史领域的客观规律以及历史必然性的要求与主体的能动选择有机地结合起来，使图示中的直线与曲线不可分离地联结在一起。

当然，在现实实践中，主体行为的调节过程也是有一定的复杂性的，因为这里还牵涉到社会内部不同主体之间的利益关系。一个社会的主体是由众多的个体和群体组合而成的，而他们之间的利益关系并不总是协调一致的，往往存在各种矛盾和分歧，包括尖锐的冲突和对立。而主体选择的结果对于不同的主体来说，其影响也很不相同，而对于这一结果的反馈，自然也会有体现着不同利益诉求的意见和主张。因此，从整个社会的角度来说，主体对自身行为的调整过程，便是这些不同的诉求以这样或那样的方式进行博弈和整合的过程，最后的结果便是一种历史的合力。其实，不仅是对主体选择结果的反馈和调整，整个主体选择过程从一开始便是这样一种复杂的博弈和整合过程，自始至终都是这样的合力。正如恩格斯曾指出的："历史是这样创造的：最终的结果总是从许多单个的意志的相互冲突中产生出来的，而其中每一个意志，又是由于许多特殊的生活条件，才成为它所成为的那样。这样就有无数互相交错的力量，有无数个力的平行四边形，由此就产生出一个合力，即历史结果。"①主体选择的这样一种复杂过程，便使得社会历史的具体进程有了更多的不确定性；但从总体上看，只有使主体选择与客观规律的要求相符合，才能保证广大社会成员根本利益的实现，而若背离了客观规律，则会损害他们的根本利益，这一点是确定无疑的。因此，一个社会的主体最终会以自己的方式解决他们内部的利益关系问题，从而做出相对合理的选择。社会历史领域的客观规律终究是不以人的意志为转移的，由客观规律所决定的历史必然性也一定要在主体选择的复杂过程中为自己开辟道路。

既然主体选择不能超出客观规律的相对性一面所允许的范围，最终还是要按照其绝对性的要求去做，那么是否就意味着这种选择没有什么意义呢？当然不是。在这个相对性的范围之内，主体选择的结果直接关系到社会历史发展的具体进程的展开，而不同的选择完全可以有不同的结果，其意义是很不相同的。如果主体的选择比较合理，就会对社会历史发展起到更为有效的推动作用，而主体自身的根本利益也会更好地得到实现；若主体的选择不够合理，那么对社会历史发展的推动作用就不够有力，主体根本利益的实现也难以完全如愿。从成本和效益的关系看，主体选择越是合理，就越是能以较低的成本获得较高的效益；相反则可能成本较高、效益较低。因此，如何发挥好主体的能动作用，在既定的条件下做出尽可能合理的选择，避免和防止那些不合理的选择，便是主体方面所应该认真考虑和对待的。而从根本上说，这里同样有一个对客观规律的认识和把握问题，认识得越深刻，把握得越到位，所做出的选择就会越合理。主体选择的合理性，说到底是建立在尊重客观规律、照客观规律办事的基础上的，只有使做出的选择尽可能与客观规律的要求相一致，才能使之更为有效地发挥作用，从而更好地达到预期的目的。

考察历史决定论与选择论之间的辩证统一关系，还涉及社会历史发展进程中统一性和多样性的关系问题。既然社会历史领域存在着不以人的意志为转移的客观规律，这些客观规律决定了历史发展的内在必然性，进而规定了

① 《马克思恩格斯选集》第4卷，人民出版社2012年版，第605页。

它的基本趋势和方向，那么这便使得社会历史的发展进程不可避免地具有了内在的一致性和统一性。虽然不同国家、不同地区、不同民族的发展道路常常很不相同，其历史发展的具体进程会表现出各种差异性和多样性来，但这些差异性和多样性的存在并不能否定这些进程中所包含的内在的一致性和统一性。在这里，同样不能将差异性与一致性、多样性与统一性形而上学地对立起来。讨论中提出的“多线论”就代表了这样一种形而上学倾向，它在反对“单线论”的同时，也将历史发展的一致性和统一性一并反对掉了，只承认差异性和多样性，不承认一致性和统一性。这样一种片面和极端的观点，是不可取的。

社会历史的发展进程中的一致性和统一性，可以从通常所说的一般进程去理解。但需要注意的是，这个一般进程并不像一些论者所认为的那样可以直接等同于某种特殊进程，或者将某种特殊进程直接归结为一般进程；它是以抽象的形式内在地包含在多个不同的特殊进程之中，体现为这些进程中共同包含的内在逻辑。唯物辩证法告诉我们，一般与特殊是对立统一的，二者相互联结而存在，一般存在于特殊之中，特殊之中又包含着一般；没有离开特殊的一般，也没有不包含一般的特殊。在社会发展的历史进程中，道理也同样如此，只不过情况更为复杂。要从不同国家、不同地区、不同民族历史发展的多种特殊进程中认识和把握其中所包含的一般进程，需要从逻辑上进行一系列的提炼、概括和梳理。由于这些特殊进程之间存在着多种复杂联系，在展开过程中相互作用、相互影响，并且相互交织、相互融合，对于一般进程的认识还必须对这些影响因素进行分解和剥离，而不能笼统地加以类比。不注意这一点，就不可能真正理解我们所说的一般进程。

八、考察与分析：依靠群众、引领群众的能力

领导者要在尊重客观规律的前提下发挥自己的主体作用，还必须充分重视和处理好一个密切相关的重大问题，即领导与群众之间的关系问题。因为领导者并不是作为个体单独行动，而是要带领和引导广大群众共同进行社会实践，推动相关领域中发展进程的展开。可以说，处理好领导与群众之间的关系，是领导者履行职责的基本要求，也是做好其他各项工作的基本条件。这个问题处理好了，领导工作才能正常开展；如果处理不好，一切都谈不上。而这就要求领导者必须具备一种相应的能力，即依靠群众、引领群众的能力。这也就是我们所要考察的第八种能力。

1. 能力要求与哲学方法论。群众和个人的不同历史作用

从一般意义上说，所谓依靠群众、引领群众的能力，应包括两个方面的基本要求。一方面，要求领导者充分尊重广大群众在社会实践中的主体地位，紧紧依靠群众去开展各项工作，切实将个人的努力融入到群众的实践中去，通过群众的实践推动相关进程的展开；而另一方面，又要求领导者充分发挥自身的引领作用，努力走在群众的前面，指导广大群众正确认识和解决所遇到的各种问题，确保群众的实践沿着正确的方向前进。

要处理好领导与群众之间的关系，这两方面要求可以说缺一不可，领导者必须将二者结合起来，全面理解和把握。而要真正具备这样一种能力，并使之不断得到提升，同样离不开哲学层次的理论思维；而马克思主义哲学关

于人民群众和个人在历史上不同作用的原理，为我们提供了根本的方法论指导。

众所周知，在如何看待人民群众和个人的历史作用问题上，历史唯物主义与历史唯心主义存在着重大分歧。历史唯心主义推崇“英雄史观”，认为在社会历史发展中真正起作用的是各种杰出的个人，历史是由英雄、领袖、帝王将相、立法者、思想家等伟大人物所创造和主宰的，人民群众并不是历史活动的主体，而只是被动的客体，是所谓“惰性的物质”和听从伟大人物摆布的工具。如马克思和恩格斯所指出的：“一切唯心主义者，不论是哲学上的还是宗教上的，不论是旧的还是新的，都相信灵感、启示、救世主、奇迹创造者，至于这种信仰是采取粗野的、宗教的形式还是文明的哲学的形式，这仅仅取决于他们的教育程度。”[①]马克思和恩格斯深刻批判了这种英雄史观，指出“在唯心主义者看来，任何改造世界的运动只存在于某个上帝特选的人的头脑中，世界的命运取决于这个把全部智慧作为自己的私有财产而占有的头脑在宣布自己的启示之前，是否受到了某块现实主义的石头的致命打击”。[②]他们还特别批判了当时的青年黑格尔派将少数思想家所代表的所谓“精神”与人民群众对立起来的观点，指出“布鲁诺先生**所发现的**‘精神’和‘群众’的关系，事实上不过是**黑格尔历史观的批判的漫画式的完成**，而黑格尔的历史观又不过是关于**精神**和**物质**、**上帝**和**世界**相对立的**基督教日耳曼**教条的**思辨**表现。在历史范围内，在人类世界本身范围内，这种对立表现为：作为**积极的**精神的少数杰出**个人**与作为**精神空虚的群众**、作为**物质**的人类其余部分相对立。”[③]

与历史唯心主义的错误观点不同，马克思主义哲学的历史唯物主义对人民群众和个人在历史上的作用做出了科学分析，提出了人民群众是历史创造者的基本观点。正如马克思和恩格斯所强调的：“全部历史的过程”不是由那些自命不凡的思想家或少数杰出人物所决定，而是“决定于活生生的人民群

---

① 《马克思恩格斯全集》第3卷，人民出版社1960年版，第630页。

② 《马克思恩格斯全集》第3卷，人民出版社1960年版，第630页。

③ 《马克思恩格斯文集》第1卷，人民出版社2009年版，第291页。

众本身的发展”。[①] 之所以这样说，首先就因为人民群众是社会主体的基本构成部分，是社会历史发展的主要承担者。一切历史过程的展开都有赖于人民群众的实践，一切社会变革也最终需要通过人民群众的实践来完成，人民群众本身的发展水平及其作用发挥的状况，直接决定着历史过程的结果。在人民群众的决定作用面前，任何个人的作用都只能是第二位的，不管是什么样的杰出人物，离开了人民群众的实践，都将是一事无成。正如马克思和恩格斯所指出的：“历史活动是群众的活动，随着历史活动的深入，必将是群众队伍的扩大。”[②] 其次，人民群众的实践也是社会历史规律借以实现的基本途径。如前所述，社会历史领域的客观规律是要通过主体即人的活动来实现的，而人民群众既然是社会主体中的基本构成部分，这些客观规律也就只能借助于他们的实践实现出来；离开了人民群众的实践，社会历史领域的客观规律就无法得到实现。至于某些个人的活动，对社会历史规律的实现来说则是次要的，同时也是不确定的。也正是由于这个原因，恩格斯曾特别强调：“如果要去探究那些隐藏在——自觉地或不自觉地，而且往往是不自觉地——历史人物的动机背后并且构成历史的真正的最后动力的动力，那么问题涉及的，与其说是个别人物，即使是非常杰出的人物的动机，不如说是使广大群众、使整个整个的民族，并且在每一民族中间又是使整个整个阶级行动起来的动机。”[③]

那么，历史上的“个别人物”、包括“非常杰出的人物”，其活动是否就没有什么意义，可以忽略不计了呢？当然不是。马克思主义哲学只是反对把个人的作用无限度地加以夸大，而并不反对对个人的历史作用恰当地予以估价。历史上的杰出个人对于他所在的那个时代的社会历史发展起着十分重要的作用，他们拥有超出常人的品格和才能，因而能够成为先行者、发起者、组织者和引领者；他们的活动可以在一定程度上影响历史发展的具体进程，从而在这一进程中留下自己特殊的印记。马克思曾肯定地指出：“如爱尔维修所说的，每一个社会时代都需要有自己的大人物，如果没有这样的人物，它

① 《马克思恩格斯全集》第10卷，人民出版社1998年版，第318页。

② 《马克思恩格斯文集》第1卷，人民出版社2009年版，第287页。

③ 《马克思恩格斯选集》第4卷，人民出版社2012年版，第255—256页。

就要把他们创造出来。”[①]他还从偶然性的角度谈到这些个人的作用，指出：“如果‘偶然性’不起任何作用的话，那么世界历史就会带有非常神秘的性质。这些偶然性本身自然纳入总的发展过程中，并且为其他偶然性所补偿。但是，发展的加速和延缓在很大程度上是取决于这些‘偶然性’的，其中也包括一开始就站在运动最前面的那些人物的性格这样一种‘偶然情况’。”[②]俄国马克思主义理论家普列汉诺夫曾专门探讨过这一问题，他在《论个人在历史上的作用问题》一文中具体阐述了作为领导者的个人所应起到的作用：“他的见识比别人的远些，他的愿望要比别人的强烈些。他把先前的社会理性发展进程中所提出的紧急科学任务拿来加以解决；他把先前的社会关系所引起的新的社会需要指明出来；他担负起满足这种需要的发起责任。”[③]

马克思主义哲学对于人民群众和个人在历史上的不同作用作了深刻分析和揭示，我们在领导工作的实践中就应自觉按照这方面原理的要求去做。既然人民群众是社会历史发展的决定力量，一切历史过程的展开都有赖于人民群众的实践，社会历史领域的客观规律也要借助于群众的实践实现出来，那么在实际工作中，领导者就必须把群众的实践作为推动本领域发展进程的基本途径，塌下心来扎扎实实做好群众工作，动员和组织广大群众积极投入到这一实践中来。一定要清楚地认识到，只有通过这样的途径和方式，才能真正有效地推进工作；如果不这样做，就不可能取得预期的进展，既定的目标也无法得到实现。因此，领导者必须增强这方面的自觉意识，切实摆正自己的位置，绝不可自以为是，与群众的实践相脱节，以为只凭自己或少数人便可以包打天下。现实中这方面的教训有很多，一定要认真汲取。而另一方面，既然在承认人民群众决定作用的同时，也应充分肯定个人在历史上的作用，那么领导者就应认真履职尽责，努力将自己的作用有效地发挥出来。这并不是要他离开群众的实践另搞一套，更不是要代替群众的实践，而是要以群众的实践为基础，作为群众实践的先行者、发起者、组织者和引领者而起作用。一个领导者的聪明才智，完全可以在这一过程中得到充分的展示。要结合所

① 《马克思恩格斯选集》第1卷，人民出版社2012年版，第502页。

② 《马克思恩格斯文集》第10卷，人民出版社2009年版，第354页。

③ 《普列汉诺夫哲学著作选集》第2卷，生活·读书·新知三联书店1961年版，第373页。

在领域的工作实际，研究发挥这样一些作用的具体方式和方法，力求更好地取得实效。

应该看到，对于马克思主义哲学的这样一些观点和主张，也同样存在一些需要澄清的模糊认识。例如，一些人认为，人民群众在许多历史事件中的表现，似乎看不出历史唯物主义所讲的“决定作用”，相反倒是那些处于特殊地位的历史人物作用突出，直接影响到事态的发展。在这些人物面前，普通群众似乎只能被动服从，处于被支配、被决定的地位。对于这样一种疑问，究竟应该怎样看待？

如果只是停留在事情的表面，一些现象确实容易使人迷惑。但若更加深入地做一些分析，就可以看出隐藏在这些现象背后的内在逻辑。的确，在一些具体的历史事件中，某些特殊人物的作用有时会表现得比较突出；但是不应忘记，个人的作用最终是要通过人民群众的实践来实现的，离开了群众的实践，什么也做不成。而从群众实践的状况来看，其自觉程度和自主性质往往存在各种差异，这与作为实践主体的群众本身的发展水平直接相关，涉及主体的素质和能力、主体的群体结构和内部关系、主体所处的社会条件及其所掌握的社会资源等。主体的发展水平越高，群众实践的自觉程度也就越高，其自主性质也就越强；而若主体的发展水平不够高，群众实践的自觉程度和自主性质也都会具有相应的局限性。而在这时，出现某种被动和盲目的情况，产生某些偏差和混乱，就是难以避免的了。但即使在这个时候，历史仍然是由广大群众所书写的，是在他们带有种种局限的实践中形成的。而群众实践的这些不足，也会从反面对历史的进程造成重大影响，这也是他们的决定作用的一部分。这里的问题在于，对于我们所说的“决定作用”，不应理解得过于狭窄，或者仅仅从积极的方面去理解，而应从正反两个方面着眼，全面、辩证地去理解。不懂得这一点，就不能正确认识和回答实践中所遇到的相关问题。

2. 群众观点与群众路线：基本内涵及逻辑分析

谈到马克思主义哲学关于人民群众和个人在历史上不同作用的原理，不能不涉及一个常用的提法，即马克思主义哲学的群众观点。可以说，这一提法涵盖了上述原理的基本精神，二者总体上是相通的。但同时又应指出，所谓群众观点的内涵并不仅限于这一原理，其中还包括另一个方面的重要内容，即马克思主义哲学关于工人阶级和人类解放的原理，后者集中体现了马克思主义哲学的价值取向。这两个方面的原理角度不同，但却密切相关，应该结合起来加以认识。

按照马克思主义哲学的观点，在作为社会主体的人与作为社会客体的社会结构体系之间不仅存在着相互作用和相互制约，而且还存在一种特殊的价值关系，其中人（主体）是目的，社会（客体）是手段，社会发展最终是为人的发展服务的。对人的最高价值意义的确认，是历史唯物主义的基本精神；马克思主义哲学研究外部世界，研究人对世界的认识与改造，最终是为了科学地解决人自身的发展和解放问题。马克思主义哲学关心人、重视人、为了人，那种认为马克思主义哲学“见物不见人”的观点是不正确的。不仅如此，马克思主义哲学对人的关怀还体现了最广阔的价值视野，它所关注的不只是少数人或一部分人，而是最广大的社会成员，是整个人类，它的最高价值目标是人类解放。当然，马克思主义哲学首先关注的是处于社会底层的现代工人阶级和广大劳动群众，正如恩格斯所说：“在劳动发展史中找到了理解全部社会史的锁钥的新派别，一开始就主要是面向工人阶级的。”[①]但在马克思主义哲学的创始人那里，工人阶级的解放与整个人类的解放是联系在一起的，只有彻底消除阶级对立，实现人类解放，才能最终实现工人阶级的解放。这也就是《共产党宣言》中所说的：“代替那存在着阶级和阶级对立的资产阶级旧社会的，将是这样一个联合体，在那里，每个人的自由发展是一切人的自由发展的条件。”[②]

正是这样一种关于工人阶级和人类解放的观点和主张，与关于人民群众和个人不同历史作用的原理融合在一起，形成了马克思主义哲学群众观点的基本内涵。对于领导者来说，要真正处理好领导与群众之间的关系问题，切

① 《马克思恩格斯选集》第 4 卷，人民出版社 2012 年版，第 265 页。

② 《马克思恩格斯选集》第 1 卷，人民出版社 2012 年版，第 422 页。

实提升依靠群众、引领群众的能力，就必须从整体上全面理解和把握这一群众观点，并将其贯彻到自己的工作实践中去。如果说关于人民群众和个人不同历史作用的原理为相关问题的解决提供了科学的方法论指导，那么关于工人阶级和人类解放的观点和主张便是为我们提供了最终的价值指引；这方面要求体现在领导工作的实践中，就是要把广大群众的福祉作为我们最终的价值取向，努力维护和实现人民群众的根本利益。所谓依靠群众、引领群众的能力，最终还是要落脚于为群众谋利益上，这样才能有一个正确的方向。

从历史上看，我们党高度重视马克思主义哲学的群众观点，并在贯彻和运用这一观点方面形成了一套比较成熟的经验和做法，这便是通常所说的党的群众路线。这个群众路线的基本内容，被简要地概括为“一切为了群众、一切依靠群众，从群众中来，到群众中去”；它全面体现了群众观点的基本内涵，同时又包含可操作的方式方法及具体要求，为正确处理和解决领导工作中所涉及的相关问题提供了更为直接的指导和遵循。

首先，党的群众路线提出了“一切为了群众”的基本主张。这一主张彰显了党的根本宗旨和价值取向，体现了马克思主义哲学关于工人阶级和人类解放的观点和主张。可以说，我们党从成立的那天起，便把“为人民服务”作为自己的根本宗旨，将人民利益的实现作为自己的奋斗目标。党领导人民闹革命，推翻旧社会、建立新中国，是为人民求解放，让人民翻身当家做主人；党领导人民建立社会主义制度、走中国特色社会主义道路，也是为人民谋幸福，使中国最广大人民的根本利益在新的社会条件下不断得到实现。正如习近平同志所指出的：“为中国人民谋幸福，为中华民族谋复兴，是中国共产党人的初心和使命”，[①]“人民对美好生活的向往，就是我们的奋斗目标”。[②]我们党的每一个党员，特别是党员领导干部，都必须始终坚持这一价值取向，不忘初心、牢记使命，围绕这一目标而奋斗。

其次，党的群众路线提出了“一切依靠群众”的基本原则，它体现了马克思主义哲学关于人民群众和个人不同历史作用的原理。群众是社会历史发

① 《习近平谈治国理政》第 3 卷，外文出版社 2020 年版，第 182 页。

② 《习近平谈治国理政》第 1 卷，外文出版社 2018 年版，第 4 页。

展的决定力量，我们党的事业要想取得成功，就必须得到人民群众的拥护和支持。我们的目标是为人民谋利益，但我们不能离开人民群众的实践去实现这一目标，更不能以高高在上的救世主姿态将幸福“赐予”人民群众，而只能动员和组织广大人民群众进行自觉的实践，引领他们通过自己的努力去实现自己的利益。在过去的革命战争年代，我们党之所以能够由小到大、由弱到强，在极其困难的条件下一步步发展起来，最终领导中国革命取得成功，就是由于得到了广大人民群众的拥护和支持。人民群众认识到了自己的利益，在党的领导下投入到革命斗争的实践中来，形成了不可阻挡的历史洪流。新中国成立 70 多年来，特别是改革开放 40 多年来，我们之所以在各个领域中取得了举世瞩目的重大成就，建设中国特色的社会主义事业不断向前推进，也是由于得到了人民群众的拥护和支持。没有人民群众的拥护和支持，没有他们的创造性活动，我们的事业就不可能取得成功，这是每一个党员领导干部在任何时候都必须牢记的基本道理。

最后，党的群众路线还紧贴实践的层面，从工作方法的角度提出了明确要求，这便是“从群众中来、到群众中去”。这个方法的特殊意义，便是将马克思主义哲学的基本原理运用于领导工作的具体实际，指出了将人民群众和个人的作用有机结合起来的基本路径。对此，毛泽东曾在相关论著中做过专门的说明。他指出：“在我党的一切实际工作中，凡属正确的领导，必须是从群众中来，到群众中去。这就是说，将群众的意见（分散的无系统的意见）集中起来（经过研究，化为集中的系统的意见），又到群众中去作宣传解释，化为群众的意见，使群众坚持下去，见之于行动，并在群众行动中考验这些意见是否正确。”[①]按照这一方法，领导者在开展工作时，首先必须立足于群众的实践，虚心向群众学习，了解群众的诉求，倾听群众的呼声，尊重群众的首创精神。但同时也应看到，在实际过程中，群众的意见往往带有经验的和感性的特点，因而是“分散的”“无系统的”。这样就需要我们的领导者充分发挥自己的作用，在此基础上做出进一步深入的研究，从理性的层面将其集中化、系统化，找到隐藏于其中的内在必然性，并提出解决问题的方案和对策。

① 《毛泽东选集》第 3 卷，人民出版社 1991 年版，第 899 页。

之后，再将自己的认识结果返回到群众中去，让群众了解和接受，并将其付诸实践。通过这样一种路径，领导者的作用与人民群众的作用真正融为一体，形成一种良性互动，推动各项工作的不断展开。

这里还应指出的是，“从群众中来、到群众中去”的工作方法，不仅体现了马克思主义哲学的群众观点，同时也体现了马克思主义哲学的认识论。马克思主义哲学的认识论是以实践为基础，从实践到认识，然后再从认识回到实践。而在领导工作中，实践和认识的主体并不是个体主体，而是领导者所面对的广大群众；认识发展的辩证过程是在领导者与群众之间的良性互动中完成的。所谓“从群众中来、到群众中去”的工作方法，内在地包含着从实践到认识，然后再从认识到实践的各个环节，符合马克思主义哲学的认识论原理。所以，毛泽东在阐述这一方法时，明确将其与马克思主义哲学的认识论联系起来；在他看来，“从群众中来、到群众中去”并不是一个一次性的过程，而是需要反复进行、不断展开。因此，在讲完上面那段话之后，他又接着指出：“……然后再从群众中集中起来，再到群众中坚持下去。如此无限循环，一次比一次地更正确、更生动、更丰富。这就是马克思主义的认识论。”①

当然，党的群众路线中的这一工作方法，仍只是从一般意义上讲的；在实际工作中，我们还需要根据所在领域的具体情况和实际需要，构建具体的决策机制和实施机制。应该看到，在不同的工作领域、不同的组织体系，其具体决策机制和实施机制也会有很大的不同；但无论怎样不同，其中都应包含“从群众中来、到群众中去”的基本要求，而群众路线中的这一工作方法，也需要通过这些不同的机制，在不同场合下具体地实现出来。这里也有一个一般与特殊的关系问题，领导者应善于把握这一关系，将群众路线中的工作方法恰当地运用于自己的工作实际，使之充分有效地发挥作用。

3. 群众与群体。防止偏差和错位

我们主张以马克思主义哲学的群众观点为指导，遵循党的群众路线去处理领导与群众之间的关系；但在实际工作中，也还存在一些值得注意的情况

① 《毛泽东选集》第3卷，人民出版社1991年版，第899页。

和问题，如果把握不当，仍有可能发生偏差，甚至出现某种错位。

一个现实的问题是，我们在工作中所要面对的群众并不是一个整齐划一的集合体，而是包含着各种差异和矛盾的复杂存在。在通常情况下，所谓群众是要划分为不同的群体的，这个划分可以有多种不同的尺度，各种尺度还可以相互交叉。但不论怎样划分，不同的群体之间总会存在这样那样的差异；而在遇到现实的利益关系时，这些差异都有可能衍生出不同的利益诉求和价值取向，并由此导致这样那样的矛盾和冲突。对于领导者来说，必须清楚地了解群众内部的这种复杂的群体关系，并在处理领导与群众的关系问题时妥善地加以对待。

当然，从大的方面说，群众内部的群体划分应当包括阶级划分和阶层划分。按照马克思主义哲学的观点，所谓阶级是与特定的生产关系相联系的社会集团，阶级划分便是依据人们在生产关系中的不同地位划分出不同的阶级；而所谓阶层既可以是各个阶级内部的不同阶层，也可以是整个社会范围内的社会阶层。社会阶层划分也被称作社会分层，它的尺度相对宽泛，包括人们的收入、职业、受教育的程度以及所享有的权利等。这些不同的阶级和阶层，自然会有着不同的利益诉求和价值取向，由此便导致了相应的矛盾和冲突。因此，在领导工作中，必须充分重视这两种重要的群体形式，了解各个阶级、阶层之间的差异和矛盾；尤其是当领导工作涉及社会宏观层面的重大问题时，就更应如此。

而除此之外，领导者还应关注其他形式的群体构成。在社会的微观层面，群体划分往往有着更为具体的尺度，其差异和矛盾也就更加多样。例如，在一个社会组织和工作体系中，由于所处的不同地位和相互关系，不同的职责和分工，以及不同的资历、背景和个人偏好等，都有可能形成不同的群体。这些群体可能是松散的、不确定的，但遇到相关的利益问题，就会这样那样地显露出来。对于许多领导者来说，实际工作中所遇到的更多属于这一类群体。此外还应看到，不仅在一个社会组织和工作体系内部，而且在不同的社会组织和工作体系之间，也可以形成不同的群体关系；或者更宽泛一点，仅仅是组织内与组织外、体系内与体系外这样一种区分，就足以划分出不同的群体。而与之相关的利益矛盾和诉求差异，也会从各个方面表现出来。

既然群众内部有着这样一种复杂的群体关系，那么当我们贯彻党的群众路线，按照“从群众中来、到群众中去”的方法去开展工作的时候，就必须坚持全面性原则，统筹考虑不同群体的利益诉求和价值取向，协调处理他们之间的矛盾和冲突，切忌简单化、片面化地认识和处理问题，只顾及群众中的某个或某些群体，忽视和遗漏其他群体。所谓“从群众中来”，就是要注意听取各个不同群体的意见和建议，进行广泛的调查研究，然后再进行集中研究，提出合理的解决方案；而不能只听一些群体的意见，不听其他群体的意见，片面地进行决策。而所谓“到群众中去”，则是要将所形成的“集中的系统的意见”返回到各个不同的群体那里，面向他们做好宣传解释工作，最大限度地形成共识，协力投入相关的实践活动；而不能只返回到某些群体，而将其他群体撇在一旁。只有这样，才能使党的群众路线真正正确地得到贯彻，并有效发挥其应有的作用。要坚决反对和防止那种简单化、片面化的错误倾向，绝不能在群众路线的名义下片面取舍，以偏概全，说起来是“群众的意见”，实际上只是群众中一些人的意见，甚至是一小部分人的意见。须知在不同群体的利益诉求存在明显差异和矛盾的情况下，如果只以某一群体的诉求为依据，就很有可能导致决策的错位，在实际工作中造成失误。

值得注意的是，这个问题不仅关系到领导工作本身的开展，而且还涉及对领导工作的评价机制。领导工作要走群众路线，对领导工作的评价也要走群众路线，让群众来评价，这自然是对的。但问题在于，这里所说的“群众”应如何理解和把握，怎样做才能真正体现群众路线的本义。正确的做法同样是要了解群众内部复杂的群体构成，按照全面性原则广泛听取各个不同群体的意见，进行综合考察和梳理，而不能只是片面地听取某个或某些群体的意见，并将其作为评价的依据。这一点如果把握不好，就有可能使整个评价失去客观性和真实性。评价机制具有风向标和指挥棒的作用，这方面出现问题，就可能将领导工作引导到错误的方向，或者陷入自相矛盾的尴尬境地。这种情况在实际工作中并不少见，应尽可能加以防止。

除了这个群众与群体的关系问题之外，在实行群众路线的过程中还有另外一个需要注意的问题，这就是如何正确认识和对待群众的意见，即使是符合上面所说的全面性原则的群众意见。这个问题也常令一些领导者感到棘手，如果把握不好，同样会发生偏差。

必须指出，我们强调马克思主义哲学的群众观点和党的群众路线，主张“从群众中来、到群众中去”，并不意味着对群众的意见不加区分地予以认同，似乎只要是群众的意见，就一定是正确的和合理的，只能无条件地照办和遵从。如果这样去理解，那就会严重扭曲群众路线的本义。在马克思主义哲学看来，人们对外部世界的认识不可能一步到位，而是有一个在实践的基础上逐步深化的过程，这中间难免会出现各种偏差和谬误，需要随着认识的进步而不断纠正和克服。正如恩格斯所指出的，“人的思维是至上的，同样又是不至上的”，“思维的至上性是在一系列非常不至上地思维着的人中实现的；拥有无条件的真理权的认识是在一系列相对的谬误中实现的；二者都只有通过人类生活的无限延续才能完全实现”。[①] 马克思主义哲学的认识论原理，同样适用于这里所说的群众意见；这些意见当然体现着实践中获得的认识成果，但这个成果又不可避免地具有这样那样的局限，甚至有可能是不正确的、错误的。而且如前所述，所谓群众意见往往是“分散的无系统的”，其中有很多来自于直接经验的层面，尚处于认识论上所说的感性认识的阶段。而从价值论的角度看，群众意见的形成不仅会受到认识能力和条件的限制，还会受到各种利益关系的影响和制约；这就涉及不同群体在价值取向和利益诉求上的差异，同时还涉及对眼前利益与长远利益、局部利益与整体利益等多种利益关系的权衡和评判。如此一来，群众意见的内容就更加复杂多样，其中既可能包含合理的内容，也可能包含不合理的内容。

正是由于这样一种复杂情况，领导者在面对群众意见的时候，必须做出具体的分析和进一步深入的研究，区分不同的情况加以对待。对于那些正确的、合理的意见，要认真听取和支持；而对于那些不正确、不合理的意见，则应予以批评和反对。当然，在这样做时，应尽量采取适宜的方式，做好耐心细致的说服和解释工作；要加强教育和引导，帮助群众纠正和克服错误倾向，认清正确的前进方向。在这个问题上，领导者必须承担起自己的责任，充分发挥引领作用，真正走在群众的前面。这是领导者应有的担当，也是群

① 《马克思恩格斯选集》第 3 卷，人民出版社 2012 年版，第 463 页。

众路线的题中应有之义。

在以往的实践中，曾出现过那种一味地顺应群众，甚至无原则地迎合某些不正确主张的错误倾向，对党的事业造成不良影响。毛泽东对此提出了严肃批评，明确强调："党和群众的关系的问题，应当是：凡属人民群众的正确的意见，党必须依据情况，领导群众，加以实现；而对于人民群众中发生的不正确的意见，则必须教育群众，加以改正。"[①] 他指出，一些地方的党组织"在对待群众要求的问题上缺乏清醒的分析，笼统地提出了'群众要怎样办就怎样办'的口号"，结果"仅仅强调了党应当执行群众意见的方面，而忽视了党应当教育群众和领导群众的方面，以致给了后来某些地区的工作同志以不正确的影响，助长了他们的尾巴主义错误"。[②] 邓小平也曾专门谈到这一问题，提出"我们不是尾巴主义者，当然懂得，群众的意见一定不会都是正确的和成熟的。我们所谓总结和集中，并不是群众意见的简单堆积，这里必须要有整理、分析、批判和概括"。[③] 他还说："群众的意见，不外是几种情况。有合理的，合理的就接受，就去做，不做不对，不做就是官僚主义。有一部分基本合理，合理的部分就做，办不到的要解释。有一部分是不合理的，要去做工作，进行说服。"[④]这样一些重要论断，对于我们正确理解和贯彻党的群众路线，无疑具有直接的指导意义。

最后，这里还有必要提到一个普遍关注的热点问题，即所谓"民粹主义"（populism）的问题。这个问题与我们所讲的群众路线问题具有根本不同的性质，但在某些方面也存在一定的关联。从历史上看，"民粹主义"是一种世界性的社会思潮，它打着平民的旗号，在不同时期有不同的表现形态，例如19世纪俄国的民粹主义，以及随后出现在美国和欧洲的民粹主义等。在当代，民粹主义在世界范围内继续蔓延，并与不同的意识形态形成合流。当然，在一般意义上，要求重视普通民众的利益，倾听普通民众的呼声，这本身并没有什么错；但若将这种要求片面夸大和绝对化，以致走向极端，那就有问题

① 《毛泽东选集》第4卷，人民出版社1991年版，第1310页。

② 《毛泽东选集》第4卷，人民出版社1991年版，第1310页。

③ 《邓小平文选》第1卷，人民出版社1994年版，第219页。

④ 《邓小平文选》第1卷，人民出版社1994年版，第273页。

了。从实际情况看“民粹主义”所渲染的诉求和主张往往带有很大的盲目性和片面性，同时具有不同程度的反智主义和非理性特征；真要实行起来，除了造成混乱和破坏之外，很难起到真正的建设性作用。而由于这种思潮动辄以“人民”的名义相标榜，所以带有很大的迷惑性；如果任其泛滥，后果将难以控制，这在当代许多国家的实践中都可以看出来。而在我们的领导工作中，也必须对这一思潮保持应有的警惕，防止它可能造成的侵扰和危害。特别是要将它与党的群众路线区别开来，决不能让它模糊了我们的视线。

下　篇

哲学思维如何转化为领导能力

了解了哲学思维对于领导能力的重要作用，特别是马克思主义哲学对于领导工作实践的根本指导意义，我们就应充分重视这门学问，下气力解决好这方面的问题。但是，讨论中还存在这样一种疑问：不少人过去也曾学习过哲学理论，对于马克思主义哲学的基本原理也都有所了解，但却未能对领导能力的提升产生明显作用，总感到理论是理论，能力是能力，两者之间似乎难以相通。这也是一些干部对学习哲学兴趣不大、积极性不高的原因之一。那么，这个问题又该如何认识呢？

对此，我们首先必须澄清一种误解，即将理论与能力简单地等同起来，以为只要学习和掌握了某一种理论，就自然而然地具备了某一种能力。其实不然。理论本身只是一种知识体系，还不能直接等同于能力；要将一种理论真正变成一种能力，还必须经过一个转化的过程。哲学理论也同样是如此，它对于领导能力的提升十分重要，但本身并不能直接等同于领导能力。只是一般性地学习哲学理论、仅仅停留在它的理论形态上，无疑是不够的。在此基础上，还必须进一步采取措施，促使哲学思维从理论形态向能力形态转化，最终形成一种领导能力。下面我们就来具体地探讨一下这方面问题。

一、从理论到能力：转化过程及主要环节

要使哲学思维从一种理论形态最终转化为能力形态，其具体过程会因领导者自身以及其他各方面的因素而有所不同。但从总体上看，一些基本的、主要的环节又是不可或缺的；这些环节各自独立又相互联结，组成一个相对完整的逻辑序列。在每一个环节上，都有着特定的任务和要求；要实现预期的转化，就必须使这些要求得到落实。

那么，转化过程中的这些主要环节究竟是怎样的呢？在此不妨综合起来做一些考察和分析。

1. 深入研究和反复熟悉。思维方式的内化要求

既然哲学思维本身是一种理论形态，那么当我们开始进入它的转化过程的时候，也必须首先从这种形态入手。因此，这个转化过程的第一个环节，便是对马克思主义哲学及其他相关哲学理论做出进一步深入的研究。要求通过这种研究，深刻理解和把握其内在逻辑，并将其内化为自己的思维方式。

提出这样一项任务要求，无疑是有着直接的针对性的。一些人之所以感到所学理论难以运用，出现学用脱节、理论与实践“两张皮”的现象，首先就是由于对这一理论的学习还不够深入，还没有达到既定的要求。应该强调，要想实现哲学思维向领导能力的转化，从一开始就不能将哲学仅仅作为一门知识来对待，或只是停留在对它的一般性了解上。基本的知识当然是要有的，哲学无疑也是一门知识，也需要从知识的角度去了解；如果一点知识都没有，

自然就更谈不上其他要求。但若只是做到了这一点，而不能在此基础上继续前进，那就远远不够了。仅有这样一些“知识”，还不能算是学好了哲学，更谈不上向能力的转化；要真正掌握这门学问，还必须付出更多的努力。

我们提出要对哲学理论做进一步深入的研究，并通过深入研究达到深刻理解，就是要求学习者真正开动脑筋，以严谨和科学的态度，对这门学科的每一个论断、每一条原理都进行一番认真的审视和推敲，弄清楚它的基本内容究竟是什么，又是按照什么样的逻辑脉络展开的，这个逻辑到底能不能站住脚，是不是可以成立。这里需要的是主体的自主意识和独立思考，以及理性的批判精神，而不是被动的接受和教条式的照搬照抄。能够弄清楚的，就接受；弄不清楚的，就存疑，然后继续进行研究。通过这样一番功夫，将这些哲学理论一点点地吸收到自己的认知体系中来，将其变成自己的东西，并自觉地按照其所包含的内在逻辑去思考，真正做到融会贯通。这便是所谓的“内化”过程，即将外在的理论转化为内在的认知，使之融入自己的思维方式。

当我们在一般意义上谈到哲学思维问题时，这一概念并没有特定的主体归属，它与哲学学说、哲学理论等应属于同一序列的概念，正如思维、意识、观念等属于同一序列的概念一样。但在探讨哲学思维向领导能力转化的问题时，就需要进一步做出分析，说明这种哲学思维究竟是以一种学说或理论的形式存在于特定主体的头脑之外，还是作为一种思维方式存在于特定主体的头脑之中。当一个领导者开始学习哲学的时候，哲学思维对他的头脑来说还只是一种外在的东西；而经过认真的学习和研究，并且不仅是一般的知识性学习，同时还经过这里所说的深入研究和思考，切实完成了内化的过程，将哲学理论融入了自己的思维方式，这时他便有了属于自己的哲学思维，哲学思维便由外在形式转变为内在形式。要实现哲学思维向领导能力的转化，哲学思维本身的这种内化过程是必不可少的重要环节。这一环节的任务完不成，之后的过程也就无法展开。人们经常提到的“两张皮”现象，首先就应在这个环节上找原因；之所以出现这种现象，许多时候就是因为没有完成内化过程，还没有能够将外在形式的哲学思维转变为真正属于自己的东西，成为自己的思维方式。

谈到对哲学理论的深入研究和深刻理解，有一点必须特别予以强调，这便是坚持科学、严谨的态度，力求完整、准确地理解和把握马克思主义哲学及其他相关的哲学理论，防止片面化和极端化。哲学理论中的每一个基本原理，往往都包含着不同方面的内容，只有将这些内容综合起来，从整体上去把握，才能有一个正确的认识；如果只注重其中某个方面的内容，忽视或丢弃其他方面的内容，那就只能是一种不完整的、片面的理解，而这种片面性必然会带来很大的局限，甚至造成扭曲和偏离。如果将其推向极端，后果就更为严重。不仅如此，从更大的范围看，各个不同的原理之间，也都有着密切的联系，它们都是作为整个学说体系的有机组成部分而存在，因而也必须从整个学说体系的高度去理解，而不能将它们割裂开来，孤立地加以对待，那样也同样会导致各种片面性。在前面的专题中，我们已经从多个方面涉及这一问题，讨论中存在的许多疑问和争议，都与能否完整准确地理解这些基本原理相关联。

有关这方面问题，恩格斯当年曾做过专门的说明。一些人在解读历史唯物主义的基本原理时，做出了十分片面的理解，将其简单地归结为“经济决定论”。对此，恩格斯提出了严肃的批评，指出：“根据唯物史观，历史过程中的决定性因素**归根到底**是现实生活的生产和再生产。无论马克思或我都从来没有肯定过比这更多的东西。如果有人在这里加以歪曲，说经济因素是**唯一**决定性的因素，那么他就是把这个命题变成毫无内容的、抽象的、荒诞无稽的空话。”[①] 恩格斯强调：“经济状况是基础，但是对历史斗争的进程发生影响并且在许多情况下主要是决定着这一斗争的**形式**的，还有上层建筑的各种因素……这里表现出这一切因素间的相互作用，而在这种相互作用中归根到底是经济运动作为必然的东西通过无穷无尽的偶然事件（即这样一些事物和事变，它们的内部联系是如此疏远或者是如此难于确定，以致我们可以认为这种联系并不存在，忘掉这种联系）向前发展。否则把理论应用于任何历史时期，就会比解一个简单的一次方程式更容易了。”[②]

① 《马克思恩格斯选集》第 4 卷，人民出版社 2012 年版，第 604 页。

② 《马克思恩格斯选集》第 4 卷，人民出版社 2012 年版，第 604 页。

对于出现这一偏差的原因，恩格斯也客观地做了分析。他坦言："青年们有时过分看重经济方面，这有一部分是马克思和我应当负责的。我们在反驳我们的论敌时，常常不得不强调被他们否认的主要原则，并且不是始终都有时间、地点和机会来给其他参与相互作用的因素以应有的重视。但是，只要问题一关系到描述某个历史时期，即关系到实际的应用，那情况就不同了，这里就不容许有任何错误了。可惜人们往往以为，只要掌握了主要原理——而且还并不总是掌握得正确，那就算已经充分地理解了新理论并且立刻就能够应用它了。"他批评说："在这方面，我不能不责备许多最新的'马克思主义者'，他们也的确造成过惊人的混乱"。[①] 恩格斯的这些论述，对于我们充分认识和理解哲学学习中的全面性、整体性要求，具有直接的指导意义。

此外，也正是在这封信中，恩格斯还就马克思主义理论的学习提出了一个明确的要求，这就是一定要读原著。他说："我请您根据原著来研究这个理论，而不要根据第二手的材料来进行研究——这的确要容易得多。"[②]这一要求十分重要，我们应给予充分的重视。一定要把读原著作为哲学学习的基本方法，依据第一手材料亦即经典作家的著作去进行学习和研究，而不能仅仅依靠教材、读物等第二手材料。只有这样，才能原原本本地搞清问题，真正做到完整准确，防止出现误解和偏差。特别是在遇到争议和分歧，对于一些重大理论问题存在不同认识的情况下，研读原著就更加必不可少。只有通过研读原著，才能获得牢固的根基和良好的定力，而不至于人云亦云、以讹传讹。这应该成为哲学学习的一项基本要求，一以贯之地坚持去做。

总之，通过这样一种深入的研究和思考，对于马克思主义哲学及其他相关哲学理论有了一个比较深刻的理解，这算是完成了转化过程的第一个环节。那么接下来又该做什么呢？这便需要进入它的第二个环节，就是要在深入研究和深刻理解的基础上，通过反复学习而不断熟悉这些理论，真正做到了然于胸、烂熟于心。

常常听到的一种反映是，对于哲学理论虽然已进行过认真的学习，也能

① 《马克思恩格斯选集》第4卷，人民出版社2012年版，第606页。

② 《马克思恩格斯选集》第4卷，人民出版社2012年版，第606页。

够正确理解，但仍感到比较生疏，“打开书本都明白，合上书本就没有了”。这种情况的发生，主要就是因为已有的学习仍不到位，对哲学理论的熟悉程度还不够。要想解决问题，没有别的办法，只能是反复多次地进行学习，逐步做到由生到熟，直至完全掌握。应该知道，这样的学习绝不是一劳永逸的事情，要真正学好哲学，不能指望通过一次学习便可以达到目的。“学习”一词本身就包含两个要义，不仅要“学”，而且还要“习”；古人说“学而时习之”，也正是这个意思。这里不能惧怕麻烦，不能有浮躁心理，而只能沉下心来，按部就班，循序渐进，一步一个脚印地向前走。

当然，从更为具体的层面看，我们在这一环节上所遇到的是学习过程中的记忆问题。依照心理学的研究，记忆作为人类心智活动的一种，是在头脑中积累和保存个体经验的过程，其中包含“识记”“保持”“回忆”“再认”等具体步骤。而从信息加工的角度说，这也就是人脑对外界输入的信息进行编码、存储和提取的过程。这一过程本身是有着自己的内在机制和规律的，只要遵循这些规律，就能够达到良好的记忆效果。与记忆问题相对应，心理学家们还对“遗忘”问题进行了研究，探讨了产生遗忘的原因和防止遗忘的方法。心理学领域所取得的这样一些具体研究成果，可以适用于各种学习过程，对于哲学学习当然也不例外。我们完全可以有选择地加以利用，帮助我们改进学习方式，提高学习效率。但是不论怎样说，舍得花时间投入，不断重温所学内容，反复多次地进行学习，是这一环节上必不可少的基本措施。

不难看出，第二个环节所要求的反复学习、不断熟悉，与第一个环节所要求的深入研究、深刻理解，并不是截然分开、互不相干，而是相互联系和交织着的。理解是记忆的基础，研究得越深入，理解得越深刻，越是有利于对所学理论的记忆和熟悉；只有在深入研究和深刻理解的基础上，才能使记忆更加牢固，也更加准确。而另一方面，所谓反复学习、不断熟悉的过程，本身也是一个不断深化研究和加深理解的过程；每一次的反复，都会为我们带来新的感悟、新的收获。特别是一些经典著作，更是需要反复研读，并且常读常新。这两个环节的区分更多地是逻辑上的，在实际过程中，应将二者有机地结合起来，统筹安排和对待。

2. 应用能力的强化训练。不同角度和方式

经过以上两个环节的努力，在哲学理论的学习上取得了明显成效，理解了，也熟悉了，完成了所要求的“内化”的过程，是否就万事大吉，可以形成相应的领导能力了呢？回答仍然是否定的。仅仅完成这两个环节还是不够的，接下来还需要有一个特殊重要的环节，即所谓应用训练。对于哲学理论，不仅要真正学懂弄通，而且还要善于应用，并且是应用于领导工作的实践。要做到这一点，就需要通过一个专门的训练过程，集中强化哲学思维的应用能力。只有完成了这一环节，哲学思维才有可能从理论形态最终转化为能力形态，从而形成预期的领导能力。

应该说，任何一种能力的形成，都需要经过相应的训练。包括工作和生活中的一些基本技能，也无不是如此；即使有了各种说明书和使用手册，并且将其读得烂熟，也并不意味着立刻就能够动手操作，还是需要经过一定形式的实际训练。领导能力的形成也同样不能例外，要将哲学思维转化为领导能力，也必须经过一定的应用训练。而这种训练又与其他能力的训练不同，这里所需要的是一种与领导工作相关的认识问题、解决问题的能力，要求领导者运用哲学理论分析和研究领导工作中遇到的各种复杂问题，在此基础上提出合理的解决方案，并将其付诸实施。前面考察过的一系列基本能力，包括尊重客观、把握实际的能力，全面协调、统筹兼顾的能力，继承发展、开拓创新的能力，灵活机动、促进转化的能力，循序渐进、适时突破的能力，远见卓识、审时度势的能力，掌握主动、自觉实践的能力，依靠群众、引领群众的能力等，无不体现着这样的要求。那么，这样一种特殊的应用训练，又应该如何展开呢？

就领导者个人的学习安排而言，这种训练可以从“前、后、左、右”等不同角度着手进行，训练过程可由学习者自行掌控。当然，这些角度只是一个形象的说法，实际过程中还可以有不同的选项。

这里所说的“前”，就是运用马克思主义哲学及相关哲学理论，对自己之前的领导工作实践进行梳理和反思，力求达到新的、更加深刻的认识。每一个领导者都有自己独特的成长经历，都曾参与过相关领域的领导工作实践。

在这些实践中，既会有成功的经验，也会有失败的教训；既会有一些事情做得比较好，可以引以为傲，也会有一些事情不尽如人意，留下某种缺憾。而这些事情的来龙去脉是怎样的，真实情况究竟如何，领导者本人作为亲历者，应该比别人更清楚，体会也更深，反思起来也更为便利。可以结合这些亲身经历，运用马克思主义哲学及相关哲学理论所提供的一般方法论，对其中所涉及的具体问题做出深入分析，理清其内部及外部的各种联系，找出隐藏在相关进程中的内在逻辑；对于当时所做的决策以及付诸实施的结果，可重新做出评估和研判，看看这些决策是否得当，有没有什么不足，如果从头再来，能不能做得更好。对于实践证明比较成功的做法，要进一步从哲学上分析取得成功的原因是什么，其中有哪些规律性的东西；而对于不够成功、未能取得效果的做法，也要进一步从哲学上分析发生问题的原因，以及其中包含的规律性的东西。之前我们在考察各个方面的领导能力时，曾具体阐述了与之相关的哲学方法论，可以以此为线索逐一展开分析，也可以根据不同情况，有重点地进行反思。

与“前”相对应的角度是“后”。而这里所说的“后”，是指从现在开始，在此后的领导工作实践中，都要自觉运用马克思主义哲学及相关哲学理论，从应有的高度认识和解决所遇到的实际问题。要从当下正在做的事情着眼，将应用训练与实际工作有机地结合起来，在干中学，边干边学，在实际工作中强化应用训练，反过来又通过强化训练促进相关工作的展开。不能机械地理解应用训练与实际工作的关系，以为只有先搞好应用训练，等到这一环节通过了，向领导能力的转化完成了，才能将其运用到实际工作中去。不是的。这里无须等待，也不应该等待，而应及时将所学理论投入应用，尽可能地发挥其指导作用。当然，由于应用训练的环节尚未完结，一下子还做不到得心应手、运用自如，难免会感到有一些生硬，甚至会出现差错。但这些都不可怕，只要坚持下去，不断做出努力，就一定会取得成效。与对以往实践的反思不同的是，这里所面对的是新的事物和新的实践，需要进行的是新的研究和探索。我们所应该做的，是按照马克思主义哲学及相关哲学理论所提供的一般方法论，对实际工作中所涉及的各种新的问题做出分析，认识和把握其内在逻辑，在此基础上制定出切实可行的对策和方案，并努力将其付诸实施。

而在具体实施的过程中，还要密切关注各方面的进展情况，发现问题及时纠正，根据需要对已有的认识和决策做出调整，使之进一步得到完善。这也就是辩证唯物主义的认识论所要求的，“通过实践而发现真理，又通过实践而证实真理和发展真理”。①

除了“前”和“后”这两个角度之外，还有“左”和“右”这两个不同的角度。如果说前两个角度主要是着眼于领导者自身的工作实践，那么后两个角度则是从自身扩展到他人，要求关注“左邻右舍”，对身边其他领导者的工作实践进行观察和研究。“左”“右”并非实指，而是泛指其他。在通常情况下，领导者并不是独自一人孤立地开展工作，而是以这样那样的形式与其他领导者合作共事；在他所在的实践领域之外，还有其他领导者的实践领域与之并存。这些不同的领导者开展工作、进行活动的状况也会存在各种差异，有的做得比较成功，取得的成绩比较显著；有的则不够成功，成绩也不够多。或许还会有一些人在工作中发生了严重的失误，遭遇了较大的挫折。对于发生在自己身边的这些事例，不应漠不关心，也不能只是一般性地有所了解，而应给予充分的关注；并且不论是成功的事例，还是不成功的事例，都要尽力运用所学到的哲学理论做出研究和分析，力求从中找到可供借鉴和吸收的有价值的东西。这样一种研究和分析的过程，也是对于哲学理论的应用能力进行实际训练的过程，如果把握得好，同样会起到有效的作用。当然，从“左”和“右”的特殊角度进行观察和研究，不同于对于自身实践的反思和研究，不具有当事者的直接性，也没有那样一种切身体验和感受。但是，却多了一份旁观者的客观和清醒，可以更加理性地看清事实、认识问题，减少先入为主和各种非理性因素的影响。同时，由于处于相近的社会环境和背景，或者同属于一个大的工作领域，在许多方面是有着相关性的。他山之石，可以攻玉，通过观察他人而进一步反观自身，在互鉴互学中更好地得到提高。

如果超出领导者个人的层面，而从一个组织体系的学习和训练来看，哲学思维的应用训练无疑可以有更多系统化的方式和途径。其中，如果安排得当，案例教学应该是一个不错的选项。或许有人会认为，哲学理论比较抽象，

① 《毛泽东选集》第1卷，人民出版社1991年版，第296页。

只能泛泛地加以讨论，难以进行具体的案例分析。这其实是一种误解。其他学科的学习可以采用案例教学的方式，哲学学习也同样可以采用。只不过它对于案例教学有着更高的要求，即不仅要从具体案例的分析中引出某些具体的结论，而且还要将其上升到哲学的高度，借以认识其中所包含的深层联系和普遍规律。当然，这里又遇到了前面谈到的哲学学科内部的差异性问题。我们说案例教学可以应用于哲学学习，并不是说所有的哲学都是如此。前面已经指出，各种被称作“哲学”的理论和学说在学科性质上存在重大差异，一些学说明确拒斥世界观和方法论，自然不在我们的讨论之列。而马克思主义哲学作为一种真正意义的科学世界观和方法论，完全可以采用案例教学的方法进行学习，并进行相应的应用训练。针对一些在广大范围内精选出来的典型案例，运用马克思主义哲学的相关原理进行分析和研究，这与上面所说的个人层面的多角度反思异曲同工，都可以对哲学理论的应用能力起到有效的训练作用。而且作为一种组织行为，能够调动多方面的资源，可以有专门的教学体系，有专业的教学指导和规范的工作流程，加之众多参与者之间的相互启发、集思广益，无疑可以收到更好的训练效果。因此，这样一种学习和训练方式，应该得到重视和推广。

与之前的两个环节相比，这个应用训练的环节无疑具有更大的难度；但它却是促使哲学思维向领导能力转化的必经之路，是一定要认真完成的。一些人只会说，不会做，讲起理论来头头是道，真要用来做事则一筹莫展，往往就是由于缺少了这个环节。不能只是纸上谈兵，而且还要沙场点兵，在真实条件下进行演练，包括在实战中经受锻炼。而正是在这个应用训练的过程中，也才能进一步加深对哲学理论的理解，进一步熟悉它、掌握它，使它成为自己的东西。这一环节的最终成果，便是使哲学思维超越原先的理论形态，进而转化为一种能力形态，成为能够加以运用的领导能力。

二、抽象能力与现实能力：实际应用中的条件问题

以上我们考察了哲学思维转化为领导能力的一般过程，明确了其中各个环节的任务要求；通过这样一个学习和训练的过程，哲学思维方能从理论形态转化为能力形态。但是，事情到这里还没有结束。因为这样一个过程虽然可以形成一定的领导能力，但这个阶段上的领导能力仍只是一种潜在的、抽象的能力。也就是说，这种能力还有待于在实际工作中真实地表现出来，使哲学思维真正有效地应用于领导工作的实践，并发挥出应有的作用。只有做到了这一点，才可以说形成了一种现实的、具体的能力。那么，怎样才能继续走完这一步，使之由抽象能力向现实能力转化呢？这就涉及一系列实际条件，这些条件制约着转化的结果。如果条件不具备，结果就仍有可能落空。

讨论中往往会有这样的疑问：既然哲学思维能够使领导能力得到提升，那么为什么一些哲学素养较高的领导者，也同样会犯错误，甚至是很大的错误？这一问题的存在，便与这里所说的实际条件直接相关。不能简单地将是否具有一种能力与这一能力发挥作用的实际结果等同起来；由于缺少必要的条件，致使能力无法得到发挥的情况，在实际过程中并不少见。因此，出现问题时先不要急于下结论，想当然地质疑和否定哲学思维；而应具体地考察一下，问题究竟出在哪里，制约能力发挥的实际条件是否具备。

1. 哲学思维与各门具体科学。材料准备及调查研究

在前面的讨论中，我们曾特别指出，领导能力的提升不能只靠各个领域

的专门学科和专业知识，还必须重视学习哲学；特别是一些超出具体专业层次的、体现着普遍性要求的重要能力，更是需要上升到哲学的高度来解决问题。但是，当我们这样做时，决不意味着否定各门具体科学的作用，不是说不需要这些专门知识、只要学好哲学就可以了。恰好相反，在重视哲学学习的同时，也必须同时注重各门具体科学的学习，将这两个层次的学习结合起来。而要使哲学思维在领导工作实践中真正有效地发挥作用，所应具备的一个重要条件，便是各门具体科学的支持与配合。

如前所述，在马克思主义哲学看来，哲学和各门具体科学作为人类知识体系中的不同门类，具有不同的定位和功能。各门具体科学主要是从各个具体领域分门别类地对世界进行研究，揭示这些领域中存在的客观规律；而哲学则应专注于世界观的领域，从整体的高度研究世界的根本问题，揭示世界各领域普遍存在的最一般规律。马克思主义哲学实现了哲学史上的根本变革，使哲学成为一种真正意义的科学世界观和方法论；对于领导工作的实践和领导能力的提升来说，它无疑具有最为根本的指导意义。但同时又应看到，马克思主义哲学的性质和功能，决定了它的指导作用主要体现在世界观的高度和一般方法论的层次上，而不能超出这一层次随意发挥。然而领导工作的实践是广泛的，涉及社会的各个具体领域，包括经济领域、政治领域、文化领域等；这些领域的客观规律除了从一般规律的层次上去认识，还必须从特殊规律的层次上去认识。而这种特殊层次的研究属于经济学、政治学、文化学等具体科学的职责范围，因此就需要这些学科分别拿出各自的理论成果，为领导工作的实践和领导能力的提升提供相应的指导和帮助。

从哲学与具体科学的关系来看，二者虽然相互区别，但同时又存在着密切的联系；哲学所要研究的一般规律包含在各个领域的特殊规律之中，所以它的研究需要以各门具体科学的研究为基础。而在哲学思维实际应用于领导工作实践的过程中，也同样需要与各门具体科学的理论应用相结合，二者相互融通、相互协调，在不同的理论层次上共同发挥作用，形成合力。哲学所提供的是具有普遍意义的一般方法论，各门具体科学所提供的是适用于各个具体领域的特殊方法论，只有将一般方法论与特殊方法论有机地结合起来，才能充分发挥其应有的效能。如果没有具体科学理论作支撑，哲学思维的应用就会显得过于虚化和空泛，难以落到实处。那种以为只要有了哲学思维便可以“包打天下”、所有问题都会“迎刃而解”的想法，是一种不切实际的幻想，同时也是对哲学本身功能定位的误解。当然，各门具体科学的理论应用也需要哲学思维的引领，离开了哲学层次的一般方法论，其认识很容易受到所在领域和特殊专业的局限，难以上升到应有的高度。这里同样应防止和反对那种片面化、绝对化的错误倾向，将哲学思维与各门具体科学“非此即彼”地对立起来，把本应协调统一的两个层次的方法论形而上学地分割开来。

客观地说，在实际工作中，这方面问题的解决可能存在不同的情况。由于各种具体的原因，不同的领导者对于各门具体科学的熟悉程度会有一定的差别。有的比较熟悉，甚至还是所在领域的专家，这自然是比较理想的情况；但也有的不具备这一条件，对于所在领域的相关具体科学不大熟悉，或者知之不多。在这种情况下，问题解决起来就会遇到困难。即使具备了一定的哲学思维，并且也有一定的应用能力，但由于缺少相关具体科学的专业支持，对于所在领域中的特殊规律了解不够，就很容易停留在一般的层面上，难以进一步深入下去。而且稍有不慎，还有可能造成哲学理论的误用和滥用。为防止此类不良后果，必须有针对性地采取措施，弥补和克服既有条件的不足。一方面，领导者自身应在重视哲学学习的同时加强相关具体科学理论的学习，努力成为所在领域的行家里手；另一方面，还要善于利用各种共有资源，借助系统内外的专门力量，共同开展相关领域中的专业研究，为从哲学高度进行更为深入的研究创造条件。

要使哲学思维真正有效地应用于领导工作的实践，不仅要处理好哲学思维与各门具体科学的关系，而且还必须解决另外一个重要的条件问题，即充分掌握相关问题的实际材料，并由此出发进行应用研究。无论是哲学思维的应用还是各门具体科学的应用，这一条件都必不可少。

我们说哲学理论所提供的是普遍意义上的一般方法论，各门具体科学所提供的则是属于各个具体领域的特殊方法论；而不论一般方法论还是特殊方法论，终究都只是一种方法论，是用来认识问题、解决问题的手段和工具。要真正达到认识和解决问题的目的，仅有这种工具和手段显然是不够的，还必须要有关于问题本身的实际材料。有了这些材料，才有可能运用哲学理论以及具体科学理论进行分析和研究，从中引出所需的结论。如果材料不具备，或者不够充分、不够翔实，那么再好的理论工具也没有用。正可谓“巧妇难为无米之炊”，方法论不能空对空。在领导工作的实践中，许多错误的认识和决策，都与这方面条件有关。即使一个领导者哲学造诣深厚，并且具有较强的应用能力，但由于所依据的材料出了问题，再怎么分析和研究都不可能得出正确的结论，失误和偏差也就在所难免。

相关问题的实际材料可以有多种不同的形式，但总体上不外乎直接的第一手材料和经过加工处理的间接材料这两大类。其中，第一手材料的特殊重要性是不言而喻的。到任何时候，都不能忽视这种直接性质的材料，而过于依赖那些间接材料。当然，间接材料也是必要的，由于经过了初步的加工和处理，这些材料看起来更为齐整、更有条理，不像直接材料那样杂乱无序、模糊不清，因而利用起来也更为方便。但是，正因为它是加工和处理过的，在处理过程中难免会有信息流失，同时还会被注入各种主观因素，包括特定的观点、倾向、意图、偏好等。所以，在可能的情况下，还是要更多地掌握第一手材料，原原本本地了解真实情况。

要做到比较充分地掌握材料、特别是第一手材料，就必须重视开展调查研究。领导者应深入实际，到相关工作的第一线去，与直接从事此项工作的各类人员相接触，广泛听取意见和建议，同时尽可能多走多看，力求比较全面和完整地采集信息。按照认识论的原理，通过这种方式获得的认识，应属于感性认识，而感性认识的获得是认识过程的第一个阶段。虽然它还只是停留在现象的层面，但却是使认识上升到第二个阶段即理性认识所必需的。毛泽东在他的《实践论》中曾具体地考察了认识过程中的这两个阶段，他指出:“理性认识依赖于感性认识”，“理性的东西所以靠得住，正是由于它来源于感性，否则理性的东西就成了无源之水，无本之木，而只是主观自生的靠不住的东西了”。[①] 他还进一步做出说明:“认识的过程，第一步，是开始接触外界事情，属于感觉的阶段。第二步，是综合感觉的材料加以整理和改造，

① 《毛泽东选集》第1卷，人民出版社1991年版，第290页。

属于概念、判断和推理的阶段。只有感觉的材料十分丰富（不是零碎不全）和合于实际（不是错觉），才能根据这样的材料造出正确的概念和论理来。”[①]我们这里所说的第一手材料，在这里便是指这种感性材料，而调查研究则是获得这种材料的有效方式和途径。当然，这种方式也有自己的局限，一次调研不可能了解所有的情况，同时领导者也不可能事必躬亲，处处都去调研，而只能有选择地加以安排。这就需要借助其他有效的信息采集机制，多渠道收集相关的感性材料，然后综合起来加以利用。

无论如何，有了这样一些实际材料，就可以运用哲学理论以及相关的具体科学理论，进行深入的分析和研究了。这就需要对看上去杂乱地堆积在一起的原始材料做出逻辑梳理，下一番“去粗取精、去伪存真、由此及彼、由表及里的改造制作工夫”，[②]努力探究隐藏在各种表象背后的深层本质和内在联系，以及制约着相关事物发展的客观规律，然后以此为依据制定出相应的对策，推动事物的发展朝着积极的方向展开。正是在这一过程中，哲学理论能够作为一般方法论而起作用，指导我们正确地认识和解决所遇到的实际问题。而上一篇中所讨论的与各方面领导能力密切相关的一系列方法论原则，都可以在这里实实在在地展现出来。

哲学思维的应用必须以充分的材料准备为基础，这是从抽象能力转化为现实能力的必要条件。但经验告诉我们，这个问题的解决常常会遇到阻碍。这里存在着诸多陷阱，哲学思维的应用会面临风险。《实践论》中强调“只有感觉的材料十分丰富（不是零碎不全）和合于实际（不是错觉），才能根据这样的材料造出正确的概念和论理来”；[③]而在实际过程中，正是这一点容易发生问题。从一些失败的案例看，问题往往就出在对材料的掌握不全面、不完整上，不是“十分丰富”，而恰恰是“零碎不全”；同时已有材料中还可能包含不少虚假成分，不是“合于实际”，而恰恰是有很大的“错觉”。依据这样的材料进行分析和研究，虽然看上去头头是道，该用的哲学理论都用上了，但却不可能得出正确的结论。实际材料不充分、不真实，哲学思维的应用就

---

① 《毛泽东选集》第1卷，人民出版社1991年版，第290页。

② 《毛泽东选集》第1卷，人民出版社1991年版，第291页。

③ 《毛泽东选集》第1卷，人民出版社1991年版，第290页。

无法达到目的，其作为一般方法论的指导作用也就难以真正发挥出来。

2. 哲学思维与价值取向。创造性过程的动态延伸

当我们考察哲学思维的实际应用时，还有一个十分重要的问题不容忽视，这便是之前已经谈到过的真理与价值的关系问题。我们在讨论唯物主义的基本原则时遇到了这个问题，而在这里，又不可避免地再次相遇。应该说，哲学思维能否有效地得到应用并转化为现实的领导能力，除了取决于上述各方面条件之外，还在很大程度上受到相关价值取向的制约，因而必须将真理问题与价值问题统筹起来一并解决。

如前所述，真理与价值是两个不同性质的范畴。真理属于认识论的范畴，是人们对于客观实际的正确认识；而价值则是一种现实的关系范畴，是事物对人的有用性，所体现的是人与外部事物之间的利益联系。由于价值本身的多元特性，这两个方面之间并不总是一致的，而是存在着这样那样的矛盾和冲突；人们如何对待所遇到的价值问题，他们的价值取向如何，会在很大程度上影响其对真理问题的态度，制约着这方面问题的解决。当我们将哲学思维应用于领导工作的实践，促使其向领导能力转化时，其着眼点主要是解决真理性问题，即如何正确认识和把握事物存在和发展的一般规律，并依照这些规律做好领导工作；而与此同时，领导者还会面临一个与之并存的价值性问题，即如何处理工作中所涉及的各种利益关系，对可能发生的利害得失做出评估和研判。这是一种价值选择，表现出不同的价值取向。而这一选择的结果，对于哲学思维能够在什么程度上得到应用并转化为现实的领导能力，有着十分重要的影响。

在讨论唯物主义基本原则时，我们已经做过分析，一种狭隘和自私的价值取向会怎样妨害一切从实际出发、实事求是的方法论要求，使马克思主义哲学的唯物主义立场实用主义化。而这里还需进一步指出的是，不仅是唯物主义立场，而且是整个马克思主义哲学，都与这种狭隘的价值取向不兼容。如果一个领导者不能正确处理所涉及的利益关系，将某种片面的、狭隘的利益诉求置于整体的公共利益之上，甚至奉行极端利己主义的价值观，那么他

在认识和解决领导工作中的相关问题时，就很难做到尊重科学、坚持真理，也就不可能真正遵循马克思主义哲学的一系列基本原理，将相应的方法论要求真正落实到位。即使有一些应用，也会是实用主义化的：与己有利则用，不利则弃。同时，在错误的价值导向支配下，哲学理论往往不是被当作方法论去指导自己的认识和实践，而是被用作替某种既定的主张和决策做辩护的工具，这样来应用的哲学理论也就难免会遭到不恰当的阐释和曲解，以适合这种狭隘的功利目的。在这种情况下，哲学思维也就不可能真正转化为领导能力，并在实际工作中现实地表现出来。

哲学是关于世界观的学问，它要从整体的高度研究世界的根本问题。而马克思主义哲学作为一种真正意义的科学世界观和方法论，为我们探寻宇宙的真理、认识和改造世界指出了正确的方向和路径。要真正掌握和运用这门学问，就必须在价值观上超越那种低俗的层次，确立起真正正确的价值取向，切实处理好个人利益与他人利益、个体利益与群体利益、群体利益与整个社会的利益等不同主体之间的利益关系，以及整体利益与局部利益、根本利益与具体利益、长远利益与眼前利益等不同层次之间的利益关系，使真理与价值从根本上一致起来。我们也已经指出，马克思主义哲学本身就有着鲜明的价值取向，它把人的发展和解放作为自己的最高价值目标；并且它所关注的不只是少数人或一部分人，而是最广大的社会成员，是整个人类。它把工人阶级的解放与整个人类的解放联结起来，把消除阶级对立、建立一个能够确保“每个人的自由发展是一切人的自由发展的条件”[①]的“自由人联合体”[②]作为未来社会的价值愿景。只有具备了这样一种宽广的视野，才能最大限度地运用马克思主义哲学的科学世界观和方法论，在探求真理的道路上奋力前行。马克思主义哲学的真理观和价值观必须统一起来加以把握，而不能顾此失彼，丢掉其中的任何一个方面。

考察一下领导工作实践中那些失败的案例，可以看出其中有不少都与没能解决好这一问题直接相关。一些领导者犯错误，并非是由于缺乏能力，而

① 《马克思恩格斯选集》第1卷，人民出版社2012年版，第422页。

② 《马克思恩格斯选集》第2卷，人民出版社2012年版，第126页。

是价值取向出了问题。其中就包括一些理论素养较高的领导者，虽然懂得不少马克思主义哲学的基本理论，并且对于相关问题的实际情况也不是不了解，但是分析和研判的结果却出现了明显的偏差，做出了错误的决策。究其原因，往往就是在一些重大利益关系的处理上没有摆正位置，从某种狭隘的立场出发去认识和解决问题。这样一种价值取向和选择，不能不同马克思主义哲学的方法论要求发生冲突，于是这些方法论便在很大程度上被打了折扣，甚至完全弃置一旁。在这种情况下，将发生错误的原因想当然地归结于哲学思维，质疑其所能起到的指导作用，显然是没有道理的。

综上所述，各门具体科学的支持、充分的材料准备以及正确的价值取向，应是直接制约着哲学思维、影响其作用发挥的几个重要条件。只有切实解决好这些条件问题，哲学思维才有可能被真正有效地应用于领导工作的实践，从而由一种抽象的能力最终转化为现实的能力。然而，这里还需要指出的是，即便具备了以上这些条件，也并不意味着就一定能够获得成功。因为哲学思维的应用本身就是一项创造性工作，并不是简单地套用几条原理就可以的。恩格斯曾批评过当时德国的一些“青年著作家”，指出在他们那里“‘唯物主义’这个词大体上只是一个套语，他们把这个套语当做标签贴到各种事物上去，再不作进一步的研究，就是说，他们一把这个标签贴上去，就以为问题已经解决了”。[①] 他强调：“马克思的整个世界观不是教义，而是方法。它提供的不是现成的教条，而是进一步研究的出发点和**供**这种研究**使用**的方法。”[②]在领导工作的实践中，我们所需要做的是以马克思主义哲学以及其他哲学理论所提供的一般方法论为指导，综合利用各方面的具体条件，面对所遇到的各种实际问题，创造性地开展研究，最终形成正确的结果。这个过程的每一个环节和步骤，都必须以高度负责的精神和严谨的科学态度加以对待，任何一个环节把握不当，都有可能出现失误，进而影响到整个过程。

此外还应看到，这种创造性的应用过程不是孤立的和封闭的，而是开放的、不断延伸的。一个问题解决了，又会有新的问题在前头；随着实际工作

---

① 《马克思恩格斯选集》第4卷，人民出版社2012年版，第599页。

② 《马克思恩格斯选集》第4卷，人民出版社2012年版，第664页。

的推进和相关进程的展开，新情况、新问题不断涌现，需要我们不断做出新的研究和探索。因此，哲学思维的应用本身就是一项长期的任务，不可能一劳永逸。领导者应始终保持高度的警觉和昂扬的状态，随时准备迎接新的挑战。实践的发展没有止境，这方面的努力也就不能停歇。

如此说来，要真正有效地将哲学思维应用于领导工作的实践，使之成为一种现实的、具体的能力，从而最终实现向领导能力的转化，确实不是一件简单的事。而从学习和应用的全部过程来看，更容易使人产生畏难情绪。然而应当相信，困难虽然存在，但并非不可逾越。只要我们下定决心，坚持不懈地做出努力，就一定能够不断取得进步，最终到达成功的彼岸。

最后，我们不妨借用黑格尔的一段话作为结束语。在他的《柏林大学开讲辞》中，曾这样写道：

"人应该尊敬他自己，并应自视能配得上最高尚的东西。精神的伟大和力量是不可以低估和小视的。那隐藏着的宇宙本质自身并没有力量足以抗拒求知的勇气。对于勇毅的求知者，它只能揭开它的秘密，将它的财富和奥妙公开给他，让他享受。"①

---

①〔德〕黑格尔:《小逻辑》，贺麟译，商务印书馆 1980 年版，第 36 页。

附　录

关于马克思主义哲学研究的几个重要问题

（2015 年 11 月）

贾高建

在整个马克思主义学说体系中，马克思主义哲学无疑具有最为根本的地位。要真正认识和了解马克思主义，必须深刻理解和把握它的哲学。长期以来，我们对马克思主义哲学的研究十分重视，并形成了比较丰厚的成果积累；而随着实践的推进和认识能力的提升，这一领域的研究也在不断深化。近些年来，在对以往的成果进行总结和反思的基础上，马克思主义哲学的研究又取得了不少新的进展。但是与此同时，讨论中也出现了各种不同的观点和见解，特别是在一些重要问题上产生了较大的争议和分歧；这些问题关系到对马克思主义哲学的基本理解和把握，因而有必要给予充分的关注。

一、关于马克思主义哲学的研究定位：科学世界观与“形而上学”

众所周知，在 19 世纪中叶的特殊历史条件下，马克思和恩格斯批判地吸取了以往哲学史特别是德国古典哲学的积极成果，创立了被他们自己称为“新唯物主义”的新的哲学。对于这个新的哲学，多年来已经有一个基本的评价，即认为它实现了哲学史上的根本变革，使哲学第一次具有了真正科学的性质，成为一种科学世界观和方法论。这样一个评价，当然是有多方面的依据的，而其中首要的一条，便是它科学地解决了哲学研究的定位问题。

在马克思主义哲学产生之前，哲学作为人类思想史上最古老的学科之一，并没有明确的研究定位。哲学这一概念的本义是“爱智慧”，因而哲学也被称为“智慧之学”；但这个提法并不是一种严谨的规定。古代时期，由于科学尚未生长起来，哲学家们见仁见智，力图借助逻辑推演和主观臆想去勾画对世界认识的各方面图景；到了近代，哲学家们仍继续维持这样一种旧的传统，并且还试图将各门科学的研究也纳入自己的逻辑体系，使哲学成为一种“包罗万象”的“科学的科学”。随着历史的发展，这样一种做法必然越来越不合时宜。马克思和恩格斯明确宣告了这种旧哲学的“终结”，他们重新审视了哲学的定位及其与具体科学的关系问题，对这一问题做出了科学的解决；其基本要求，便是在近代以来科学发展的基础之上，将哲学真正提升到世界观的高度，使之成为一种严格意义的世界观和方法论。正如他们在谈到自己的哲学时所指出的：这已经不再是旧的意义上的哲学，“而只是世界观”。[①] 从基本规定上说，所谓世界观是人们对世界的根本观点和看法，亦即对世界的根本性问题的回答；而马克思和恩格斯所创立的新的哲学，便是专门探究这一层次的根本性问题，包括自然、社会以及人类思维等领域的最一般规律。它是一种科学世界观，同时具有根本的方法论意义。

对于马克思主义哲学研究的这一定位，应该是有广泛共识的。而在近些年的讨论中，这方面问题的认识又有了新的进展。比较一致的观点是，马克思主义哲学作为一种科学世界观和方法论，不仅要揭示世界存在和发展的最一般规律，同时要研究和探索作为主体的人与这个世界的关系问题，研究现实的人及其实践活动，以及人自身的发展和解放问题。同时还提出，马克思主义哲学不仅是一种世界观，而且还有着自己的价值观，要充分重视它的价值维度的研究，把世界观和价值观统一起来。应该说，这样一些新的认识，对于进一步完整地理解马克思主义哲学的定位问题，是有着重要意义的，应

① 《马克思恩格斯选集》第 3 卷，人民出版社 2012 年版，第 517 页。

给予充分的肯定。

但是与此同时，讨论中也出现了某些片面和极端的倾向。有一种观点认为，马克思主义哲学所实现的根本变革，并非使哲学成为以往所理解的那种“科学世界观”，而是从根本上改变了传统哲学的研究定位，超越了“形而上学”，实现了哲学的“转向”；也就是说，它不再研究世界的本原及其一般规律等“形而上学”问题，而是转向现实的人及其实践活动；不再研究包括自然界在内的“整个世界”或“宇宙世界”，而是转向与人及其实践相关联的“现存世界”或“人类世界”。虽然都在讲“世界”，但此“世界”并非彼“世界”，两者定位各不相同。还有一种观点索性彻底否定了马克思主义哲学的世界观定位，认为马克思主义哲学压根不再研究世界观领域的问题，而只是研究人的思维方式和认识方法，从而由“知识论哲学”转向“认识论哲学”，由“实体性哲学”转向“主体性哲学”，如此等等。

这无疑是一种具有挑战性的重大分歧。如果这些观点成立，那将从根本上颠覆以往对马克思主义哲学的理解，“科学世界观”被当作“形而上学”从马克思主义哲学的研究定位中排除出去，属于这一领域的一系列原理便统统失去了存在的前提。但情况真的如此吗？回答却是否定的。

认真研读一下马克思主义经典作家的著作便可以看出，马克思和恩格斯作为马克思主义哲学的创始人，从一开始便是着眼于包括自然、社会以及人类思维等领域在内的“整个世界”或“宇宙世界”，而从来没有在这个世界中再以人的活动为轴心划分出一小块领地，然后将自己的新的哲学局限于这一狭小的范围，而将所谓“与人的实践没有直接关系”的“整个世界”或“宇宙世界”排斥在研究视野之外。不错，他们关注作为主体的人及其实践活动，强调主体通过实践“改变世界”的能动作用，重视打着主体印记的“人化自然”，但这并不是说只需要研究人自己的实践以及与之相关的“现存世界”或“人类世界”就可以了，而将这方面研究与“整个世界”或“宇宙世界”的研究对立起来。在他们的著作中，有着大量关于“整个世界”或“宇宙世界”、关于世界存在和发展的一般规律的论述，特别是集中体现在《反杜林论》《自然辩证法》《路德维希·费尔巴哈和德国古典哲学的终结》等著作中。恩格斯还特别指出，他们所创立的唯物辩证法，“就归结为关于外部世界和人类思维的运动的一般规律的科学”。[①] 无视这些重要著作和成果的存在，拒绝承认马克思主义哲学从世界观的高度对这些根本问题的研究，不是一种客观的态度。

有一些论者试图对此做出解释，认为恩格斯的观点不同于马克思的观点，他的著作不能代表马克思主义哲学。这个说法恐怕连提出者自己也会觉得勉强。的确，马克思和恩格斯在阐发自己思想的过程中各有侧重，他们研究问题的关注点也各有不同，但这绝不意味着思想观点的对立，或者反对和否定对方的研究。相反，他们多次公开申明相互之间观点和主张的一致性，他们的著作应该说是他们共同合作的成果。恩格斯在《反杜林论》的序言中曾专门指出：“本书所阐述的世界观，绝大部分是由马克思确立和阐发的，而只有极小的部分是属于我的，所以，我的这种阐述不可能在他不了解的情况下进行，这在我们相互之间是不言而喻的。在付印之前，我曾把全部原稿念给他听，而且经济学那一编的第十章（《〈批判史〉论述》）就是马克思写的，……在各种专业上互相帮助，这早就成了我们的习惯。”[②] 而进一步说，不仅是恩格斯的著作，而且在马克思本人的著作中，也同样有不少关于一般世界观的论述。如在谈到自己的辩证法与黑格尔的辩证法的区别时，马克思就明确指出：“在黑格尔看来，思维过程，即甚至被他在观念这一名称下转化为独立主体的思维过程，是现实事物的创造主，而现实事物只是思维过程的外部表现。我的看法则相反，观念的东西不外是移入人的头脑并在人的头脑中改造过的物质的东西而已。”[③]他公开宣布：“因为我是唯物主义者，而黑格尔是唯心主义者。”[④]

一些论者还提出了一个理由，即认为马克思和恩格斯明确宣告了以往那种旧哲学的“终结”，而旧哲学正是把形而上学地研究“整个世界”或“宇宙世界”、构建某种“世界图景”作为自己的使命的，所以马克思和恩格斯也就是否定了这个研究定位。这是一个明显的误解。马克思和恩格斯批评旧的哲学，主要是反对那种依靠哲学家本人的主观臆想和思辨推演去构建“世界

① 《马克思恩格斯选集》第 4 卷，人民出版社 2012 年版，第 249—250 页。

② 《马克思恩格斯选集》第 3 卷，人民出版社 2012 年版，第 383—384 页。

③ 《马克思恩格斯选集》第 2 卷，人民出版社 2012 年版，第 93 页。

④ 《马克思恩格斯选集》第 4 卷，人民出版社 2012 年版，第 468 页。

图景”的研究方式，否定这个意义上的“形而上学”，而并不是说不需要研究“整个世界”、不需要进行一般世界观领域的研究了。恰好相反，他们主张在各门具体科学发展的基础上，以科学的方法进行这一领域的研究，从而使哲学真正成为一种科学世界观。对此，恩格斯曾做过专门的说明，他指出：“由于这三大发现和自然科学的其他巨大进步，我们现在不仅能够说明自然界中各个领域内的过程之间的联系，而且总的说来也能说明各个领域之间的联系了，这样，我们就能够依靠经验自然科学本身所提供的事实，以近乎系统的形式描绘出一幅自然界联系的清晰图画。描绘这样一幅总的图画，在以前是所谓自然哲学的任务。而自然哲学只能这样来描绘：用观念的、幻想的联系来代替尚未知道的现实的联系，用想象来补充缺少的事实，用纯粹的臆想来填补现实的空白。”①“今天，当人们对自然研究的结果只要辩证地即从它们自身的联系进行考察，就可以制成一个在我们这个时代是令人满意的‘自然体系’的时候，……自然哲学就最终被排除了。”②自然领域是这样，那么社会领域又是如何呢？恩格斯进而指出：“而适用于自然界的，同样适用于社会历史的一切部门和研究人类的（和神的）事物的一切科学。在这里，历史哲学、法哲学、宗教哲学等等也都是以哲学家头脑中臆造的联系来代替应当在事变中去证实的现实的联系……。因此，在这里也完全像在自然领域里一样，应该通过发现现实的联系来清除这种臆造的人为的联系；这一任务，归根到底，就是要发现那些作为支配规律在人类社会的历史上起作用的一般运动规律。”③这些论述清楚地说明了经典作家解决问题的思路，而正是按照这样一个思路，他们在否定旧哲学的基础上创立了自己的新的哲学，并使之成为一种完全不同于那种“形而上学”的科学世界观。

实际上，一些论者之所以在马克思主义哲学的研究定位问题上坚持将所谓“整个世界”或“宇宙世界”的研究排除出去，并非有多少经典依据，而主要是基于这样一种认识，即认为这一领域的研究与人自身的存在和发展没有关系，因而没有意义。这种观点在逻辑上是不能成立的。须知所谓“现存

① 《马克思恩格斯选集》第4卷，人民出版社2012年版，第252页。

② 《马克思恩格斯选集》第4卷，人民出版社2012年版，第252—253页。

③ 《马克思恩格斯选集》第4卷，人民出版社2012年版，第253页。

世界”或“人类世界”与“整个世界”或“宇宙世界”是不可分割地联系在一起的，前者说到底从属于后者，是作为后者的一种特殊形态而存在的；不研究“整个世界”或“宇宙世界”，就不可能真正认识“现存世界”或“人类世界”，也谈不上正确地进行主体的各类实践活动。进一步说，所谓“现存世界”或“人类世界”并不是一种不变的存在，而是要在新的实践的基础上不断向“整个世界”或“宇宙世界”拓展；而这里的前提就是不断探索处于“现存世界”或“人类世界”之外的新的未知领域，也就是要研究“整个世界”或“宇宙世界”。不进行这种研究，就不可能有新的实践和新的拓展，而所谓“现存世界”或“人类世界”也就只能成为一种僵死和封闭的领域，而这样的结果显然是荒谬的。

最后，关于那种完全否定马克思主义哲学的世界观定位，试图用所谓“认识论哲学”“主体性哲学”取代“知识论哲学”“实体性哲学”之类的观点，更是没有什么经典依据，而主要是这些论者自己的愿望和主张而已。并且也不是什么新的见解，而只不过是“以西解马”的老套路。对于这种观点，我们只能说，哲学家们完全可以按照自己的愿望提出各种不同的学术观点和主张，但不能将这些主张随意附加给马克思主义哲学。马克思主义哲学研究首先要有客观的态度，特别是要原原本本地解读经典作家的思想，这应该是一个最基本的要求。

二、关于马克思主义哲学的学说体系：辩证唯物主义、历史唯物主义和实践唯物主义

明确了马克思主义哲学的研究定位，接下来所要面对的问题便是：基于这样一个新的定位，马克思主义哲学究竟形成了怎样的学说体系？这一体系中究竟包括什么内容，或者说主要成果？弄清这一问题，才能进一步理解马克思主义哲学所实现的根本变革，以及它何以成为一种科学世界观和方法论。而在这一问题上，讨论中同样出现了较大的争议，提出了不同的观点和看法。

按照传统的理解，马克思主义哲学立足于世界观的高度，在批判地吸取

以往哲学发展的积极成果的基础上，取得了一系列新的重大成果。它借助近代以来科学发展的新的条件，实现了唯物主义与辩证法的科学统一；特别是将唯物主义和辩证法应用于社会历史领域，揭示了社会历史领域的客观规律，创立了历史唯物主义亦即唯物史观。所以，马克思主义哲学的基本内容可以概括为“辩证唯物主义和历史唯物主义”。正是按照这一理解，以往的教科书将马克思主义哲学原理区分为相应的两大部分。而在新时期的讨论中，许多论者对此提出了批评，认为这一传统体系实际上形成了一种“板块结构”，不利于对马克思主义哲学的整体把握，且容易造成各种误解；而在内容上，传统体系更多地偏重于客体方面的研究，对于主体方面亦即现实的人及其与世界的关系问题，特别是实践问题关注不够，对于这方面的成果阐发不够。因此，需要在深入研究经典作家思想的基础上，打破传统体系的局限，建构新的马克思主义哲学体系。由此出发，一些论者主张以“辩证唯物主义”为主线，对原有体系做出新的调整和梳理；而另一些论者则提出了以“实践唯物主义”整合马克思主义哲学的新的思路。

从总体上看，讨论中形成的这些新的认识是值得肯定的。马克思主义哲学作为一种从根本上区别于旧哲学的科学世界观，其成果无疑是多方面的。实现唯物主义与辩证法的科学统一、创立唯物主义历史观，这些当然是重要成果；而与此同时，马克思主义哲学还以社会实践为基础，科学地解决了人与外部世界的关系问题，这同样也是十分重要的成果。从这个意义上说，马克思主义哲学不仅是“辩证唯物主义和历史唯物主义”，而且同时也是“实践唯物主义”，综合起来应是辩证唯物主义、历史唯物主义、实践唯物主义的统一，或者说是辩证的、历史的、实践的唯物主义。经典作家所讲的“新唯物主义”，应从所有这些成果的有机统一来认识，而马克思主义哲学的学说体系，也应按照这个有机统一的要求来把握。在表现形式上，的确应改变传统教科书的“板块结构”，将各方面内容作为一个统一的整体逐层展开。至于这个统一体系的名称，虽然可以从不同的角度去考虑，但仅仅称为“辩证唯物主义”或“实践唯物主义”，都不足以反映“新唯物主义”的多方面成果；因此，在没有更适合的表述之前，继续使用“马克思主义哲学”这一名称似乎更为稳妥。

但值得注意的是，有关这方面问题的讨论中还提出了其他一些不同观点和看法，其中也包括某些片面和极端的倾向。一些论者认为，对于传统教科书体系并不简单是一个调整和整合的问题，因为这一体系中包含了许多不属于马克思主义哲学的内容，特别是“辩证唯物主义”部分关于世界的本原及其一般规律等的原理，都属于“旧唯物主义”的范畴，是“形而上学”；所以应对传统体系进行“清理”和“分解”，将这些内容从马克思主义哲学中剔除出去，在此基础上重新解读和阐释马克思主义哲学。不难看出，这一观点是与前面有关马克思主义哲学的定位问题上所遇到的极端观点相呼应的，所涉及的仍然是所谓“整个世界”或“宇宙世界”与“现存世界”或“人类世界”的关系问题。之前已经指出，马克思主义哲学在否定旧哲学的时候，并没有否定“整个世界”或“宇宙世界”这一研究定位；那种试图将“整个世界”或“宇宙世界”与“现存世界”或“人类世界”机械地分割开来，从而将“整个世界”或“宇宙世界”的研究从马克思主义哲学的研究对象中排除出去的做法，是没有根据的。而在这里，试图将“辩证唯物主义”关于世界的本原以及一般规律等方面的原理当作“旧唯物主义”和“形而上学”加以排斥，也同样是没有道理的。如前所述，马克思和恩格斯所批判的“形而上学”，主要是指那种依靠哲学家本人的主观臆想和思辨推演去构建“世界图景”的研究方式，而不能简单地将所有关于“整个世界”或“宇宙世界”的研究一律等同于“形而上学”；更不能将马克思主义哲学从世界观的高度对这一领域所作的科学性质的研究，也都错误地等同于“形而上学”。

不仅如此，在依照这种“清理”和“分解”的思路“重释”马克思主义哲学的过程中，已有的“实践唯物主义”和“历史唯物主义”这两个概念先后被赋予某种特殊的含义，并用来标志两种不同的观点。一种观点认为，可以用“实践唯物主义”来“重释”马克思主义哲学，但这种“实践唯物主义”不同于上面提到过的与“辩证唯物主义”和“历史唯物主义”相统一的“实践唯物主义”，而是主张摒弃“整个世界”或“宇宙世界”，只研究与人及其实践相关联的“现存世界”或“人类世界”，特别是摒弃“物质本体论”，主张“实践本体论”，认为“现存世界”或“人类世界”中的一切都是“实践”创造的，因而都应用“实践”来解释。另一种观点则认为，应该把马克思主义哲学归结为“历史唯物主义”，因为只有在人类历史的进程中，才能现实地提出人与世界的关系问题；而这个世界当然不是与人“无关”的“整个世界”或“宇宙世界”，而只能是与人及其活动相联系的世界，也就是所谓“现存世界”或“人类世界”。离开“历史”的世界，只能是抽象的、虚幻的世界；而“现存世界”或“人类世界”中的一切，包括人类实践，都可以纳入“历史唯物主义”的解释框架，所以这种“历史观”也就是马克思主义哲学的“世界观”，二者是完全等同的。

虽然这两种观点分别借用了马克思主义哲学的两个基本用语，但从根本上讲都是难以成立的。就这种特殊含义的“实践唯物主义”而言，且不论其机械分割“整个世界”或“宇宙世界”与“现存世界”或“人类世界”这一前提性错误，即使在所谓“现存世界”或“人类世界”的范围内，也不可能用“实践本体论”来取代“物质本体论”。因为实践的作用再大，也只能改变物质的存在形态，而不能创造或消灭物质本身；而即使是这种改变，也必须借助物质的力量、遵循物质运动的规律才能实现。对此，马克思和恩格斯曾有过明确论述：“人并没有创造物质本身。甚至人创造物质的这种或那种生产能力，也只是在物质本身预先存在的条件下才能进行。”[①]重视实践的作用当然是正确的，但若要将这种作用夸大到“本体”的高度，那就是错误的了。真理往前走一小步便是谬误，更何况是走向极端。这样的做法，无异于试图“拽着自己的头发离开地球”。这样一种理解，严重偏离了马克思主义哲学所固有的、真正的实践唯物主义精神，并对这一用语的使用造成混乱。（其实，持这类观点的一些论者也已意识到这一点，所以明确提出用“实践哲学”这一名称取代“实践唯物主义”的提法，以为这样便可以将“旧唯物主义的残留”彻底地“清理”出去了。）

在讨论中，一些论者还经常引用马克思在《关于费尔巴哈的提纲》中的论述：“从前的一切唯物主义（包括费尔巴哈的唯物主义）的主要缺点是：对对象、现实、感性，只是从**客体**的**或者直观**的形式去理解，而不是把它们当

① 《马克思恩格斯全集》第2卷，人民出版社1957年版，第58页。

做**感性的人的活动**，当做**实践**去理解，不是从主体方面去理解。”[①]这段话被解释为马克思主张“实践本体论”，而反对“物质本体论”。其实，仔细研读一下便可以看出，马克思在这里并非简单地否定“从前的一切唯物主义”，而只是指出其“缺点”，即他们“只是”“从**客体**的**或者直观**的形式”去理解外部世界。请注意这个“只是”。因为人所面对的世界是在主客体的相互作用中存在的，仅仅看到客体的方面无疑是不够的，同时还要看到另一个方面，即主体的方面，要从主客体之间的双向互动关系去理解。客体方面和主体方面，这两个方面缺一不可，必须全面理解和把握。应该知道，马克思指出以往唯物主义的缺点和不足，是要向前进一步发展唯物主义，而绝不是要掉过头来推翻唯物主义的既有前提，不能由此得出非此即彼的极端结论。

关于那种特殊意义的“历史唯物主义”观，虽然在具体理路上与这种“实践唯物主义”有所不同，但其进行“历史”考察的结果却是殊途同归，即同样是把“整个世界”或“宇宙世界”与“现存世界”或“人类世界”机械地分割开来，进而用后者排斥前者。其实，在经典作家那里，“历史唯物主义”中的“历史”本来是一个领域概念，是指与自然领域相对应的社会历史领域；他们明确地将“自然界和历史”作为这样两个不同的领域并提，[②]并深入探究了“自然领域”与“社会历史领域”之间的异同[③]。他们所创立的“新唯物主义”世界观，无疑是将这两个基本领域全都纳入视野，是既包括历史观，也包括自然观的完整体系。而一些论者却以“人与世界的关系都是在社会历史过程中所发生的”为由，以历史观排斥自然观，将“历史”变成一种独断的尺度，并以此来“裁决”自然领域，只承认与人及其活动发生直接联系，并在这一意义上进入到社会历史领域的“人化自然”，而将这一领域之外的自然界或者说“宇宙世界”斥为虚妄；甚至提出马克思主义哲学不承认一般意义的“存在”和“意识”，而只承认“社会存在”和“社会意识”。这样一来，马克思主义哲学也就只剩下这种膨胀了的历史观，而真正属于一般世界观层次的内容以及自然观等等则被当作旧的“形而上学”完全排除出去

① 《马克思恩格斯选集》第1卷，人民出版社2012年版，第133页。

② 《马克思恩格斯选集》第4卷，人民出版社2012年版，第249页。

③ 《马克思恩格斯选集》第4卷，人民出版社2012年版，第253页。

了。这样一种偏颇的理解，既没有经典依据，也不合乎逻辑。将唯物主义历史观推向极端，并将其与马克思主义哲学的其他原理隔绝和对立起来，只能在扭曲历史唯物主义基本精神的同时，严重损害马克思主义哲学的完整性和科学性。

以上这些片面和极端倾向的产生，无疑是有多方面的根源的。而从认识论根源看，这里存在着一个颇具迷惑性的逻辑误区。一些论者之所以力主将有关“整个世界”或“宇宙世界”的研究从马克思主义哲学中排除出去，常常是基于这样一个推论，即认为只有从实践出发，或者从“历史”出发，才能达到对世界的真正的认识；离开实践或“历史”，就只能是形而上学的抽象或直观。所以，那种关于“整个世界”或“宇宙世界”的研究，包括以往“辩证唯物主义”部分对于世界的本原及其一般规律的研究，都属于这类抽象或直观，因而必须抛弃。这样一个貌似有理的推论，实际上却包含着一个严重的逻辑错误，即它混淆了两个相互联系但又十分不同的问题：一个是认识的目标，即我们究竟要认识什么；另一个则是认识的路径，即应该如何去认识。所谓从实践出发，或者从“历史”出发，其实都讲的是路径问题，即要求通过实践或“历史”的路径去认识。而通过这一路径所要认识的目标是什么呢？当然是外部世界，并且不仅是“现存世界”或“人类世界”，还应该是“整个世界”或“宇宙世界”。这两个不同的问题绝不能混为一谈，不能把认识的路径误解为目标本身，以为强调从实践或者“历史”出发，就只是要对实践或“历史”本身进行研究就足够了，而把真正的目标排除在外，把所有对于这一目标的认识都笼统地加以否定。这样的逻辑错位和混淆，必然导致认识的扭曲和中断。必须看到，马克思主义哲学关于世界的本原及其一般规律的认识，决不是什么离开实践或“历史”的“形而上学”，而恰恰是从实践、“历史”出发，通过这一正确路径而取得的科学认识成果，它是我们所要达到的真正的认识目标的体现。[①]

综合起来说，马克思和恩格斯所创立的“新唯物主义”，亦即辩证的、历

① 对于这个问题，可参阅我在《马克思主义哲学研究中应注意的几个逻辑问题》一文中的相关讨论。原载《中共中央党校学报》2010 年第 2 期，收入中国辩证唯物主义研究会编:《马克思主义哲学论丛》总第 1 辑，社会科学文献出版社 2010 年版。

史的、实践的唯物主义，是一种着眼于整个世界的完整的世界观体系，它的基本原理贯穿世界观层次的各个研究领域。正如恩格斯所指出的："……在这里第一次对唯物主义世界观采取了真正严肃的态度，把这个世界观彻底地（至少在主要方面）运用到所研究的一切知识领域里去了。"[①] 我们必须全面理解和把握马克思主义哲学的学说体系，深刻认识其内在逻辑，防止和反对各种片面和极端的倾向。

三、关于马克思主义哲学的基本功能："解释世界"和"改变世界"

马克思主义哲学所实现的根本变革，不仅体现在它的研究定位和学说体系上，而且还体现在它的基本功能上。这种哲学从一开始就不是一种书斋学问，而是直接面对实践，为人们认识世界、改造世界的活动提供根本的方法论指导。正如马克思所指出的："哲学家们只是用不同的方式**解释**世界，问题在于**改变**世界。"[②]在这个意义上，马克思主义哲学突出体现了作为一种"实践的唯物主义"的特殊品格。在近些年来的讨论中，对于这一问题的认识进一步深化，并得到了广泛的认同。

但与此同时，前面所提到的有关马克思主义哲学的研究定位和学说体系问题上的某些争议和分歧，包括某种片面和极端的倾向，也进一步延伸到这个基本功能问题上。例如，有一种观点认为，马克思主义哲学与旧哲学的不同，在于它不是这样那样地"解释世界"，而是要"改变世界"；所以它只需要关注人和人的实践，关注与人及其实践直接相联系的"现存世界"或"人类世界"就可以了，而有关"整个世界"或"宇宙世界"的研究，特别是有关世界的本原等本体论问题的研究，都是为了"解释世界"，所以都是"形而上学"，应该"超越"和摒弃。这样一种观点，也同样是站不住脚的。

---

① 《马克思恩格斯选集》第 4 卷，人民出版社 2012 年版，第 249 页。

② 《马克思恩格斯选集》第 1 卷，人民出版社 2012 年版，第 136 页。

首先，从逻辑上说，决不能将“改变世界”与“解释世界”简单地对立起来。“改变世界”是我们的落脚点，但是要想“改变世界”，首先必须认识和了解这个世界，从这个意义上讲，也就是要“解释世界”。那种错误的、荒谬的“解释”当然应该反对，但不能因此就走向极端，从根本上反对“解释世界”，亦即否定认识世界的必要性。“改变世界”当然要依靠实践，而实践是作为主体的人能动地作用于作为客体的外部世界的过程；这种实践要想取得成功，就不能只是盲目的实践，而必须以对外部世界的认识为前提。至于所谓“现存世界”或“人类世界”，当是与“整个世界”或“宇宙世界”不可分割地联系在一起的，这一点我们在前面已经指出过了；不认识“整个世界”或“宇宙世界”，就不能认识“现存世界”或“人类世界”。所谓“现存世界”或“人类世界”当然是人们实践的结果，但是不应忘记，人们正是在对“整个世界”或“宇宙世界”进行不断地探索和认识的基础上，才创造出这个结果。而为了满足不断生长着的新的需要，人们还必须不断地对未知领域进行新的探索，促使“整个世界”或“宇宙世界”不断地向“现存世界”或“人类世界”转变。没有新的认识或“解释”，这一切皆无可能。因此，简单地将有关“整个世界”或“宇宙世界”的研究仅仅归结为“解释世界”，似乎与“改变世界”无关，是毫无道理的。

其次，从经典作家的论述来看，马克思批评以往的哲学家们，是因为他们“只是”“解释世界”，而没能由此再向前一步；从这里并不能得出结论，认为马克思根本反对“解释世界”，并进而理解为否定有关“整个世界”或“宇宙世界”的研究，特别是有关世界的本原等本体论问题的研究。当然，旧哲学采用那种非科学的“形而上学”方式去“解释世界”，无疑是错误的、不可取的，马克思和恩格斯也因此而明确宣布了这种哲学的“终结”；但是不能由此便得出结论，认为他们反对一切方式的“解释”和研究，把所有这一领域的研究都统统归结为“形而上学”。恰好相反，他们正是在批判旧哲学的基础上，创立了自己的“新世界观”，对整个世界的根本性问题做出了科学的回答和“解释”，并使之成为面向实践、指导实践的科学方法论，最终发挥出“改变世界”的基本功能。

在谈到马克思主义哲学的功能问题的时候，还不能不提到当前马克思主义哲学研究中所存在的一个令人担忧的问题，即某种严重脱离现实实践的学院化、思辨化倾向。马克思主义哲学本来是面向实践、为实践服务的，是用来“改变世界”的，但在当前的一些研究中，恰恰忘记和偏离了这一点。如果说当年被马克思批评过的那些“哲学家们”只是忙于“解释世界”，而不是“改变世界”的话，那么现今的一些“哲学家们”则是连“解释世界”也没有兴趣，而只是热衷于解释各种概念和“范式”，亦即“解释哲学”。而具有讽刺意味的是，这种脱离实践的现象却是在几乎无处不在的“实践”语境下发生的。究其原因，就在于马克思主义哲学本应具有的活生生的实践精神被改变成了纸面上的实践概念，本应面对现实实践的研究被改变成了对实践概念的考证和思辨，其中包括各种牵强附会的推演和主观臆断。所以，尽管言必称“实践”，但距离真正的实践却越来越远；口口声声要“摒弃”“形而上学”，但实际上却越来越接近那种真正应该摒弃的、“以哲学家头脑中臆造的联系来代替应当在事变中去证实的现实的联系”[①]为特征的“形而上学”。这样一些以“实践”相标榜的所谓研究，最大的弊端就是不能实践，甚至妨害实践。

当然，应该确认，在近些年来的马克思主义哲学研究中，与这种空谈实践的做法不同的、真正面向现实实践的研究也一直在不断深化和拓展着，并取得了一系列积极成果。当代社会发展的活生生的实践对马克思主义哲学提出了新的要求，同时也为马克思主义哲学的生长提供了新的土壤。我们应从哲学理论的高度深入研究和探索当代实践中的各种重大问题，为实践提供根本的方法论指导；同时又要着眼于新的需要，在总结新的实践成果的基础上进行真正意义的理论创新，促进马克思主义哲学的不断丰富和发展。而只有在理论与实践的这种真实的双向互动中，才能使马克思主义哲学的实践唯物主义品格真正体现出来，确保其认识世界、改造世界的方法论功能切实有效地得到实现。

（原载《马克思主义与现实》2015 年第 6 期）

① 《马克思恩格斯选集》第 4 卷，人民出版社 2012 年版，第 253 页。

附录 2

关于历史唯物主义的几个争议问题

（2019 年 7 月）

贾高建

近年来，在马克思主义哲学研究中，有关历史唯物主义的研究成为一个关注较多的热点领域。围绕如何深入理解和把握历史唯物主义及其与马克思主义哲学的关系，国内学界进行了多方面的探讨，并取得了一些新的进展。而与此同时，讨论中也出现了各种不同的看法和观点，包括一些较大的争议和分歧。有鉴于此，本文拟就其中所涉及的几个突出问题谈一些认识，以参加这方面的讨论。

一、世界观与历史观：关于历史唯物主义的真实底蕴

在以往的研究中，马克思主义哲学的历史唯物主义通常是被当作一种科学历史观去理解的。马克思主义哲学是世界观，历史唯物主义则作为一种历史观从属于这个世界观，它是马克思主义哲学体系中的一个组成部分。而正是这样一种特定的理解，在近年来的讨论中遇到了诸多质疑。一些论者认为，这个理解没有充分体现历史唯物主义的本来意义，历史唯物主义并不仅仅是对社会历史领域的认识，而且还是一种对于整个世界的“解释原则”，即用

“历史的”观点来解释“世界”；因而它不仅是历史观，同时也是世界观。由此出发，持这种观点的论者进一步提出，马克思和恩格斯创立的“新唯物主义”也就是历史唯物主义，历史唯物主义就是整个马克思主义哲学。这些论者还特别批评了将辩证唯物主义看作世界观，而将历史唯物主义看作历史观的做法，认为马克思主义哲学中并不存在“独立于历史唯物主义之外或超然于历史唯物主义之上”的“辩证唯物主义”。至于近年来讨论较多的“实践唯物主义”，也被认为同样应“归结为”历史唯物主义，应该用历史唯物主义解释实践唯物主义。

讨论中提出的这一争议观点，不仅涉及对历史唯物主义的理解，而且涉及对整个马克思主义哲学的理解。这个观点究竟能否成立？对于这样的重大问题，有必要作一些认真的考察和分析。

如果只是着眼于历史观与世界观的逻辑关系，强调二者之间的相互联结和内在统一，提出历史唯物主义不仅仅是历史观，同时也是世界观，原本是可以成立的。因为这样做只是表明历史观本身具有世界观的属性，属于世界观的有机组成部分。同时，由于世界观体系中各个部分之间的有机联系，历史观会对世界观的其他部分发生作用，从而影响到整个世界观，这也是没有问题的。正如讨论中一再提到的，马克思主义哲学对于自然领域的认识，绝不仅仅是从纯粹自然的角度简单、直观地去认识，而且还要从“历史的”角度、从“人类史”和“自然史”的关系去认识，或者如一些论者所说的去“解释”。这也就是马克思和恩格斯在批评费尔巴哈的唯物主义时特别指出的：“他没有看到，他周围的感性世界决不是某种开天辟地以来就直接存在的、始终如一的东西，而是工业和社会状况的产物，是历史的产物，是世世代代活动的结果。”[①]马克思和恩格斯同时还批评了布鲁诺所说的“自然和历史的对立”：“好像这是两种互不相干的‘事物’，好像人们面前始终不会有历史的自然和自然的历史。”[②]需要特别注意的是，马克思在这里提出了“历史的自然”和“自然的历史”这两个相互关联的命题，用于揭示“人类史”和“自然史”

① 《马克思恩格斯选集》第1卷，人民出版社2012年版，第155页。

② 《马克思恩格斯选集》第1卷，人民出版社2012年版，第156页。

之间相互作用、相互制约的关系，这对于全面理解和把握马克思主义哲学的科学世界观具有十分重要的意义。

但是，从讨论中的情形看，一些论者所持的争议观点显然并不满足于这样一种理解。其所提出的历史唯物主义不仅仅是历史观、同时也是世界观，不只是要说明历史唯物主义同时具有的世界观属性，而是要进一步宣称历史唯物主义就是马克思主义哲学的全部世界观，这个世界观中并没有其他别的内容。所以要将历史唯物主义与马克思恩格斯创立的“新世界观”画等号，与整个马克思主义哲学画等号。如果说对于“实践唯物主义”还能够手下留情，试图将其纳入这种“历史唯物主义”的解释框架重新加以解释的话，那么对于“辩证唯物主义”就绝对不能容忍了，一定要将其从马克思主义哲学中清除出去，宣布其“并不存在”。这样一来，这种新的“解释”就朝着极端的方向发展了。

提出这样一种极端的观点，理由是什么？一些论者引用马克思在《关于费尔巴哈的提纲》中那段著名的话：“从前的一切唯物主义（包括费尔巴哈的唯物主义）的主要缺点是：对对象、现实、感性，只是从**客体**的**或者直观**的形式去理解，而不是把它们当做**感性的人的活动**，当做**实践**去理解，不是从主体方面去理解。”[①]由此认为，马克思主义哲学的“新唯物主义”与以往的旧唯物主义根本不同，旧唯物主义离开人及其实践，从客体的或者直观的形式去理解世界，而“新唯物主义”则是从人及其实践的角度去理解世界。按照这一区分，历史唯物主义是以人及其实践为着眼点的，所以它是“新唯物主义”；而所谓“辩证唯物主义”则是在人及其实践之外的“直观”，因而属于旧唯物主义。另有一些论者引证《德意志意识形态》，认为马克思和恩格斯关注的既然是存在于特定历史条件下的“现实的人”，并从这种“现实的人”出发去认识世界，那么他们所看到的就只能是与人相关的“生活世界”和“意义世界”，是在社会历史发展中不断“生成”的世界，而不是旧的“形而上学”所看到的“从来就有”的外部世界。由此得出结论，马克思主义哲学的世界观只能是历史唯物主义，而所谓“辩证唯物主义”超出了这一范围，属

① 《马克思恩格斯选集》第1卷，人民出版社2012年版，第133页。

于旧的“形而上学”，所以应该摒弃。

如果我们深入研究一下马克思和恩格斯的相关论述，便可以看出这样一些论证存在明显的错误，完全偏离了马克思和恩格斯的本意。其一，马克思在《关于费尔巴哈的提纲》中对旧唯物主义提出批评，是要指出旧唯物主义的“缺点”和不足，并指出克服这些缺点的路径和方向，而不是要全盘否定以往的唯物主义、将“新唯物主义”与旧唯物主义完全对立起来。马克思批评旧唯物主义“只是”从客体方面去理解对象世界，并不是说不需要这个方面，而是说只有这个方面还不够，还需要从主体的方面、从人及其实践去理解。应该将客体和主体这两个方面统一起来，全面理解和把握，而不能将二者非此即彼地对立起来。如果按照某些论者的观点，“新唯物主义”就是只讲主体方面、不讲客体方面，那就是走向了与旧唯物主义相反的另一个极端，这同样是错误的和不可取的。应该看到，马克思和恩格斯的“新唯物主义”是要在以往唯物主义发展成果的基础上再向前推进一步，而不是要回过头来推翻唯物主义的基本前提。

其二，在《德意志意识形态》中，马克思和恩格斯强调把“现实的人”作为研究的“出发点”，但他们明确指出这里所进行的是对于人类社会历史发展的研究，是要阐述这个意义上的“历史观”[①]，而并不是要以此“独断”整个世界观。在他们看来，“历史可以从两方面来考察，可以把它划分为自然史和人类史。但这两方面是不可分割的；只要有人存在，自然史和人类史就彼此相互制约。自然史，即所谓自然科学，我们在这里不谈；我们需要深入研究的是人类史，因为几乎整个意识形态不是曲解人类史，就是完全撇开人类史”。[②]也正是在这部著作中，马克思和恩格斯批评了费尔巴哈对“感性世界”的“直观”，指出这个感性世界“是工业和社会状况的产物，是历史的产物”；但这也只是从“自然史和人类史”“彼此相互制约”的意义上说的，并不是要用这种“历史的产物”去否定“外部自然界的优先地位”[③]，用“人类史”否定“自然史”。并且在这里，马克思和恩格斯对这一问题的关注，主要是为了

① 《马克思恩格斯选集》第1卷，人民出版社2012年版，第170—173页。

② 《马克思恩格斯选集》第1卷，人民出版社2012年版，第146页。

③ 《马克思恩格斯选集》第1卷，人民出版社2012年版，第157页。

揭示物质生产领域在社会历史发展中的基础性作用，并由此阐发他们的新的历史观。他们明确指出："这种历史观就在于：从直接生活的物质生产出发阐述现实的生产过程，把同这种生产方式相联系的、它所产生的交往形式即各个不同阶段上的市民社会理解为整个历史的基础……"[①]"这种历史观和唯心主义历史观不同，它不是在每个时代中寻找某种范畴，而是始终站在现实历史的**基础**上。"[②]他们批评以往的唯心主义历史观，指出"迄今为止的一切历史观不是完全忽视了历史的这一现实基础，就是把它仅仅看成与历史进程没有任何联系的附带因素。……这样，就把人对自然界的关系从历史中排除出去了，因而造成了自然界和历史之间的对立"。[③]

马克思和恩格斯由"人与自然界的关系"入手，从"直接生活的物质生产"出发阐发了新的唯物主义历史观，这一成果无疑具有特殊重要的意义。但是与此同时，他们并没有像一些论者所"解释"的那样将自己的哲学局限于这一方面，更没有将这一历史观"上升"到独一无二的专断地位，以此排斥和抹杀"新世界观"的其他方面。恰好相反，马克思和恩格斯对于世界观领域的各方面研究都给予了应有的关注，不仅关注社会历史领域和历史观，而且也关注自然领域和自然观；不仅提出"历史的自然"，而且还提出"自然的历史"[④]，指出了"自然史和人类史"的"彼此相互制约"[⑤]。同时，他们还从整体的高度研究和回答了世界观领域的一系列根本性问题，揭示了包含在自然、社会以及人类思维等各个领域中的最一般规律，这个方面的成果在逻辑上应属于世界观体系中的最高层次，高于自然观和历史观。对于这些成果的阐述，体现在马克思和恩格斯的一系列著作当中，包括《德意志意识形态》《〈资本论〉第一卷第二版跋》《反杜林论》《自然辩证法》《路德维希·费尔巴哈和德国古典哲学的终结》等。特别是恩格斯晚年所写的《路德维希·费尔巴哈和德国古典哲学的终结》，更是系统地回顾和阐述了马克思主义哲学的

① 《马克思恩格斯选集》第1卷，人民出版社2012年版，第171页。

② 《马克思恩格斯选集》第1卷，人民出版社2012年版，第172页。

③ 《马克思恩格斯选集》第1卷，人民出版社2012年版，第173页。

④ 《马克思恩格斯选集》第1卷，人民出版社2012年版，第156页。

⑤ 《马克思恩格斯选集》第1卷，人民出版社2012年版，第146页。

创立过程及所取得的各方面成果。而被一些论者拒斥和反对的“辩证唯物主义”，正是指这些成果中处于最高逻辑层次的那部分内容（并非像一些论者所误解的那样只是一种“自然观”）；无视这些成果的存在，硬说马克思主义哲学的“新世界观”体系中除了一种历史观之外别无他物，这不是一种客观的态度。

当然，在这种观点背后，还有一个常见的“理由”，即认为所有这些成果统统属于“旧唯物主义”，所以必须抛弃。而这个说法更是没有道理。不错，在世界观领域的这些不同方面的研究中，以往的唯物主义确曾取得过积极的成果，但同时又存在难以避免的历史局限。马克思和恩格斯在创立自己的哲学时，不仅在历史观方面取得了革命性的突破，创立了历史唯物主义，而且在其他各个方面也都实现了革命性变革。需要强调的是，他们并不是像一些极端的论者所主张的那样全盘否定旧的哲学，而是批判地吸取了以往哲学研究中所取得的各种积极成果，同时克服了这些哲学的缺点和局限，将唯物主义世界观提升到一个全新的水平。如他们自己所说的，“现代唯物主义……不是单纯地恢复旧唯物主义，而是把2000年来哲学和自然科学发展的全部思想内容以及这2000年的历史本身的全部思想内容加到旧唯物主义的持久性的基础上”。[①] 他们借助自然科学发展的新的历史条件，在世界观的高度实现了唯物主义和辩证法的科学统一，使之成为一种新的、辩证的唯物主义；同时还在实践的基础上科学地解决了人与外部世界的关系问题，使自己的哲学成为一种新的、实践的唯物主义。从总体上看，马克思和恩格斯所创立的“新唯物主义”是一种辩证的、历史的、实践的唯物主义，所谓辩证唯物主义、实践唯物主义同历史唯物主义一样，都是马克思主义哲学基本特征的重要体现，因而应该统一起来去把握，而不能将它们“非此即彼”地对立起来。

① 《马克思恩格斯选集》第3卷，人民出版社2012年版，第517页。

二、历史观与实证科学：关于历史唯物主义的学科性质

在有关历史唯物主义的讨论中，除了围绕世界观与历史观的关系问题所发生的争议和分歧，还有另外一个突出的争议问题：马克思和恩格斯所创立的历史唯物主义学说究竟是一种哲学层面上的历史观，还是一种社会科学层面上的实证科学？传统的理解通常是前者，即认为历史唯物主义作为一种科学历史观，是马克思主义哲学的有机组成部分。而一些论者则对这种理解提出质疑，认为不能将历史唯物主义划归到哲学范畴，它应属于实证科学。持这种观点的论者引证了马克思和恩格斯的经典论述："在思辨终止的地方，在现实生活面前，正是描述人们实践活动和实际发展过程的真正的实证科学开始的地方。关于意识的空话将终止，它们一定会被真正的知识所代替。"[①]这段话中所讲的"真正的实证科学"，被认为是对历史唯物主义学科性质的说明。

围绕这一问题，还出现其他一些不同的观点。如有的论者认为，历史唯物主义不是传统意义上的哲学或实证科学，而是介于"哲学和实证科学之间"，从研究方法看是实证科学，而从思想内容看则属于哲学。另有论者主张从新的"历史科学"的意义上理解历史唯物主义，认为历史唯物主义本身包含着两个不同的层面，一个是"类哲学"的层面，一个是"类科学"的层面。还有论者提出，应区分"唯物主义历史观"和"历史唯物主义"这两个不同的概念，认为前者属于科学的范畴，是"描述人类历史演进的实证科学"，而后者则属于哲学的范畴，是"概括社会历史发展及其规律的历史哲学"。

有关历史唯物主义学科性质问题的这一争议，同样事关重大。那么究竟应该如何认识这一问题呢？还是先来看一看讨论中被引证的马克思和恩格斯的经典论述究竟是怎样的。

上述马克思和恩格斯关于"实证科学"的那段话引自《德意志意识形态》。从全书内容看，马克思和恩格斯在这里正是要在批判旧的唯心主义历史观的基础上阐述自己的新的唯物主义历史观。他们将自己的观点明确概括为

① 《马克思恩格斯选集》第1卷，人民出版社2012年版，第153页。

一种“历史观”，并将“这种历史观”与“唯心主义历史观”“迄今为止的一切历史观”相对立。[①]马克思和恩格斯指出，体现着唯心主义历史观的“德国哲学”是“从意识出发，把意识看做是有生命的个人”，而历史则被看作“想象的主体的想象活动”[②]。正是这种“关于意识的空话”和“思辨”，在马克思和恩格斯看来必须“终止”。那么在这种“空话”和“思辨”终止之后，代替它们的应该是什么呢？马克思和恩格斯由此提出了那个著名的论断：代替它们的将是“真正的知识”，即“描述人们实践活动和实际发展过程的真正的实证科学”。如果这段话只读到这里，那么确实很容易让人将这种“真正的实证科学”与马克思和恩格斯所创立的新的唯物主义历史观联系起来，似乎马克思和恩格斯就是把这种新的历史观看作一种“实证科学”。但是如果我们将此处的论述接着读下去，就会发现他们的看法其实并非如此，这种理解是一种明显的误读。

在做出有关“实证科学”的论述之后，马克思和恩格斯接着写道：“对现实的描述会使独立的哲学失去生存环境，能够取而代之的充其量不过是从对人类历史发展的考察中抽象出来的最一般的结果的概括。”[③]请注意，马克思和恩格斯在这里区分了两种不同的知识：一种是“对现实的描述”，这与上文所说的“描述人们实践活动和实际发展过程的真正的实证科学”应该是一个意思；而另一种则是“从对人类历史发展的考察中抽象出来的最一般的结果的概括”。这种“最一般的结果的概括”不同于“实证科学”，它不是直接“描述”现实，而是“从对人类历史发展的考察中”形成的“抽象”，在逻辑上应该处于更高的层次。而正是这种“概括”和“抽象”，被马克思和恩格斯认为可以用来对已经“失去生存环境”的“独立的哲学”“取而代之”。理解这一点非常重要。这是马克思和恩格斯在同一段话里再一次提到“代替”问题，两个“代替”密切相关，但角度和内容各不相同，需要区别对待。

第一个“代替”说的是用“描述人们实践活动和实际发展过程的真正的实证科学”代替“关于意识的空话”和“思辨”，亦即体现着唯心主义历史观

① 《马克思恩格斯选集》第1卷，人民出版社2012年版，第171、172、173页。

② 《马克思恩格斯选集》第1卷，人民出版社2012年版，第152—153页。

③ 《马克思恩格斯选集》第1卷，人民出版社2012年版，第153页。

的旧的哲学。众所周知，包括“德国哲学”在内的旧哲学企图用思辨的方式建构一种包罗万象的形而上学体系，其基本特征是在各门具体科学的发展尚不充分的条件下，“用观念的、幻想的联系来代替尚未知道的现实的联系，用想象来补充缺少的事实，用纯粹的臆想来填补现实的空白”[①]。于是在自然领域便形成所谓“自然哲学”，在社会历史领域则形成所谓“历史哲学、法哲学、宗教哲学等等”[②]。而随着自然科学的不断进步，当人们能够“依靠经验自然科学本身所提供的事实……描绘出一幅自然界联系的清晰图画”的时候，“自然哲学就最终被排除了”[③]；“而适用于自然界的，同样适用于社会历史的一切部门和研究人类的（和神的）事物的一切科学”，“在这里也完全像在自然领域里一样，应该通过发现现实的联系来清除这种臆造的人为的联系”。[④]也就是说，就像自然领域中需要发展自然科学一样，社会历史领域里也需要发展各种专门的社会科学，它们作为“描述人们实践活动和实际发展过程的真正的实证科学”，将取代旧的哲学体系中的“历史哲学”等“思辨”和“臆想”。

但是，这里马上就出现了一个新的问题：那种充斥着“关于意识的空话”的旧哲学被“终止”了，是不是说哲学作为人类认识的一个专门领域也彻底关闭了，从此不再需要任何哲学了呢？不是的。马克思和恩格斯提出的第二个“代替”，正是要回答这个问题。他们认为，在“对现实的描述”使旧的哲学“失去生存环境”之后，“取而代之”的将是一种新的知识，即“从对人类历史发展的考察中抽象出来的最一般的结果的概括”。那么这种新的知识具体是怎样的呢？马克思和恩格斯接下去对此作了一个简要的阐释：“这些抽象与哲学不同，它们绝不提供可以适用于各个历史时代的药方或公式”；“它们只能对整理历史资料提供某些方便，指出历史资料的各个层次的顺序。”而且还特别指出，接下来他们所要做的，便是“举出几个我们用来与意识形态相对照的抽象，并用历史的实例来加以说明”。[⑤]毋庸赘言，这些论述中所说的

① 《马克思恩格斯选集》第4卷，人民出版社2012年版，第252页。

② 《马克思恩格斯选集》第4卷，人民出版社2012年版，第252—253页。

③ 《马克思恩格斯选集》第4卷，人民出版社2012年版，第252—253页。

④ 《马克思恩格斯选集》第4卷，人民出版社2012年版，第253页。

⑤ 《马克思恩格斯选集》第1卷，人民出版社2012年版，第153页。

“哲学”“意识形态”等，都是特指上述旧的哲学；而从书稿接下去所阐述的内容可以明白无误地看出，马克思和恩格斯所讲的“抽象”和“概括”，不是别的，而正是人们所熟知的唯物主义历史观的基本观点；也正是在阐述这些观点的过程中，马克思和恩格斯使用了“历史观”这一概念，并特别阐明了“这种历史观和唯心主义历史观不同”。[①]由此，我们完全可以将这样一种新的唯物主义历史观理解为一种不同于以往旧哲学的、新的意义上的哲学，它是作为一种科学世界观的马克思主义哲学的有机组成部分。

这样一来，问题应该是很清楚了。代替那种“关于意识的空话”和“思辨”的，将是两种新的知识：一种是“描述人们实践活动和实际发展过程的真正的实证科学”，即各门社会科学；一种是“从对人类历史发展的考察中抽象出来的最一般的结果的概括”，即作为马克思主义哲学有机组成部分的唯物主义历史观。这两种知识相互联结，但逻辑上属于不同的学科层次，不能混为一谈。那种试图将历史唯物主义排除在哲学之外，而将其归结为“实证科学”的观点，是不能成立的。

讨论中提出的其他一些争议观点，虽然各自有着不同的角度，但从总体上看也都难以成立。首先，对于马克思和恩格斯所创立的这种新的“历史观”，恩格斯在之后的著作中确曾使用了“唯物主义历史观”和“历史唯物主义”等不同的术语进行表述。虽然这两个术语从字面上看存在某种差异，但从实际提出和使用情况看，二者的内涵是一致的，应该作为同义语来对待。如果强行做出区分，将“历史唯物主义”和“唯物主义历史观”作为两种不同的学问分别归属于哲学和“实证科学”，不仅没有必要，而且也容易引起混乱。其次，历史唯物主义作为一种哲学历史观，所揭示的是社会历史领域的最一般规律，亦即“从对人类历史发展的考察中抽象出来的最一般的结果的概括”，有着自己明确的逻辑定位；认为它是介于“哲学和实证科学之间”的模糊学科，或者是既包含哲学类内容、又包含科学类内容的混合体系，是没有根据的。当然，从历史唯物主义在马克思主义哲学体系中的地位来看，的确有一个逻辑层次的区分问题；马克思主义哲学不仅有自己的历史观以及自

---

① 《马克思恩格斯选集》第1卷，人民出版社2012年版，第172页。

然观等，并且还如前所述从整体高度研究和回答了世界观领域的一系列根本性问题，揭示了包含在自然、社会以及人类思维等各个领域中的最一般规律。在抽象程度上，这部分内容处于更高的逻辑层次。但是，这种分层只是马克思主义哲学体系的内部分层，并不涉及哲学与实证科学之间的关系。

如果说这里还有什么值得注意的情况，那就是在研究和阐释历史唯物主义以及整个马克思主义哲学的学说体系时，应严格遵循其逻辑定位，分清楚所涉及的哪些内容属于这一学科范围，哪些则不是。过去在这方面确曾有过某种“泛化”现象，包括在一些教科书中也有此类表现，而这也是引起有关历史唯物主义学科性质争议的原因之一。但它并不是历史唯物主义本身的问题，而是需要我们在研究中进一步梳理和规范的问题，是一个如何正确理解和把握历史唯物主义基本原理的问题。

三、“推广说”与“独创说”：关于历史唯物主义的生成路径

在马克思和恩格斯创立自己哲学的过程中，社会历史领域无疑是他们关注的重点领域，而历史唯物主义的创立则是他们所取得的最重大的成果。但是，马克思和恩格斯究竟如何创立了历史唯物主义，这一成果在马克思主义哲学中的生成路径是怎样的？围绕这一问题，长期以来也一直存在不同观点的争议。

按照一种传统的观点，历史唯物主义的创立是马克思和恩格斯将辩证唯物主义的立场和方法推广到社会历史领域，在历史观方面加以应用的结果。这便是所谓“推广说”。而在后来的讨论中，这一观点受到许多质疑，出现了不同的看法和见解。一些论者提出，马克思和恩格斯并不是首先创立了辩证唯物主义，然后再运用这一理论去创立历史唯物主义，而是首先着眼于社会历史领域，独创性地提出了历史唯物主义的基本观点。这便是所谓“独创说”。当然，这一问题还涉及有关辩证唯物主义的不同看法和争议，其中包括那种试图以历史唯物主义否定辩证唯物主义的极端倾向，对此我们在前面已经做过分析。

客观地说，传统的“推广说”之所以受到质疑，是因为它本身确实存在缺陷，难以自圆其说。而从马克思主义哲学创立时期的著作来看，也的确找不到太多关于辩证唯物主义的具体论述，其内容主要是围绕社会历史领域的相关问题，集中批判德国古典哲学以及青年黑格尔派的唯心主义历史观，系统阐发新的历史观亦即历史唯物主义。因此，认为马克思和恩格斯首先创立了辩证唯物主义，然后将辩证唯物主义推广到社会历史领域的看法，也缺乏必要的文本依据，讨论中就此提出批评，应该说是有道理的。但是，如果由此便认为历史唯物主义的创立与辩证唯物主义无关，是离开辩证唯物主义而独立创立的，恐怕也同样需要质疑。

这里首先应弄清一个前提性问题，即究竟什么是辩证唯物主义。我们在前面已经指出，一些论者常常将辩证唯物主义理解为一种自然观，这其实是一个误解。“辩证唯物主义”这一用语是从整个世界观的高度对马克思主义哲学基本特征的一种说明，其指向应是马克思主义哲学中处于最高逻辑层次的那部分内容。它高于自然观和历史观，是从整体高度研究和回答世界观领域的一系列根本性问题，揭示包含在自然、社会以及人类思维等各个领域中的最一般规律。这个意义上的辩证唯物主义，与作为一种历史观的历史唯物主义之间，既有整体与部分的关系，又有一般与特殊的关系。而正是这样一种特定的关系，使二者的创立过程不可分割地联结在一起。

众所周知，在马克思主义哲学产生之前，唯物主义和辩证法已经历了长期的发展，形成了许多重要的思想成果，同时又不可避免地带有各种历史的局限。马克思和恩格斯在创立自己哲学的时候，并不是将以往的这些成果撇在一旁而凭空进行新的“创造”，而是首先对这些成果进行了深入的研究，并以此作为进一步发展的基础。他们批判地吸收了费尔巴哈唯物主义的“基本内核”和黑格尔辩证法的“合理内核”，同时深刻分析了这些成果的重大局限，由此开启了将唯物主义进一步推向前进、建立一种“新唯物主义”的认识进程。这种“新唯物主义”的建立需要从多个方面着手，而克服以往的唯物主义长期以来仅仅停留在自然观方面这一重大缺陷，在历史观方面取得决定性的突破，无疑是其中最紧迫的任务之一。马克思和恩格斯正是在这样的思想背景下，通过创造性的研究和探索，创立了唯物主义历史观，亦即历史唯物主义。由此看来，历史唯物主义的创立从一开始就不是一个孤立的过程，而是作为整个马克思主义哲学创立过程的一部分而展开的。而且，虽然不能将它简单地看作是辩证唯物主义的“推广”和“应用”，但马克思和恩格斯在创立这一新的历史观的时候，的确已经形成了自己的唯物主义基本立场，以及克服旧唯物主义的历史局限、将唯物主义进一步推向前进的基本方向，同时还有在唯物主义基础上将黑格尔“倒立着的”辩证法重新颠倒过来的基本主张。这样一些基本认识，在《关于费尔巴哈的提纲》《神圣家族》《〈资本论〉第一卷第二版跋》等著作中可以清楚地看出来。而正是这些认识构成了历史唯物主义的重要思想前提，并推动了历史唯物主义的创立。

当然，辩证唯物主义作为马克思主义哲学中最高逻辑层次的原理，是要以包括历史观在内的各个方面的研究为基础的。可以说，历史唯物主义的创立，为辩证唯物主义提供了历史观方面的重要支撑，并使其最终得以确立。而有关这一层次基本原理的阐发，则主要体现在《反杜林论》《路德维希·费尔巴哈和德国古典哲学的终结》等著作中。从总体上看，辩证唯物主义与历史唯物主义作为马克思主义哲学中两个不同层次的重要内容，是内在地联系着的；这两部分原理的创立过程，也不是各自孤立、互不相干，而是相互联结、相互融通、相互促进，作为一个统一过程的不同方面而协调展开的。只有从这种联结和统一中，才能正确理解和把握历史唯物主义以及与之密切相关的辩证唯物主义的生成路径。

这里还应提到的是，历史唯物主义的生成路径问题不仅涉及它与辩证唯物主义的关系，而且还涉及近年来讨论较多的实践唯物主义问题。如前所述，马克思和恩格斯在创立自己的哲学时，不仅在世界观的高度实现了唯物主义和辩证法的科学统一，使之成为一种新的、辩证的唯物主义，而且还在实践的基础上科学地解决了人与外部世界的关系问题，使之成为一种新的、实践的唯物主义。实践唯物主义与辩证唯物主义一样，都是“新唯物主义”的重要内容，体现着马克思主义哲学的基本特征。就研究定位而言，实践唯物主义与辩证唯物主义处于相同的逻辑层次，它们都着眼于包括自然、社会和人类思维等各个领域在内的整个世界，是从整体高度回答世界观领域的根本性问题，只是所关注的具体方面不同。而实践唯物主义与作为一种历史观的历史唯物主义之间，也同样存在着整体与部分、一般与特殊的关系，因而不可分割地联系着的。从创立过程来看，历史唯物主义与实践唯物主义无疑也是相互交织着的，而二者的创立过程与辩证唯物主义的创立过程融合在一起，最终构成马克思主义哲学创立的统一过程。从这个过程中产生的，不是某种孤立、片面的认识成果，而是一种完整、科学的世界观思想体系，是与旧哲学有着根本不同的“新唯物主义”哲学，即辩证的、历史的、实践的唯物主义。

（原载《马克思主义与现实》2019 年第 4 期）